KB142169

신정일의 新택리지

신정일의 신 택리지

전라

2019년 10월 20일 초판 1쇄 발행
지은이 · 신정일
펴낸이 · 김상현, 최세현 | 경영고문 · 박시형

책임편집 · 최세현
마케팅 · 권금숙, 양봉호, 임지윤, 최의범, 조히라, 유미정
경영지원 · 김현우, 강신우 | 해외기획 · 우정민, 배혜림 | 디지털콘텐츠 · 김명래
펴낸곳 · (주)쌤앤파커스 | 출판신고 · 2006년 9월 25일 제406-2006-000210호
주소 · 서울시 마포구 월드컵북로 396 누리꿈스퀘어 비즈니스타워 18층
전화 · 02-6712-9800 | 팩스 · 02-6712-9810 | 이메일 · info@smpk.kr

ISBN 979-89-6570-871-1 04910
ISBN 979-89-6570-880-3 (세트)

- 이 책의 국립중앙도서관 출판시도서목록은 서지정보유통지원시스템 홈페이지(http://seoji.nl.go.kr)와 국가자료공동목록시스템(http://www.nl.go.kr/kolisnet)에서 이용하실 수 있습니다. (CIP제어번호:CIP2019036398)
- 잘못된 책은 구입하신 서점에서 바꿔드립니다. 책값은 뒤표지에 있습니다.

신정일의 新택리지 전라

신정일

쌤앤파커스

추천사

강과 길에 대한 국토 인문서

"필드field가 선생이다." "현장에 비밀이 숨겨져 있다!" 책상과 도서관에서 자료를 뒤적거리기보다는 현장에서 직접 발로 뛸 때 새로운 사실을 발견할 수 있다는 말이다. 이 말은 문화답사 전문가들이 가슴에 품은 신념이기도 하다. 그 현장정신의 계보를 추적하다 보면 만나게 되는 인물이 있다. 18세기 중반을 살았던 사람, 이중환이다. 이중환은 집도 절도 없이 떠돌아다니면서 마음 편하게 살 곳을 물색하였고, 환갑 무렵에 내놓은 그 결과물이 《택리지》이다. 그가 쓴 《택리지》는 무려 20년의 현장답사 끝에 나온 책이다. 좋게 말해서 현장답사지 정확하게 표현한다면 정처 없는 강호유랑이었다. 현장답사, 즉 강호유랑은 아무나 하는 게 아니다. 등 따습고 배부르면 못하는 일이다. '끈 떨어진 연'이 되었을 때 가능한 일이다. 고금을 막론하고 인생은 끈이 떨어져봐야 비로소 산천이 눈에 들어오는 법이다.

《택리지》는 《정감록》과 함께 조선 후기에 가장 많이 필사된 베스트셀

러였다. 현장에서 건져 올린 생생한 정보가 많이 담겨 있었기 때문이다. 장사하는 사람들은 각 지역의 특산물과 물류의 흐름을 파악할 수 있었고, 풍수를 연구하는 사람들은 전국의 지세와 명당이 어디인지를 알 수 있었으며, 산수 유람가에게는 여행가이드북이 되었다.

그러한《택리지》의 현장정신을 계승한 책이 이번에 다시 나오는《신정일의 신 택리지》다. 이 책의 저자인 신정일 선생은 30년 넘게 전국의 산천을 답사한 전문가이다. 아마 이중환보다 더 다녔으면 다녔지 못 다닌 것 같지가 않다. 우리나라 방방곡곡 안 가본 산천이 없다. 80년대 중반부터 각 지역 문화유적은 물론이거니와, 400곳 이상의 산을 올랐다. 강은 어떤가. 한강, 낙동강, 금강, 섬진강, 영산강, 만경강, 동진강, 한탄강을 발원지에서부터 하구까지 두 발로 걸어 다녔다. 어디 강뿐인가. 영남대로, 관동대로, 삼남대로를 비롯한 우리나라의 옛길을 걸었고, 부산 오륙도에서 통일전망대까지 동해 바닷길을 걸은 뒤 문광부에 최장거리 도보답사코스로 제안해 '해파랑길'이 조성되었다. 그의 원대한 꿈은 그것으로 그치지 않고 원산의 명사십리를 거쳐 두만강의 녹둔도에 이르고 블라디보스토크를 지나서 러시아를 돌아 아프리카의 케이프타운까지 걸어가겠다는 것이다. 낭인팔자가 아니면 불가능한 성취(?)이다.

신정일 선생의 주특기는 '맨땅에 헤딩'이다. 이마에 피가 흘러도 이를 인생수업으로 생각하는 끈기와 집념의 소유자다. "아픈 몸이 아프지 않을 때까지 가자"라는 김수영 시인의 시를 곧잘 외우는 그는 길 위에 모든 것이 있다고 설파한다. 두 갈래 길을 만날 때마다 그가 선택한 길은 남들이 가지 않는 길이었다. 왜냐하면 스스로를 강호江湖 낭인이라고 생각하였기 때문이다. 강호파는 가지 않는 길에 들어가보는 사람이다.

《주역周易》에 보면 '이섭대천利涉大川'이라는 표현이 여러 번 나온다. '큰 내를 건너면 이롭다'라는 이 말은, 인생의 곤경을 넘는 것이 큰 강을 건너는 것만큼이나 힘들다는 뜻이다. 그런데 신정일 선생은 이 강을 무서워하지 않았다. 높은 재를 넘는 것도 두려워하지 않았다. 인생의 수많은 산과 강과 먼 길을 건너고 넘고 걸었으니 무슨 두려움이 남아 있겠는가. 그는 자기 앞에 놓인 인생의 강과 산을 넘은 것이다. '이섭대천'이라 했으니 큰 강을 건넌 신정일 선생에게 행운이 깃들기를 바란다.

조용헌(강호동양학자)

머리말

물길이 '산발사하'인 예향의 땅

사람에게 가장 중요한 것은 무엇일까요? 요즘 들어서는 뭐니 뭐니 해도 '돈'이 중요하다고들 하지만 저는 어디에서 태어나느냐가 가장 중요하다고 생각합니다. '십리 간에 말이 다르고 백리 간에 풍속이 다르다'는 말이 있듯 우리나라는 크지 않은 땅 덩어리임에도 백두대간을 가운데 두고 영동과 영서의 풍속이 다르고, 영남과 충청, 호남 사람들의 말과 기질이 다릅니다. 어느 나라 어느 지역에서 태어나느냐에 따라 사람의 인생이 달라질 수 있다는 것입니다.

나라 안 어느 지역보다 멋과 맛이 빼어나 '예술의 고장', '예향의 고장'이라고 부르는 곳이 전라도입니다. 그러나 조선 중기 실학자 성호 이익李瀷은 《성호사설星湖僿說》〈양남수세兩南水勢〉에서 다음과 같은 이유를 들어 전라도는 "사대부가 귀의할 수 없는 땅"이라고 했습니다.

"산수를 보면 풍기의 모이고 흩어짐을 아는 것이니, 산세가 겹겹으로 돌아 옹호해 주었다면 물이 어찌 흩어져 흐를 수가 있겠는가?

우리나라의 산맥이 백두산으로부터 서남방으로 달려 두류산(지리산의 이칭)에 이르러 전라. 경상 양도의 경계선이 되었다. (…)

한 민족의 역사를 이해하기 위해서는 반드시 지리적·기후적 배경을 고려해야 한다. 영남 지역의 모든 물길은 낙동강으로 합류해서 부산 앞바다로 흐른다. 그러나 전라도의 물길(금강, 만경강, 탐진강, 섬진강)은 산발사하散髮四下, 곧 강들이 한곳으로 모이지 않고 산지사방으로 흩어져 흐른다. 그래서 재덕 있는 사람의 출현이 드물고 인풍人風이 획교獷狡하여 사대부가 귀의할 수 없는 땅이며, 차령 이북에 대하여 역세易世의 모양임을 부인할 수가 없는 땅이다."

산발사하는 호남 지역의 자연지리적 특성일 뿐인데도 이익을 비롯한 조선의 인문지리학자들은 '물이 합해지면 여론이 통합되고, 물이 나누어지면 여론이 분산된다'는 뜻으로 받아들인 것입니다.

세계 지도를 펼쳐 보면 프랑스와 전라도의 물길과 비슷하다는 걸 알 수 있습니다. 프랑스의 강물은 국토 중앙에 위치한 마시프 상트랄Massif Central이라는 고원지대에서 사방으로 흩어져 나갑니다. 센강은 영국해협으로, 르와르강은 비스케이만으로, 손강과 론강은 지중해로 흘러 들어가는 형태가 전라도의 강줄기를 닮았습니다.

하지만 전라도와 같은 형세로 흐르는 프랑스의 물길을 보고 이익과 동시대를 살았던 독일의 풍토학자 J. G. 헤르더는《인류의 역사철학에 대한 이념》에서 전혀 다른 해석을 합니다.

"지세와 기후가 극단을 피하고 있기 때문에 프랑스인의 인간적 기질도

중용적이고 하천이 삼면의 바다로 유입되니 사람들도 가슴을 활짝 열고 오는 자를 환영하는 해방성을 갖고 있으며, 주민을 낙천적 사교적으로 만드는 은근성과 균형 잡힌 풍토로 인한 언어 논리 표현의 명석성이 뛰어나다."

지리적인 풍토가 그곳에 살고 있는 사람들에게 어떠한 영향을 미치는가에 대해 동양과 서양의 생각이 얼마나 판이하게 달랐는지를 보여주는 글입니다.

성호 이익이 말한 '산발사하'의 고장 전라도에서는 예술적으로 또는 사상적으로 독특한 사람들이 유독 많이 태어났습니다. 목포 출신의 문학평론가 김현의 "하나의 예술가란 그를 키운 고장의 풍물에서 완전히 자유스러울 수가 없다"는 글은 그런 의미에서 의미심장합니다.

영국의 시인 바이런은 "역경은 진리로 통하는 으뜸가는 길"이라고 말했습니다. 한 사람의 삶도 그렇지만 지역의 역사, 나라의 역사도 그렇습니다. 한의 고장, 수난의 고장이라서 그런지 전라도 땅에서 학문과 예술로 이름을 드높인 사람들이 수도 없이 태어났고 독창적인 예술들이 세상에 모습을 드러냈습니다.

민중들의 놀이를 예술로 승화한 놀이와 풍물굿, 판소리 중에 동편제와 서편제, 그리고 보성소리를 비롯한 소리들이 이 나라 예술의 결정체로 거듭났습니다. 동편제의 창시자인 송흥록과 서편제의 창시자인 박유전이 전라도에서 태어났습니다.

근현대 이후 문학과 화가로 이름을 남긴 사람들이 많이 있습니다. 친일 문제로 자유롭지는 않지만 한국어의 우수성을 널리 알린 미당 서정주, "오매 단풍 들겠네"라는 명구를 남긴 강진의 김영랑, 《당신들의 천국》을 비롯한 수많은 소설을 남긴 장흥의 이청준, 문학평론가로 한 시대를 풍미했던 김현과 '오적'을 비롯한 수많은 시로 민주주의의 초석을 세운 김지하 시인 등 수많은 문인들이 전라도의 정신을 이 땅에 표출했습니다. 또한 한국적 서정주의를 서구의 모더니즘에 접목하여 독보적인 예술세계를 정립한 세계적인 화가 파인 김환기가 전라도에 태를 묻었습니다.

그뿐만이 아닙니다. 수많은 인물들이 살다간 전라도에서 세계 최초로 공화주의를 제창한 정여립의 대동사상이 펼쳐졌고, 그 뒤를 이어서 경주에서 태어난 최제우가 "한 사람, 한 사람이 다 한울님"이라고 설파한 동학이 전라도 땅에서 꽃을 피웠고, 그 뒤 근현대사의 출발점이 된 동학농민운동이 발발했습니다. 일제강점기에는 광주와 나주 학생운동, 1980년에는 광주와 전라남도를 중심으로 5·18광주민주화운동이 일어났습니다.

나라가 어지러울 때 모든 것을 걸고 분연히 일어났던 사람들이 전라도 사람들이었고, 질곡의 역사 속에서도 풍류를 즐기며 잘 놀고 잘 살았던 사람들도 역시 전라도 사람들이었습니다. 그런 의미에서 "도에 뜻을 두고, 덕에 근본을 두고, 인에 의지하여 예술에 노닌다"는 공자의 말은 인간의 삶에 의미를 제대로 터득했던 것이라고 유추할 수 있습니다.

"멋진 경치는 먼 데 있지 않다. 오막살이 초가에도 시원한 바람 밝은 달이 있다."

《채근담菜根譚》에 나오는 말입니다. 그와 같이 우리나라 산천 모두가 다 멋지고 아름다운 금수강산이지만 유독 전라도 산천만이 지니고 있는 멋과 맛이 있습니다.

그러한 환경과 역사 속에서 배운 것을 실천하고. 잘 놀고 잘 살기 위해

서 살았던 전라도 사람들의 삶과 소망이 이루어져 전주한옥마을이나 순천만 국가정원, 그리고 여수 일대에 수많은 사람들이 줄을 이어 찾아오고 있습니다.

"예술, 그렇다. 예술 이외의 아무것도 없다. 예술은 삶을 가능하게 하는 위대한 형성자요, 삶에의 위대한 유혹자요, 삶의 위대한 자극제다."

니체의 말입니다. 미래의 시대는 예술이 모든 문화를 견인해나갈 것입니다. 인간의 삶에서 가장 진정한 덕목인 그 예술을 나라 안 사람뿐 아니라 전 세계 사람들에게 전파하고자 하는 마음으로 천년 정도를 맞은 전라도가 앞으로는 어떤 모습으로 변모해나갈지 기대됩니다.

2018년 10월

온전한 고을 전주에서 신정일

10 남도의 해안을 따라
: 순천 · 여수 · 보성 · 고흥 · 장흥

11 다도해 주변 고을
: 강진 · 완도 · 해남 · 진도

개요

멋과 맛의 고장 전라도

위대한 예술가와 사상가가 태어난 곳

전라도는 한반도의 서남해안에 자리잡은 지역으로 첫머리 글자가 온전할 '전全' 자를 쓰고 있다. 그래서 전라북도의 도청소재지인 전주全州를 두고 '온고을'이라고 부르고 전라남도의 중심부에 위치한 광주光州를 일컬어 '빛고을'이라고 칭한다.

전라도는 과거 지금의 전라북도와 전라남도, 광주광역시 그리고 제주특별자치도를 합해서 부르는 이름이었다.

동쪽으로 경상도, 북쪽으로 충청도와 맞닿아 있는 전라도는 본래 마한의 땅으로 백제의 영역이었다. 백제가 의자왕 20년(660)에 망한 뒤 당나라는 백제의 옛 땅에 웅진, 마한, 동명, 덕안, 금련의 5개 도독부를 설치했다. 당나라 군사가 철수한 뒤 신라의 경덕왕은 전주와 무주에 도독부를 설치하여 군현을 관할했고, 진성왕 때부터 백제의 옛 땅인 전주에서 견훤이 36년간 후백제라는 나라를 열었다.

그 뒤 견훤이 역사의 뒤틀림으로 고려에 투항하고, 그 아들들마저 항복하면서 이 땅은 고려의 영토가 되었다. 고려 성종 때 전라북도 일대를 강남도, 전라남도 일대를 해양도로 나누었으며, 현종 9년(1018)에 전주와 나주羅州의 머리글자를 합해 전라주도를 설치하면서 전라도라는 지명이 생겨났다.

조선 전기에 간행된 《세종실록지리지世宗實錄地理志》에는 전라도에 대해 다음과 같이 기록되어 있다.

> 동쪽은 경상도 함양군에 이르고, 서남쪽은 바다에 닿으며, 북쪽은 충청도 은진현(현 논산군 은진면)에 이르는데, 동서가 230리요, 남북이 405리다.

이후 전라도는 광남도, 전남도 등으로 이름이 바뀌었다가 고종 33년(1896) 8월 4일 십삼도제가 실시되면서 전라남도와 전라북도로 나뉘었다. 1914년에 행정구역이 개편되어 전라도의 56개 군이 전라북도는 1부 14군, 전라남도는 1부 22군으로 통폐합되었다. 1946년 제주도가 도로 승격되어 전라남도에서 분리되었고, 1986년에는 광주시가 직할시로 승격되고 1995년 광역시로 변경되어 전라도는 1개 광역시와 2개 도로 나누어졌다.

이곳 전라도를 다스리던 벼슬아치가 전라도관찰사였고, 관찰사가 부임한 뒤에 도내의 각 고을을 순찰하던 제도가 있었다. 순력巡歷, 또는 순행循行이라고도 불렀던 관찰사의 순찰은 향읍의 풍속과 민생의 고락을 살피고 왕화王化를 선포하는 것이었다. 또한 하정下情을 상달하고 수령의 현부賢否를 살피며, 치정治政의 득실을 살피는 데 목적이 있었다.

조선시대에 전라북도, 전라남도, 광주광역시, 제주도를 관할하던 관찰사가 부임하면 지금의 익산시 여산면과 논산시 연무읍 경계에 있는 황화정이라는 정자에서 전임자와 관인을 주고받으며 임무를 교환했다. 황화정에서 순력을 시작한 관찰사는 전주를 거쳐 남도의 끝자락인 진도와 제주도에 이르는 구간을 돌아다녔는데, 신임 관찰사는 임기 1년 동안 도내의 여러 읍을 순력했다. 관찰사는 말 100여 필을 이끌고 몇백 명의 수행원을 동원해 순력을 하다 보니 그 폐단이 매우 컸다.

조선 후기 실학자 정약용丁若鏞은 《목민심서》에서 관찰사의 순력이 가져오는 폐단을 다음과 같이 격렬하게 비판하였다.

> 각 군현의 아전수를 줄이지 못하고, 계방契房을 혁파하지 못하고, 전부田賦를 감소시키지 못하고, 연호잡역煙戶雜役을 줄이지 못하고, 사찰이 황폐해지는 등 부세와 요역이 번거로워지는 모든 폐단이 관찰사의 순력에서 나오고 있습니다.

황화정이 있던 여산(익산의 옛 지명)을 시작으로 김제와 부안, 그리고 정읍의 갈재까지 드넓은 호남평야가 펼쳐진다. 호남평야는 나라 안에서 유일하게 지평선이 보이는 곳으로 영산강 유역에 펼쳐진 나주평야와 함께 나라의 곳간이라고 일컬어졌다.

금강과 섬진강, 그리고 영산강·만경강·탐진강 등 나라 안에 크고 작은 강들이 비옥한 평야를 이루어냈으며, 덕유산과 지리산, 그리고 내장산·변산·무등산·월출산 등 국립공원들이 들어서 있어 산천의 아름다움을 유감없이 드러내고 있는 곳이 전라도다.

전라도를 호남湖南이라고도 하는데 호강湖江(지금의 금강)의 남쪽이라는 뜻이다. 이긍익李肯翊이 편찬한《연려실기술燃藜室記述》에는 "전라도의 김제군 벽골제碧骨提를 경계로 해서 전라도를 호남이라 부른다"라고 기록되어 있지만, 금강 남쪽이 옳은 견해다. 금강 하류는 오래전부터 전라도와 충청도의 경계를 이루어왔으며, 지리적으로는 백두대간白頭大幹(백두산 병사봉에서 지리산 천왕봉에 이르는 산줄기)의 서쪽이 전라도에 해당한다.

조선 후기에 호남지방 50여 곳의 지명을 넣어 문장 식으로 엮은 판소리 단가〈호남가湖南歌〉를 살펴보자.

함평咸平 천지 늙은 몸이 광주光州 고향 바라보니
제주濟州 어선 빌려 타고 해남海南으로 건너올 제
흥양興陽의 돋은 해는 보성寶城에 비쳐 있고
고산高山에 아침 안개 영광靈光에 둘러 있고
태인泰仁하신 우리 성군 영학을 장흥長興하니
삼태육경은 순천심順天心이요 방백 수령은 진안민鎭安民이라
인심은 함열咸悅이요 풍속은 화순和順이고
고창高敞성에 홀로 앉아 나주羅州 풍경 바라보니
만장 운봉雲峯 높이 솟아 층층이 익산益山이요
백리 담양潭陽에 나리는 물은 구비구비 만경萬頃이요
(…)

여산礪山에 칼을 갈아 남평루南平樓에 꽂았으니
어떠한 방역객이 놀고 가기를 즐겨하랴

작자와 창작 시기를 알 수 없는 이 판소리 단가는 호남지방 지명의 뜻을 살려 그 지역의 특색과 풍경 등을 노래했는데, 노래 속에 전라도 각 군현의 특색을 담아내어 전라도 산천의 구석구석을 떠올릴 수 있다.

《택리지擇里志》를 지은 이중환은 이 나라 이 땅에 사대부들이 살 만한 곳을 찾기 위해 20여 년을 떠돌았다고 알려져 있지만 훗날 스스로 말하기를 서북과 호남지방은 가보지 않고서 《택리지》를 지었다고 했다. "견문이 넓어야 안목이 넓다"는 주자의 말과 같이 호남지방을 두루두루 살펴보지 않고, 옛사람들이 남긴 글에 의존한 이중환은 호남에 대해 좋지 않게 평했다. 그러나 이중환이 《택리지》에 "인걸人傑은 땅의 영기로 태어나는 것이다"라고 기술한 바와 같이 전라도에서 태어나 뛰어난 활약을 보인 사람 또한 적지 않다.

청백리로 이름이 높았던 황희黃喜 정승이 장수 사람이고, 조선 중기 성리학자 기대승奇大升은 광주, 이항李恒은 부안, 김인후金麟厚는 장성 사람인데 도학道學으로 이름이 높았다. 고경명高敬命과 김천일金千鎰은 광주 사람으로 임진왜란 의병장으로 혁혁한 공을 세웠으며, 전주 사람으로 선조 때 우의정을 지냈던 정언신鄭彦信과 정여립鄭汝立 사건으로 희생된 나주 남평의 이발李潑, 정개청鄭介淸 등도 있다. 윤선도尹善道는 해남, 이상형李尙馨은 남원 사람인데 문학으로 이름을 떨쳤다. 정충신鄭忠信은 광주 사람으로 조선 중기의 명장으로 이름이 높았고, 오겸吳謙은 광주, 이상진李尙眞은 전주 사람인데 재상으로서 현달했다. 문인으로는 고부의 백광훈白光勳과 영암의 최경창崔慶昌이 있고, 우거寓居한 사람으로서 순창에 살던 신말주申末舟와 그의 후손으로서 《산경표山經表》를 지은 신경준申景濬, 김제에 살던 이계맹李繼孟과 해남에 살던 판서 이후백李後白과 나주에서 태어난 천하의 임백호林白湖 그리고 무안에 살던 판서 임담林潭이 있다. 도교를 연구한 도사 남궁두南宮斗는 함열(익산), 권극중權克中은 고부(정읍) 사람인데 선술仙術을 수련하여 유명했다. 이들은 모두 얽매임 없는 기개와 뛰어난 재주로 후세에까지 명성을 날린 사람들이다.

근현대에 접어들어서도 이름을 떨친 사람이 셀 수도 없이 태어났는데, 동학농민혁명의 지도자인 전봉준全琫準을 비롯하여 독창적인 종교사상가들이 많이 태어났다. 그중 한 사람인 '선천시대에는 양陽의 시대였으나 후천시대는 음陰의 시대'라며 남자의 시대가 지나고 여성의 시대가 올 것을 예언했던 증산교를 창시한 강일순姜一淳이 정읍에서 태어났고, 그의 제자로 보천교普天敎를 창시한 차경석車京石이 고창에서 태어났으며, 대종교를 창시한 나철羅喆은 보성 사람이다.

이중환이 《택리지》 말미에 "어진 사람이 그 지역에 살면서 부유한 업을 밑받침으로 예의와 문행文行을 가르친다면 살지 못할 지역은 아니다. 또한 산천이 기이하고 훌륭한 곳이 많은데, 고려에서 조선에 이르도록 크게 드러난 적이 없었으니, 한 번쯤은 모였던 정기가 나타날 것이다"라고 썼던 전라도는 변혁의 땅이기도 하다.

"천하는 일정한 주인이 따로 없다"는 천하공물설天下公物說과 "누구

위대한 예술가와 사상가가 태어난 곳

지리산

전라도의 심장 지리산은 섬진강을 품고 우뚝 서 있는 우리나라의 진산이다.
수많은 인재를 배출했고, 문화와 풍류를 탄생시켰다.
또한 남부군을 비롯한 아픈 현대사를 온몸으로 품고 있다.

라도 임금으로 섬길 수 있다"는 하사비군론何事非君論 등 왕권체제에서 용납될 수 없는 혁신적인 사상을 품은 정여립에 의해 선조 22년(1589)에 기축옥사라고 일컬어지는 역모가 일어난 뒤, 고종 31년(1894)에는 반봉건 반외세를 기치로 한 농민 봉기인 동학농민혁명이 일어났다. 이후로 일제강점기에는 광주와 나주 학생운동이, 1980년에는 광주민주화운동이 일어나기도 했던 곳이다.

이처럼 시대의 흐름 속에서 나라가 혼미할 때 새로운 돌파구를 열었던 전라도 구석구석을 한 발 한 발 걸어본다면 이 땅을 살다간 민초들과 위대했던 인물들, 그리고 숨겨진 아름답고도 슬픈 역사가 문득 다가와 말을 건네지 않을까?

1

후백제의 도읍지 온고을

전주 · 완주

온전한 땅 전주

주줄산(운장산의 옛 이름) 이북의 여러 골짜기 물이 고산현을 지나 전주 경내에 들어와 율담栗潭, 양전포良田浦, 오백주五百洲 등의 큰 시내가 되어 농사에 이용되기 때문에 땅이 아주 기름지다. 그리고 벼, 생선, 생강, 토란, 대나무, 감 등의 생산이 활발해서 일 천 마을, 일 만 마을의 삶에 이용할 생활필수품들이 다 갖추어졌고, 서쪽의 사탄斜灘(만경강의 옛 이름)에는 생선과 소금을 실은 배가 자주 통한다. 전주 관아가 자리한 곳은 인구가 조밀하고 물자가 쌓여 있어 경성과 다름이 없으니, 하나의 큰 도회지다. 노령 북쪽의 십여 고을은 모두 좋지 못한 기운이 있지만 오직 전주만 맑고 서늘하여 가장 살 만한 곳이다.

전주에 대한 《택리지》의 기록이다. 이중환이 밝힌 바대로 조선시대에 전주는 경성과 다름 없는 큰 도회지로 '맛과 멋의 도시'라고 일컬어졌다. 전주는 백제시대에는 완산이라고 했으며, 지금의 이름이 된 것은 신라가 삼국을 통일한 경덕왕 16년(757) 때부터다. 완산과 전주의 첫 글자인 '완

完'과 '전全'은 모두 '온전하다'는 뜻을 지닌다. 전주를 순우리말로 '온고을'이라고 하는 것은 살기에 완벽함을 갖춘 고을이라는 뜻이다.

호남을 대표하는 고장인 전주는 전라북도의 도청소재지로 지방 행정과 교육·문화의 중심지이며, 전주를 둘러싼 완주군은 조선시대에는 전주부에 속해 있었으나 1935년에 전주면이 부로 승격되어 독립하면서 완주군으로 개칭되었다. 이후 여러 차례 행정구역의 변화를 거듭해 오늘에 이르고 있다.

《세종실록지리지》에 전주는 "땅이 기름지고 메마른 곳이 반반이며, 민간 풍속이 장사를 좋아한다"라고 나오며, 전주의 당시 호수는 1564호이고, 인구는 5829명이며, 군정은 시위군 77명, 진군이 148명, 선군이 826명이었다고 한다.

장수군 영취산에서 서쪽으로 갈려나온 금남호남정맥이 완주군과 진안군 경계인 주화산에서 두 갈래를 친다. 주화산에서 북으로 금남정맥을 보내고, 남으로 호남정맥을 보내 제일 먼저 솟아오른 봉우리가 완주군의 만덕산이다. 만덕산에서 남원으로 가는 길목의 슬치고개로 이어지기 전 하나의 산줄기가 은내봉, 묵방산을 지나 기린봉이 되었다. 여기에서 또 한 맥이 나와 전주시 중심부의 서북쪽으로 가다가 건지산이 되었는데, 이곳에는 전주 이씨 시조 이한李翰의 묘역 조경단(전북기념물 제3호)이 있다. 조경단은 전주가 조선왕조의 발원지임을 상징하는 곳이다.

《신증동국여지승람新增東國輿地勝覽》에 전주의 진산은 건지산이라고 기록되어 있으며, 고려 때 문장가 이규보李奎報는 "전주에 건지산이 있는데, 수목이 울창하여 전주의 명산"이라고 했다. 그러나 건지산은 전주와 같은 고도古都의 진산으로 보기에는 너무 작고 전주부성에서도 멀리 떨어져 있다. 지역의 원로들이나 풍수지리학자 최창조 선생은 기린봉이 진산인데 전주 이씨 시조의 묘가 건지산에 있으므로 건지산을 진산으로 삼았을 것으로 추정한다.

영조 때 편찬한 《여지도서輿地圖書》에는 건지산에 대해 다음과 같이 실려 있다.

> 민간에 전하는 말에 따르면, 전주 이씨의 시조인 사공공司空公 이한李翰의 무덤이 이곳에 있었다고 한다. 영조 때 흙을 파내 그 묘역을 조사하게 했는데 소득이 없었다. 마침내 부근에 있는 백성의 무덤을 파내고 감관監官과 산지기를 두었으며, 표지를 세워 나무나 풀을 베지 못하게 했다. 감사와 수령들이 각별히 삼가며 수호하여 받들어 모시는 예를 다하게 했다고 한다.

건지산의 한 맥이 서쪽으로 가다가 지금의 덕진구 덕진동에 덕지德池(현 덕진연못)가 만들어졌는데, 이 연못은 매우 깊고 넓다. 덕진연못은 풍수지리설이 활기를 띠던 고려 때에 만들어졌다. 전주의 땅이 서북쪽으로 열려 있기 때문에 땅의 기운이 음지인 서북쪽으로 빠져나가는 것을 막으려고 이 지역 사람들이 동쪽의 건지산과 서쪽의 가련산 사이에 커다란 못을 팠다고 한다. 지금은 연못의 절반을 뒤덮는 연꽃과 빼어난 조경 때문에 시민공원으로 주목을 받고 있다. 덕진연못에서 흘러내린 물은 송천동을 지나 전주천의 물과 합쳐진 뒤 만경강으로 들어간다.

한편 서방산·종남산·고덕산·모악산·황방산 등 크고 작은 산들이 솟아 있는 전주 근교에는 큰 강이 흐르지 않고, 소양천·전주천·삼천 등이 만경강으로 흘러갈 뿐이다. 금강 상류에 용담댐이 건설되기 전까지는 대아저수지나 경천저수지 같은 크고 작은 저수지들이 전주·익산·김제 일대의 수원지 역할을 했는데, 2000년 말부터 용담댐의 물이 유역 변경을 하여 금강의 물을 일부분 받아들이자 물 부족 문제가 해결되었다.

후백제의 도읍지 완산

전주 남쪽에 있는 고덕산과 천경대, 만경대, 억경대로 불리는 봉우리를 둘러쌓은 남고산성南固山城(사적 제294호)은 완산구 동서학동에 있는 석축산성이다. 성의 둘레는 5.3킬로미터로 현재 성문지와 장대지 등의 방어 시설이 남아 있다. 이 산성은 후백제를 세운 견훤이 도성인 전주를 방어하기 위해 쌓아 견훤산성甄萱山城 또는 고덕산성高德山城이라고도 불렸는데, 조선 순조 13년(1813)에 성을 고쳐 쌓으면서 남고산성으로 이름이 바뀌었다고 한다.

고려 우왕 6년(1380) 9월 이성계가 황산대첩에서 승리하고 전주를 찾았을 때 동행한 포은 정몽주는 남고산성 만경대에 올라 다음의 시 한 편을 남겼다.

> 천인千仞 높은 산에 비낀 돌길을 올라오니
> 품은 감회 이길 길이 없구나

덕진연못

전주시 덕진구 덕진동에 있는 덕진연못은 고려 때 전주 땅의 기운이 음지인 서북쪽으로 빠져나가는 것을 막으려고 만든 것이다.

청산이 멀리 희미하게 보이니 부여국이요

황엽이 휘날리니 백제성이라

구월 높은 바람은 나그네를 쉽게 하고

백년 호기는 서생을 그르치게 하누나

하늘가로 해가 져서 푸른 구름이 모이니

고개 들어 하염없이 옥경玉京을 바라보네

《여지도서》에는 만경대가 다음과 같이 묘사되어 있다.

고덕산 북쪽 기슭에 있다. 돌 봉우리가 기이하게 솟아 마치 안개구름처럼 보이는데, 그 위로는 수십 명이 앉을 만하다. 서쪽으로 군상도群上島를 바라보며, 북쪽으로는 기준성을 향해 막힘없이 트여 있다. 동남쪽으로는 태산太山을 등지고 있다. 온갖 모습으로 변화하는 경치를 뽐내고 있다.

남고산성 건너편에는 승암산이 있다. 벼랑의 모양이 마치 고깔을 쓴 중들이 늘어선 것처럼 보인다고 해서 중바우라고 부르다가 한자어로 승암산僧巖山이 되었다. 이 산에는 통일신라시대에 쌓은 산성이 있는데, 남고산성 건너편에 있어서 동고산성(전북기념물 제44호)이라고 하고, 승암산에 있어서 승암산성이라고도 한다. 이곳은 후백제 견훤의 왕궁터였다고 하는데, 1980년 성 내부를 조사할 때 건물터에서 '전주성'이라는 글씨가 쓰인 연꽃무늬 와당이 발견되었다. 이후 견훤왕궁터와의 관련성을 규명하기 위해 1990년부터 발굴이 시작되어 2014년까지 7차에 걸쳐서 건물지, 성벽, 문지 등이 차례로 조사되었다. 비록 건물은 사라지고 터만 남았지만, 후백제를 세운 견훤의 발자취가 느껴지는 곳이다.

후백제를 세운 견훤은 경상북도 문경시 가은읍 아차마을 갈전2리에서 가난한 농부인 아자개의 맏아들로 태어났다. 광주 북촌에서 태어났다는 설과 지렁이의 아들이라는 전설을 지닌 견훤은 청년 시절 군인의 길을 택했고, 마침내 892년 무진주(현 광주광역시)를 점령하고 스스로 왕위에 올랐다. 견훤은 북원에서 세력을 확장하고 있던 양길梁吉에게 비장이라는 벼슬을 내렸으며, 900년 완산주(전주의 옛 지명)에 무혈 입성하여 도읍을 정하게 되었다.《삼국사기三國史記》에는 견훤이 전주성 밖을 나와 열렬히 환호하는 백제 유민을 향하여 다음과 같이 외쳤다고 전해진다.

> 내가 삼국의 기원을 상고해보니 마한이 먼저 일어나고 후에 혁거세가 발흥했으므로 진한辰韓과 변한卞韓이 따라 일어났다. 이에 백제는 금마산에서 개국하여 600여 년이 지났는데, 총장摠章 연간年間에 당 고종이 신라의 청원을 받아들여 장군 소정방으로 하여금 선병船兵 13만 명을 거느리고 바다를 건너게 하고, 신라의 김유신이 황산을 거쳐 사비에 이르기까지 당나라 군사와 합세하고 백제를 공격하여 멸망시켰다. 지금 내가 도읍을 완산에 정하고, 어찌 감히 의자왕의 숙분宿憤을 씻지 아니하랴.

견훤은 당당하게 백제의 맥을 잇는다는 뜻으로 나라 이름을 '백제'라고 선포했다. 후백제는 후세에 역사가들이 삼국시대 백제와 구분하기 위해 붙인 이름일 뿐이다. 또한 견훤은 자신을 대왕이라 칭하면서 정개正開

남고산성

남고산성은 후백제를 세운 견훤이 도성인 전주를 방어하기 위해 쌓은 것으로 견훤산성 또는 고덕산성이라고도 불렀다.

동고산성에서 발견된 연꽃무늬 와당

동고산성이 후백제 견훤의 왕궁터라는 사실을 입증하는 것으로 성 내부를 조사할 때 발견된 '전주성'이라는 글씨가 쓰인 연꽃무늬 와당을 들 수 있다.

라는 연호를 반포했다. 신라가 외세인 당나라를 끌어들여 삼국을 통일한 뒤 당나라 연호를 사용했던 것과 달리 후백제에서는 자주적인 연호를 쓴 것이다. 정개에는 '바르게 열고, 바르게 시작하고, 바르게 깨우친다'는 의미가 담겨 있었다.

견훤은 신라보다 일렀던 백제의 역사를 재정립하겠다는 일종의 '역사 바로 세우기'와 더불어 의자왕의 숙분을 푸는 것을 당면 과제로 내세웠다. 견훤은 비참하게 몰락한 백제왕조를 부활시키기 위해 힘찬 첫발을 내디딘 것이며, 도탄에 빠진 민중을 구원하고 세상을 구하겠다는 미륵의 나라 건설을 피력한 것이었다.

백제 외교 복원을 위해 총력을 기울인 견훤

국가의 정체성을 확립한 견훤은 내적으로는 호족과 혼인관계를 맺어 그들을 포섭하면서 세력을 확장해나갔다. 한편 호족의 견제와 통제 속에서도 고삐를 늦추지 않아 호족의 영내에 관리와 군대를 파견했다. 동시에 호족의 자제들을 불러들여 볼모로 잡아두었다. 국방상의 요충지에는 중앙군을 파견했는데, 현지 호족 세력의 지원 없이도 둔전屯田을 통해 주둔이 가능했다. 조선 후기 실학자 안정복安鼎福은 《동사강목東史綱目》에서 "견훤이 백제의 옛 땅을 남김없이 차지했는데 그가 가진 재력의 부유함과 갑병甲兵의 막강함은 족히 신라와 고려보다 뛰어나서 먼저 드러났다"고 적고 있다.

견훤은 자신의 해상 세력을 바탕으로 하여 옛 백제의 외교를 복원하는 데에도 총력을 기울였다. 중국의 오월국吳越國과 후당後唐에 사신을 파견하여 자신의 존재를 알림으로써 그 위상을 높이는 한편, 한반도 전체를 대표하려는 의지를 과시했던 것이다. 이는 또한 신라를 고립시키려는 전략의 일환이기도 했다.

그 후 견훤은 중국의 후당 및 요하辽河 부근의 거란과도 외교 관계를 맺었는데, 이에 대해서는《삼국사기》에 다음과 같이 기록되어 있다.

> 거란의 사신 사고娑姑와 마돌麻咄 등 35인이 예물을 가지고 찾아오니 견훤이 장군 최견崔堅으로 하여금 마돌 등을 동반하여 전송하게 했는데, 그들은 바다를 거쳐 북쪽으로 가다가 풍랑을 만나서 당나라 등주登州에 도착하여 모두 학살되었다.

견훤은 일본과도 긴밀히 외교적 접촉을 하는 한편 인재 등용에도 힘썼다. 그중 가장 뛰어난 사람이 최승우崔承祐였다. 당나라로 유학을 떠난 지 3년 만에 빈공과에 급제해 명성을 떨친 최승우는 당나라에서 관직을 지내다 귀국 후 후백제에서 관료로 일했다. 그러나 큰 세력을 형성하며 삼한 통일을 염원했던 견훤의 원대한 뜻은 아들들 사이에 권력 다툼이 벌어져 막을 내리고 말았다.

오랜 세월이 흐른 뒤 김동인의 소설《견훤》에는 후백제가 역사의 뒤편으로 사라져가던 당시 견훤의 모습이 다음과 같이 묘사되어 있다.

그날 밤 견훤왕은 밤새도록 소리 없이 울었다. 이미 정한 운명이었지만 눈앞에 이르니 가슴이 저리었다. 더욱이 자기 평생 공을 다 들여서 쌓은 탑이 지금 무너지는데 자기가 그것을 붙드는 데 일호一毫의 힘도 가할 수 없고, 도리어 무너뜨리는 편에 붙어서 방관하지 않을 수 없는 운명이 더욱이 애달팠다. 베개에서 물을 차낼 수가 있도록 수없이 눈물을 흘렸다. 그 누가 견훤의 그 비통한 심사를 알 수가 있으랴. 어떤 말로 표현할 수 있으랴.

40여 년에 걸쳐 백제의 맥을 잇겠다고 궁예와 왕건이 이끄는 후고구려와 맞붙어 싸웠던 견훤의 큰 뜻은 사라지고 말았다.

견훤은 그 후 《삼국사기》에 기록된 대로 "수심과 번민으로 등창이 나서" 지금의 논산시 연산면에 있던 절 황산사에서 죽고 말았다. 그는 죽을 때 "하늘이 나를 보내면서 어찌하여 왕건이 뒤따르게 했던고. (…) 한 땅에 두 마리 용은 살 수 없느니라" 하고 길게 탄식하며 눈을 감았다고 한다. 구전되는 그의 무덤은 충청남도 논산시 연무읍 금곡리에 전주 땅을 바라보며 남아 있는데, 그 뒤 항간에는 아래와 같은 참요가 유행했다고 한다.

가련토다 완산 애기
애비 잃고 눈물 흘리네

《삼국사기》 전체 50권의 맨 끝에는 다음과 같은 글이 실려 있다.

신라의 국운이 쇠퇴하고 정치가 어지러워 하늘이 돕지 아니하고 백성들은 갈

곳이 없었다. 이에 군도群盜들이 틈을 타서 일어나 마치 고슴도치 털처럼 되었으나, 그중에서 가장 악독한 자는 궁예와 견훤 두 사람뿐이었다. 궁예는 본래 신라의 왕자였지만 도리어 종국宗國을 원수로 삼고 그 전본(전복)을 도모하였으며 심지어 선조의 화상畵像까지 베기에 이르렀으니 그 무도함이 극심했다.

견훤은 신라의 백성으로부터 일어나 녹을 먹으면서 불측한 마음을 품고 나라의 위태한 틈을 기화로 하여 도성과 성읍을 침략하고 임금과 신하를 살육하기를 마치 새를 죽이고 풀을 베듯 하였으니, 실로 천하의 으뜸가는 악인이며 백성들의 큰 원수였다. 그러므로 궁예는 자기 부하에게 버림을 당하였고, 견훤은 제 자식에게 화를 당하였다. 이는 모두 제 자신이 저지른 것이니 또 누구를 원망하겠는가? 항우와 이밀 같은 특출한 재주로도 한나라와 당나라의 발흥을 대적하지 못하거늘, 더군다나 궁예와 견훤 같은 흉악한 자가 어찌 우리 태조와 더불어 서로 상대할 수 있으랴. 다만 태조에게 백성들을 몰아주는 자가 되었을 뿐이다.

견훤의 백제는 결국 스스로의 내분에 의해 무너진 것이지 왕건이 거느린 고려 군사의 힘으로 멸망한 것이 아니었다.

물왕멀에는 백제 왕궁의 석축만 남아

그렇다면 백제의 맥을 이었던 견훤과 후백제는 전라도 지역에서 오늘날 어떤 평가를 받고 있을까?

육당六堂 최남선崔南善이 1925년에 발표한 국토 순례기《심춘순례尋春巡禮》에는 "반태산 밑 철로 밑으로 논두렁처럼 울묵줄묵하게 약간 일자로 남아 있는 것이 후백제의 성터라고 한다"라고 기록되어 있고, 1943년에 간행된《전주부사全州府史》에는 "전주역 동편 반태산(물왕멀, 현 완산구 노송동)의 구릉지는 후백제 견훤의 왕궁터로 보아도 큰 잘못이 없으며, 또 승암산 동남방 성황사에 소재한 산곡의 성터가 같은 왕궁에 인접한 산성으로 보인다"라고 되어 있다. 또 조선총독부 도서관의 조사관 오기야마 히데오荻山秀雄가 조사한 바대로 "반태산 일대 민가를 조사한 결과 후백제 왕궁의 건축 초석으로 사용되었을 것으로 보이는 각이 진 석재와 대형 댓돌 1만여 개가 현존하고 있다"라는 기록도 있으며, 필자 또한 몇 년 전 KBS와 함께 답사하는 도중 민가에서 당시의 주춧돌 세 개를 발견하기도 했다.

그런데도 대다수의 학자들은 자료가 없다는 궁색한 변명만 늘어놓고 있으며 왕궁터로 알려진 물왕멀 일대에는 관심조차 기울이지 않고 있다. 나라 곳곳에서 소설 속 인물들까지도 부활되고 있으며 지역마다 잊힌 역사를 바로세우기 위해 혈안인 것과는 아주 대조적이다.

그나마 동고산성에서 발견된 '전주성'이라는 글씨가 찍힌 연꽃무늬 와당과 "후백제 견훤이 쌓은 산성으로 추정된다"라는 남고산성의 표지판이 세워져 있지만 견훤이 3개월여 유폐되었던 절의 입구에 그가 쌓았다고 해서 견훤문 또는 홍예문이라고도 하는 석성문이 있는 김제 금산사에는 견훤에 대한 안내 문구조차 찾아볼 수 없다.

미국의 사학자 캐머런 허스트G. Cameron Hurst III는 〈선인, 악인, 추

후백제 왕궁터 물왕멀

물왕멀은 물왕마을의 준말로 전주시 완산구 중노송동의 옛 지명이다.
사진은 물왕멀이 후백제의 왕궁터였음을 적은 표석.

인〉이라는 논문에서 '고려 왕조 창건기 인물들의 특성'을 밝히며 "견훤 역시 '악인'이라는 이미지에서 상당히 회복될 필요가 있다. 그는 쇠퇴하는 힘에 대항하여 맹렬히 공격한 한반도 남서부 지역의 인물로서, 아직도 천명을 보유하고 있던 신라왕조와 함께 상당한 군사적, 도덕적 힘을 지니고 있던 백제인이었다. 견훤의 왕국은 거의 반세기 동안이나 존재했으며 더구나 번성했다. 다만 지지한 사람들과 지지한 이유는 분명하지 않지만, 그러나 나는 그도 역시 상당한 지도력과 군사적 자질을 소유했던 인물임에는 틀림없다고 생각한다"라고 했다. 또한 "운명의 뒤틀림이 없었더라면 10세기 한국은 견훤에 의해 통일되었을지도 모른다. 옛 백제의 중심지역으로부터 한반도를 통일하는 새 왕조 창건을 합법화하기 위하여 백제 계승자로서의 역사를 선전했을 왕조가 생겨났을 수도 있었다"라며 견훤 백제의 패망을 아쉬워했다.

그렇다. 한때 전주는 견훤이라는 사람이 세운 한 나라의 수도였다. 견훤은 기울어져가는 통일신라 말에 태어나 백제의 부활을 위해 백제라는 나라를 열었다. 모두가 더불어 사는 세상인 미륵의 나라를 열고자 했고, 삼한을 통일하여 더 큰 세상을 꿈꾸었던 그는 집안 내분으로 역사의 승자가 아닌 패자로 낙인찍힌 채 역사의 뒤안길로 밀려나고 말았다.

남국의 인재가 몰려 있는 전주

조선 전기 문신 성임成任은 전주를 두고 "안팎으로 산과 강이 전주의 영역을 휘감아 돈다"라고 했는데, 풍수지리상 전주를 행주형行舟形이라 한다. 많은 사람들이 재물을 한 배 가득 싣고서 순풍에 돛을 달아 항로에 오른 배를 지그시 잡아 매어둔 형상이란 뜻이다.

조선 건국에 참여한 문신 윤곤尹坤은 "(전주는) 나라의 발상지이며, 산천의 경치가 빼어나다"라고 했고, 조선 전기 문신 서거정徐居正은 "남국의 인재가 몰려 있는 곳이다. 물건을 싣는 데 수레를 사용하며, 저자에서는 줄을 지어 상품을 교역한다"라고 했다. 전주에서는 수많은 인물들이 태어났다. 세조 때 우의정을 지낸 이사철李思哲과 명종 때 우의정을 지낸 황헌黃憲, 선조 때 우의정을 지낸 정언신鄭彦信, 숙종 때 우의정을 지낸 이상진李尙眞이 그들이며, 기축옥사 또는 '정여립의 난'의 주인공 정여립이 선조 때 사람이었다.

임진왜란이 일어나기 3년 전인 선조 22년(1589)에 일어난 기축옥사로 인해 4대 '사화' 때보다 더 많은 1000여 명이 희생되었다. 그 뒤 기축옥사나 정여립이라는 단어조차 찾아볼 수 없다가 역사가이자 독립운동가인 단재丹齋 신채호申采浩에 의해 다시 부각되기 시작했고, 여기저기서 조금씩 거론되고 있는 것이 오늘의 현실이다. 다만 두껍게 각색된 부정적인 이야기들만 꼬리에 꼬리를 물고 전해져올 뿐이다. 기축옥사와 정여립에 대해서는 여러 문헌이나 백과사전 등에 다음과 같이 기록되어 있다.

조선 중기의 모반자. 자는 인백仁伯이고 본관은 동래東萊로, 전주 출신이다. 경사經史와 제자백가에 통달하였으나 성격이 포악, 잔인하였다. 선조 3년(1570) 식년문과에 을과로 급제, 이이李珥·성혼의 문인. 선조 16년(1583) 예조좌랑을 거쳐 이듬해 수찬修撰으로 퇴관하였다. 본래 서인이었으나 집권한 동인에 아부해 죽은 스승 이이를 배반하고 박순, 성혼 등을 비판하여 왕이 이를 불쾌히 여기자 다시 벼슬을 버리고 낙향하였다. 고향에서 점차 이름이 알려지자 정권을 넘보아 진안 죽도에 서실을 지어놓고 대동계를 조직, 신분의 제한 없이 불평객들을 모아 무술을 단련시켰다. 선조 20년(1587) 전주부윤 남언경의 요청으로 침입한 왜구를 격퇴한 뒤 대동계 조직을 전국으로 확대, 황해도 안악의 변숭복, 해주의 지함두, 운봉의 중 의연 등의 기인모사를 거느리고《정감록鄭鑑錄》의 참설讖說을 이용하는 한편, 망이흥정설亡李興鄭說을 퍼뜨려 민심을 선동하였다. 선조 22년(1589) 거사를 모의, 반군을 한양에 투입하여 일거에 병권을 잡을 것을 계획하였다. 이때 안악군수 이축이 이 사실을 고변하여 관련자들이 차례로 잡히자 아들 옥남과 함께 진안 죽도로 도망하여 숨었다가 잡혀 관군의 포위 속에서 자살하고 말았다. 이 사건으로 동인에 대한 박해가 시작, 기축옥사가 일어났으며 전라도를 반역향叛逆鄕이라 하여 호남인들의 등용이 제한되었다.

정여립이 벼슬을 그만두고 내려와 대동계를 조직한 뒤 활동했던 그 당시를 남원의 의병장 조경남趙慶男은《난중잡록亂中雜錄》에서 다음과 같이 평했다.

명망이 일찍부터 드러나 세상을 뒤엎었다. 그는 조정에서 물러나와 집에 있으면서 자중하는 체하여 관직을 사퇴하고 받지 않았으며, 나라에서 불러도 나가지 않았다. 사림에서는 달려가 한 번이라도 그를 만나는 것을 다행으로 생각하였다.

선조 39년(1606) 10월 전북 고창 출신 유학자 오익창吳益昌이 올린 상소문을 보면 당시 정여립의 학문적 명성이 높았음을 알 수 있다.

당당한 성명의 조정에 감히 임금의 자리를 넘겨다보는 궤를 낸 것이 이 역적보다 더 심함이 있지 않았던 것이다. 바야흐로 그 이름을 도둑질하던 초두에 학문을 가탁하고 박학과 변론으로 꾸려나가 성명지학을 고담준론하고 도의를 강론하여 온 세상을 속이니, 위로는 공경대부로부터 아래로는 서민에 이르기까지 한 번 보는 것으로써 다행으로 여기지 않는 자가 없었다.

전주부윤이자 양명학자였던 남언경南彦經 또한 당파가 달랐음에도 "정공鄭公은 학문에 뛰어날 뿐만 아니라, 그 재주도 다른 사람이 가히 따르지 못할 바다"라고 하여 정여립을 주자에 비하기도 했으며, 정개청은 열여덟 살이나 나이가 적은 정여립에게 "도道를 높고 밝게 봄이 당세의 오직 존형尊兄뿐이라"라는 글을 적어 보냈다. 이발 역시 정여립을 당시 "제일 인물"이라 했고, 이이도 "호남에서 학문하는 사람 중 정여립이 최고"라고 했다. 그러한 여러 가지 정황으로 인하여 대동계원들뿐 아니라 호남의 지식인들이 정여립의 집에 모여들었고, 또한 그들은 정여립의 집에서 책도 읽고 무술도 연마할 수 있었다.

정여립은 그 시대의 스승이었다. 사서오경은 물론이고 글로 적은 것이라면 무엇을 갖다 대도 모르는 것이 없었다. 어떤 경우에도 희미한 법이 없고 불을 보듯 명쾌하게 설명했다. 정여립은 이 무렵 대동계원들에게 다음과 같이 말했다고 한다.

> 우리나라는 아무리 큰 적자라도 학문과 예법만 숭상할 줄 알았지, 육예六藝(고대 중국 교육의 여섯 가지 과목. 예禮, 악樂, 사射, 어御, 서書, 수數를 이름)를 다 가르치지 않았다. 이제 내가 육예를 가르쳐주겠다.

이것만 보아도 정여립이 그 당시를 풍미하던 성리학자들과는 판이하게 다른 사람이었음을 알 수 있다. 정여립에 대한 칭송은 날이 갈수록 높아만 가고, 여기저기서 그를 흠모하는 사람들이 더 많이 모여들었다. 특히 대동계에는 신분의 제한이 없어 상민이나 종이나 중, 사당, 광대, 점쟁이, 풍수, 무당 할 것 없이 별별 계층의 인물들이 다 모여 있었다. 정여립은 능란한 말솜씨와 의젓하고 늠름한 태도로 가르쳤으므로 누구나 존경의 마음을 품었다. 또한 그들 중에 근심되는 일이 있거나 혼자서 해결 못할 일이 있으면 힘써 도와주기도 하여 그들의 마음을 한 손에 쥐었다.

그러나 그의 원대한 꿈은 피어나지도 못하고 역적으로 몰려 진안 죽도에서 죽임을 당했다. 그 뒤 피의 역사 기축옥사가 일어났고, 그때의 상황을 유성룡柳成龍은《운암잡록雲巖雜錄》에서 다음과 같이 전했다.

> 처음에 임금이 그를 체포하러 가는 도사都事에게 밀교를 내려, 여립의 집에 간직되어 있는 편지들을 압수하여 대궐 내에 들이게 하였다. 그래서 무릇 여립과 평소에 친근하게 지내어 편지를 주고받은 자는 다 연루를 면치 못하게 되어 사류士類라는 것만으로 죄를 얻은 자가 많았다.
>
> 그중에 고문을 받고 죽은 자는 전 대사간 이발, 이발의 아우 응교 이길, 이발의 형 전前 별좌 이급, 병조참지 백유양, 유양의 아들 생원 백진민, 전 도사 조

대중, 전 남원부사 유몽정, 전 찰방 이황종, 전 감역 최여경, 선비 윤기신, 정여립의 생질 이진길 등 이루 다 기록할 수가 없다. 그중에서도 이발과 백유양의 집안이 가장 혹독하게 화를 입었다. 그리고 연루되어 귀양 간 자는 우의정 정언신, 안동부사 김우옹, 직제학 홍종록, 지평 신식과 정숙남, 선비 정개청이요, 옥에 갇혀 병이 나서 죽은 자는 처사 최영경이었다.

옥사獄事는 덩굴처럼 얽히고 뻗어나가 3년을 지내도 끝장이 나지 않아 죽은 자가 몇천 명이었다.

그렇게 많은 피해자들 중 정여립의 9촌 아저씨뻘이었던 정언신은 기축옥사 당시 우의정이었는데, 공조참판이던 형 정언지鄭彦智와 더불어 가장 큰 피해를 보았다. 정언신은 예조좌랑 정진鄭振의 아들로 태어났으며, 함경도관찰사와 대사헌, 부제학을 지냈다. 그는 선조 16년(1583) 야인野人 이탕개가 쳐들어오자 함경도 순찰사에 임명되어 임진왜란의 영웅 이순신李舜臣과 충주성 싸움에서 순절한 신립申砬 그리고 진주성 싸움의 김시민金時敏과 이억기李億祺 등 뛰어난 명장들을 거느리고 적을 격퇴했다. 이처럼 함경도관찰사로 북쪽 변방을 방비하면서 관북지방 일대의 안정과 복지를 위해 정성을 다하자 여진족들은 아기를 낳기만 하면 '정언신'이라는 이름을 붙였다고 한다. 그 후 우의정이 되어 정여립 사건이 났을 때 옥사를 담당했는데, 호남의 유생 양천회가 올린 상소에 의해 역모 혐의를 받아 파직되고 말았다.

뒤를 이어 정여립의 조카 정집이 "정언신 등이 역모에 같이 참여하였다"라고 하여 선조가 정언신·정언지 등을 친히 국문하여 정언신은 중도

© 유철상

경기전

전주시 완산구 풍남동에 있는 경기전은 태조 이성계의 어진을 봉안한 곳으로
전주가 나라의 발상지라는 뜻에서 세운 전각이다.

태조 어진

조선은 건국 후에 한양을 비롯하여 평양·경주·개경·영흥·전주 등 여섯 곳에 태조 어진을 봉안했으나 현재는 경기전 내 어진박물관에 유일하게 보존되어 있다.

부처의 형을 받았다. 중도부처란 죄를 지은 벼슬아치에게 어느 곳을 지정하여 머물러 살게 하는 형벌이다. 한편 정언신의 막내아들 정율은 "아버지는 역적 괴수와 친밀하지 않았다"라는 상소를 올렸는데, 아버지가 큰 화를 입자 부끄러움과 한스러움을 이기지 못하여 자결하고 말았다.

세상에 오는 것은 돌아감을 뜻함이니

죽은 정율과 교분이 있었던 백사 이항복은 정율을 추모하는 글 한 편을 지어 무덤 속에 넣었다. 그 후 정율의 아들 정세규가 장성한 후에 묘를 이장하면서 그 만장을 꺼냈는데, 거기에 쓰인 내용은 이러했다.

> 대저 사람은 본래 잠깐 우거하는 것과 같으니, 오래고 빠른 것을 누가 논하랴. 이 세상에 오는 것은 곧 또 돌아감을 뜻함이니 이 이치를 내 이미 밝게 아나 자네를 위하여 슬퍼하노니. 내 아직 속됨을 면하지 못하여 입이 있으나 말할 수 없고 눈물이 쏟아져도 소리 내어 울 수도 없네. 베개를 어루만지며 남이 엿볼까 두려워서 소리를 삼켜가며 가만히 울고 있네. 어느 누가 잘 드는 칼날로 내 슬픈 마음을 도려내어주리.

정언신은 남해로 유배되었지만 정언신에 대한 서인 측의 집요한 공격은 그칠 줄을 몰랐다. 이듬해에 나주의 양형, 양천경 등은 정언신이 정여립을 옹호했다는 내용의 소를 올렸다. 정언신은 다시 붙잡혀 사사賜死의 명을 받는데, 조정의 모든 사람들이 서로 입을 다물고 감히 한마디도 하지 못했다. 이때 정철鄭澈이 "아조我朝에서는 200년 이래 일찍이 반역 죄인을 제하고는 대신을 죽인 적이 없었습니다. 그 인후한 풍이 조송趙宋과 다름없으니 지금 마땅히 준수할 것이고 감히 다른 의논은 없습니다"라고 거듭 아뢰어 정언신은 겨우 죽음을 면했다.

정언신이 갑산으로 유배를 간 이후에도 신하들이 계속해서 국문하기를 청하자 선조는 "어찌하여 이렇듯 강경히 고집하는가. 언신은 위인이 불학무식하여 스스로 큰 죄에 빠지는 줄도 몰랐다. 역당의 공초에 따르면 '먼저 정언신과 신립을 죽인 후에 군사를 일으킨다' 했으니 이것만으로도 언신의 죄는 마땅히 용서할 만한 것이다. 지금 만약 국문하다가 혹 매를 못 이겨 죽게 되면 반드시 대궐 뜰에서 때려죽였다는 말이 날 것이고, 혹 병으로 죽게 되면 대신이 옥에서 병사했다는 말이 날 것이니 이런 것은 모두 좋지 못한 일이다. 경들은 어찌하여 이런 일을 하자고 하는가?" 하고 호통을 쳤다. 갑산으로 간 정언신은 몇 달도 안 되어 통한의 한을 품고 죽었다.

그 뒤에 세워진 정언신의 비에는, "공경과 사대부를 많이 끌어들이면 살려주겠다고 말하더니 왜 나를 죽이느냐"라고 정집이 처형될 때 크게 울부짖으며 했다는 말이 기록되어 있다. 정집의 진술이 날조였던 이상 정언신이 역모에 가담했다는 흔적은 어디에도 없었다. 그러나 정언신은 역모 사건 초기에 이를 고변했던 사람을 참해야 한다는 말을 한 이후 궁지에 몰렸다. 그는 정여립의 역모를 믿지 않았고 기축옥사와 전혀 관계가 없었기 때문에 그러한 말을 할 수 있었을 것이다.

동고東皐 이준경은 "나를 대신할 사람은 오직 정언신밖에 없다"라고 칭찬했고, 임진왜란 때 병조판서였던 황정욱은 남대문에 올라가 "정언신이 살아 있었다면 왜적에게 그토록 허망하게 국토를 짓밟히지는 않았을 것"이라고 말하며 그의 죽음을 아쉬워했다. 많은 사람들이 정언신을 비롯한 조선의 인재들을 희생시킨 벌로 임진왜란이라는 미증유의 재난이 일어난 것이라고 수군거렸다 한다. 정언신은 선조 32년(1599)에 복권되었으며, 경상북도 문경의 소양사瀟陽祠에 배향되었다.

왕조 체제하에서 용납될 수 없는 혁신적인 사상을 품은 정여립을 처음으로 재평가한 이가 역사학자 단재 신채호다. 그는 정여립에 대해 다음과 같이 평가했다.

> 정여립은 군신강상설君臣綱常說(임금과 신하 사이에 사람이 지켜야 할 도리)를 타파하려 한 동양의 위인'이다. 그러나 《민약론民約論》(사회계약설)을 저술한 루소와 동등한 역사적 인물이 되지 못한 것은 이후의 파란만장한 프랑스 혁명에 비유할 수 없기 때문이다.

오늘날에는 대동세상을 꿈꾼 정여립을 영국의 공화주의자 올리버 크롬웰Oliver Cromwell과 비교하곤 한다. 왕의 신권설을 부정하고 왕을 처형하여 왕정을 폐지한 후 공화정을 수립한 영국의 올리버 크롬웰과 정여립의 정치적 역정이 닮아서일 것이다. 정여립을 공화주의자라고 본다면 그는 올리버 크롬웰보다 무려 60년 앞선 세계 최초의 공화주의자라고 할 수 있다.

현대에 들어 전주의 큰 도로에 '정여립로', '정언신로', '대동길'이라는 이름이 붙었고, 정여립의 동상 건립이 추진되고 있다. 400여 년이 지

정여립로와 정언신로

정여립과 정언신은 기축옥사로 인해 전주 출신임이 숨겨져 왔으나
현대에 들어 전주의 큰 도로에 '정여립로', '정언신로'라는 이름이 붙었다.

난 오늘에서야 정여립과 정언신이 전주 출신임을 드러내놓을 수 있게 된 것이다.

한국적인 전통문화를 간직한 도시

전주는 《택리지》에 "기름진 땅과 메마른 땅이 섞여 있으며, 사람들의 눈치가 빠르고 영리하다"라고 기록되어 있다. 최충헌이 초청한 시회詩檜에서 발탁되어 전주에 사록겸장서기司錄兼掌書記로 부임해왔던 이규보는 이곳에 대해 다음과 같이 평했다.

> 전주는 완산이라고 부르는데, 옛 백제국이다. 인물이 번호繁浩하고 가옥이 즐비하여 고국古國의 풍이 있다. 그러므로 그 백성은 어리석거나 완고하지 않고 모두가 의관을 갖춘 선비와 같으며, 행동거지가 본뜰 만하다. 그러나 완산이란 이름은 근교의 작은 산봉우리에 지나지 않는데, 어찌해서 고을의 이름이 되었는지 이상하다.

조선을 건국한 태조 이성계의 조상이 살았다고 해서 전주객사의 이름조차 풍패지관豊沛之館(보물 제583호)이라고 붙인 전주에는 호남제일문인 풍남문(보물 제308호)과 경기전(사적 제339호), 오목대, 이목대 등 문화유산들이 많이 있다. 고종 31년(1894) 5월에는 동학농민군이 무혈입성을 한 뒤 전주화약을 맺었던 곳이며, 오늘날 지방자치제의 효시라 할 집강소를 설치했던 역사의 현장이다.

그러나 오랜 전통 속에 풍류가 흐르는 전주는 근대화의 과정에서 발전 기회를 놓쳤다. 현대 시조의 아버지로 불리는 가람嘉藍 이병기李秉岐는 '덕진 호반'이라는 글에 전주가 큰 도시로 비약하지 못한 원인을 밝히고 있다.

덕진은 완산팔경의 하나요, 이씨 태조의 선산인 건지산의 한 방축지防築趾로서 옛날부터 명승지였으나 전주시와는 약간 거리가 떨어져 있었기 때문에 때로 유람객들이 찾아올 뿐이었고, 제법 이렇다 할 만한 아무런 시절이 없었던 곳이었다.

호남철도를 처음 놓으려 할 때 덕진으로서 오목대梧木臺 뒤로 그 선을 계획했던 바, 그때 전주의 가장 우지였던 박기순朴基淳 또는 모모某某하는 전주의 명사 수십여 인이 오목대에 올라 발을 동동 구르며, '오목대의 뒤를 끊으면 전주는 망한다' 하고 총독부에 진정서를 내어 반대했으므로 드디어 호남선은 이리(익산에 있던 지명), 김제 등지로 놓이게 되었다가, 그 뒤 일정의 세력이 높으매 그들의 입으로써 이리에서 여수까지 지선이 생겼던 것이다. 애당초 호남선이 전주로 통과하게 되었더라면 전주의 발전이 그 얼마나 증가했을까! 되잖은 완고한 풍수설이나 믿던 사상으로 도리어 낙후의 탄嘆을 하게 했으며, 다른 도시보다도 참혹하게도 전주는 일인시가日人市街가 되었다. 만약 그때 이 지방 부로父老들이 선경지명이 있었더라면 전주시는 물론이고, 덕진 내지 동산촌까지라도 일찍 굉장한 번영이 있었을 것이었다.

© 유철상

전주 풍남문

풍남문은 옛 전주읍성의 남쪽문이며, 순종 때 도시계획으로 철거되었다가 1978년 보수공사로 옛 모습을 되찾았다.

전주 한옥마을

전주시 풍남동과 교동에 위치한 전주 한옥마을은 한옥 800여 채가 밀집되어 있어, 한국의 옛 전통을 엿볼 수 있는 곳으로 유명하다.

이병기 선생의 말이 맞다. 허허벌판이던 익산이 큰 도시가 되고, 작은 도시 대전은 물론 경상감영이 있던 대구가 큰 도시로 발전한 것은 철도가 들어섰기 때문이다. 한때 전주는 전국 7대 도시였으나 근대화 과정에서 뒤처진 도시에 머물렀으나 현재는 문화관광도시로 거듭나고 있다.

전주는 전통생활양식의 근간인 한옥 · 한식 · 한지 등 가장 한국적인 전통문화를 간직하고 있는 도시다. 하지만 시간의 흐름 속에 사라진 것들도 많다. 조선시대에 전라도 전 지역과 제주도까지 관할했던 전주에는 성벽을 쌓고 동서남북에 4대문을 세웠으나 1907년에 조선통감부에 의해 성벽은 철거되고 4대문 중 남문인 풍남문만 남았다. 전주성 안에 있던 매월정과 진남루 · 제남루 등은 사라지고 이제 옛사람의 글에만 남아 있다. 조선 전기 문신인 성현成俔은 전주성 남쪽에 있던 제남루에 올라 주변을 둘러보고 다음의 글을 남겼다.

> 만경대는 유리알 같은 물 위에 그림자를 드리우고, 기린봉은 동쪽 구석에 우뚝하게 솟아 있다. 논밭은 수놓은 것 같고 촌락은 즐비하다. 아침저녁으로 연기는 수목 사이에 엄애掩靄하고 망망한 넓은 들은 안계眼界가 공활空豁하다. 오르는 자 마음이 넓어지고 정신이 맑아져서 그 흥취가 무궁하다. 대개 유락遊樂의 적취適趣에는 두 가지가 있으니, 깊은 것과 넓은 것이 그것이다. 만약 여러 귀빈을 초청하여 술잔을 나누며 촛불 들고 밤까지 노는데 예로써 응수함에는 진남루의 깊은 것이 좋고, 난간에 의지하여 사방을 둘러보고 천지를 부앙俯仰하며 성정을 즐겁게 하고 울적함을 풀기에는 제남루의 넓은 것이 좋으리라.

깊고 넓은 것이 서로 어울려 있던 전주의 풍경을 기록한 사람들은 많았지만, 이제 역사의 자취는 간 곳이 없다.

고려 말 조선 초 문신인 권근權近이 "큰 고을이 남과 북을 갈라놓으니, 완산이 가장 특기하도다. 천년의 왕기가 모여 있으니 일대에 큰 토대를 열었구나"라고 했고, 성종 때 문신 이승소李承召가 "완산은 곱고 새뜻하니, 한 옛날의 명도名都로다"라고 노래한 전주의 한옥마을은 우리나라에서 제일 가고 싶은 곳으로 알려져 1년에 1000만 명이 넘는 국내외 관광객이 밀려들고 있다.

전주를 감싸고 있는 완주

완주군은 전라북도 북부 중앙에 위치하며 전주시를 둘러싸고 있다. 완주군은 오랫동안 전주부에 속해 있었던 관계로 전주와 떼어놓고 생각하기 어렵다. 전주의 경기전과 조경묘가 조선왕조의 발원지임을 상징하듯 완주군 소양면 대흥리의 위봉산성(사적 제471호)은 전란이 일어났을 때 태조 어진(국보 제317호)과 위패를 봉안할 목적으로 축조된 성이다. 실제 동학농민혁명 당시 전주성이 농민군에 함락되어 경기전의 어진과 조경묘의 위패를 산성 안으로 옮겼다고 한다.

위봉산성은 숙종 원년(1675)에 둘레 약 8539미터의 큰 규모로 지어졌으며, 일부 성벽을 제외하고는 성벽 및 성문·포루·여장·총안·암문 등이 잘 보존되어 있다. 군사적 목적에 따라 지어진 다른 산성과는 달리 이성계의 어진과 영정을 모시기 위해 성 내부에 행궁을 두고 있는 이 성은 조선 후기 성곽 연구에 귀중한 자료가 되고 있다.

위봉산성을 지나 나타나는 작은 마을에 백제시대 축조되었다는 위봉사가 있다. 고려 공민왕 8년(1359)에 나옹화상이 중창했으며, 조선 세조 12년(1466)에 석잠대사가 수리했다고 한다. 세조 때 포호대사가 쓴 〈보과영전현판기〉에는 전각 28동, 암자 10동이 있었다고 하는데 지금은 조선 중기에 지어진 보광명전(보물 제608호)과 칠성각·시왕전·요사채 정도의 건물만이 남아 있다. 현재 위봉사는 조계종 비구니의 수련장으로 확대, 중창되고 있다.

완주군 중부에 있는 고산면은 고려 때 문장가인 이규보가 "높은 봉우리 우뚝한 재가 만 길이나 벽처럼 서 있고, 길이 좁아서 말을 내려야 다닐 수 있다"고 표현했을 정도로 높은 산들이 많은 지역으로 산수가 아름답고 땅이 기름지고 넓어서 대추와 생강 그리고 감이 많이 난다.

'고산강아지 감 꼬챙이 물고 나서듯 한다'라는 속담이 있는데 고기가 귀한 산중 강아지는 뼈다귀와 비슷한 곶감 꼬챙이만 보아도 뜯어 먹으려고 하듯이, 없는 사람은 늘 먹고 싶던 것과 비슷한 것만 보아도 좋아한다는 말이다.

한편 고산면 삼기리에 있는 삼기정三奇亭을 두고 조선 초기 문신 하연河演은 다음의 글을 남겼다.

> 고산현의 동쪽 5리쯤에 조그마한 산등성이가 있고, 꺾아지른 듯한 낭떠러지가 있다. 그 아래에는 긴 시냇물이 있어 맑고 맑은 물이 빙빙 돌며 흐르는데,

위봉산성

숙종 때 쌓은 위봉산성은 다른 산성과 달리 군사적 목적뿐 아니라
유사시에 태조 이성계의 어진과 위패를 봉안할 목적으로 축조되었다.

위에는 늙은 소나무가 있어 무성하게 우거져 푸르며, 그 서쪽은 평평하게 고르다. 임인년 봄 내가 순찰 차 이곳에 올라서 관람하니, 안개와 초목들의 아름다운 경치가 모두 눈앞에 보이는데, 그중에도 물, 돌, 소나무는 특히 기묘하게 좋은 경치였다. 이에 삼기三奇라고 이름을 정하였다. (…) 대개 사람의 정情은 물物에 감동이 되어서 변하는데, 눈으로 본 바는 그 느낌이 더욱 간절하다. 냇물의 맑은 것을 보면 내 마음 본연의 밝은 덕이 더욱 밝아지고, 돌이 높게 겹친 것을 보면 확연히 뽑지 못하는 뜻이 더욱 굳어지며, 소나무가 늦도록 푸른 것을 보면 굳은 절개가 더욱 높아지는데, 이 산등성이의 세 가지 물건이 어찌 관람하는 데에 기이하고 무더운 여름철의 휴식하는 쾌락뿐이겠는가. 내가 보는 바는 다른 사람과는 다르다. 후세의 군자들이 여기에 올라서 감흥이 되어 마음을 붙이고 조용히 생각하면, 족히 마음을 잡고 성정을 기리는 기틀이 될 것이고, 따라서 목욕하고 바람을 쏘이면서 읊조리고 돌아가는 즐거움이 될 것이니 내가 이름 지은 뜻을 대개 짐작할 것이다.

하연이 보았던 당시에는 냇물이 바로 절벽 아래를 흘러갔던 것으로 보이나, 지금은 그 물길이 들판 가운데로 돌아 논물로 이용되고 있을 뿐이라서 상전벽해를 거듭 실감할 수 있다.

화암사 가는 길

완주군 경천면 가천리 불명산 기슭에는 처연한 아름다움이 있는 절 화암사가 있다. 그 아름다운 정경이 15세기에 만들어진 〈화암사중창기華巖寺重創記〉에 다음과 같이 실려 있다.

절은 고산현 북쪽 불명산 속에 있다. 골짜기가 그윽하고 깊숙하며 봉우리들은 비스듬히 잇닿아 있으니, 사방을 둘러보아도 길이 없어 사람은 물론 소나 말의 발길도 끊어진 지 오래다. 비록 나무하는 아이, 사냥하는 남정네라고 할지라도 도달하기 어렵다. 골짜기 어귀에 바위벼랑이 있는데, 높이가 수십 길에 이른다. 골골의 계곡물이 흘러내려 여기에 이르면 폭포를 이룬다. 그 바위벼랑의 허리를 감고 가느다란 길이 나 있으니, 폭은 겨우 한 자 남짓이다. 이 벼랑을 부여잡고 올라야 비로소 절에 이른다. 절이 들어선 골짜기는 넉넉하여 만 마리 말을 감출 만하며, 바위는 기이하고 나무는 해묵어 늠름하다. 고요하되 깊은 성처럼 잠겨 있으니, 참으로 하늘이 만들고 땅이 감추어둔 복된 땅이다.

그렇게 오르기 힘들었던 바위벼랑 아래로 지금은 철계단이 놓여 오르기는 쉬워졌지만 그 아슬아슬한 옛길의 정취를 느낄 수 없게 되어버린 화암사가《신증동국여지승람》에는 이렇게 실려 있다.

가느다란 잎사귀에 털이 덥수룩한 나무가 있어 허리띠처럼 어지럽게 드리웠는데, 푸른빛이 구경할 만하며, 다른 군에서는 볼 수 없는 것이다. 세속에서는 전단목이라고 부른다.

화암사가 언제 창건되었는지에 대한 자세한 기록은 없으나, 신라 문무왕 이전에 창건된 것으로 추정된다. 전설에 따르면 선덕여왕이 이곳의 별장에 와 있을 때 용추에서 오색이 찬란한 용이 놀고 있었고 그 옆에 서 있던 큰 바위 위에 무궁초가 환하게 피어 있었으므로 그 자리에 절을 짓고 화암사華巖寺라 이름 지었다. 또한 신라가 삼국을 통일한 뒤 원효와 의상이 화암사에서 수행을 했다는 기록이 화암사중창비(전북유형문화재 제94호)에 남아 있는데, 이 비는 중창한 지 100여 년이 지난 선조 5년(1572)에 세워졌다.

원효와 의상 이후 사찰에 대한 고려시대의 기록은 거의 없고, 세종 7년(1425)에 전라도관찰사 성달생成達生의 뜻에 따라 당시의 주지 해총이 4년에 걸쳐 중창했는데, 이때 화암사가 대가람의 면모를 갖추었다. 절을 고쳐 지은 내용 또한 중창비에 남아 있다.

그 후 임진왜란을 겪으며 우화루(보물 제662호)와 극락전(국보 제316호)을 비롯한 몇 개의 건물만 남고 모조리 불타버렸으며, 훗날 지어진 명부전과 입을 놀리는 것을 삼가라는 뜻을 지닌 철영재와 산신각 등의 건물들이 'ㅁ' 자를 이룬 채 오늘에 이르고 있다.

화암사에서 가장 먼저 대면하게 되는 건물은 '꽃비 흩날리는 누각'이라는 뜻의 우화루雨花樓다. 조선 광해군 3년(1611)에 세운 우화루는 화암사 경내에 있는 극락전의 정문과 같은 성격을 띠는 건물로, 들어설 때는 2층이지만 안쪽에서는 1층으로 보이게 지어졌다.

조선 선조 18년(1605)에 지어진 극락전 내부에는 가운데칸 뒤쪽에 불단을 놓고 관세음보살상을 안치했으며, 원효와 의상 두 승려가 이곳에 머무를 때 법당에 봉안되었던 수월관음보살도는 의상대사가 도솔산에서 직접 만

화암사 우화루와 극락전

화암사에 들어서면 제일 먼저 보이는 우화루(위)는 극락전의 정문과 같은 성격의 누이며,
극락전(아래)은 우리나라에서 단 하나뿐인 하앙식 구조로 지어졌다.

났다는 수월관음의 모습을 사람 크기만 하게 그려 모신 것이라고 한다.

극락전은 정면 3칸, 측면 3칸의 맞배지붕 건물이며, 우리나라에 단 하나뿐인 하앙식下昻式 구조다. 하앙식 구조란 바깥에서 처마 무게를 받치는 부재를 하나 더 설치하여 지렛대의 원리로 일반 구조보다 처마를 훨씬 길게 내밀 수 있게 한 것이다. 중국이나 일본에서는 근세까지도 하앙식 구조를 많이 찾아볼 수 있지만 우리나라에서는 유일한 것으로 목조건축 연구에 귀중한 자료가 되고 있다.

또한 극락전 안에는 화암사동종(전북유형문화재 제40호)이 있다. 이 종은 임진왜란 때 소실되어 광해군 때 다시 주조했는데, 종각을 세우고 종소리로 중생을 깨우치게 한다는 뜻으로 종 이름을 자명종이라 했다고 한다.

다음은 고려 후기 문신 백문절白文節이 화암사에 대해 남긴 글이다.

어지러운 산 틈 사이로 급한 여울 달리는데, 우연히 몇 리 찾아가니 점점 깊고 기이하네. 소나무, 회나무는 하늘에 닿고 댕댕이 줄 늘어졌는데, 100겹 이끼 낀 돌다리는 미끄러워 발 붙이기 어렵구나. 말 버리고 걸어가는 다리는 피곤한데, 길을 통한 외나무다리는 마른 삭정이일세. 드물게 치는 종소리는 골을 나오기 더디고, 구름 끝에 보일락 말락 지붕마루 희미하다. (…) 조용히 와서 하룻밤 자니 문득 세상 생각을 잊어버려, 10년 홍진에 1만 일이 틀린 것 알겠구나. 어찌하면 이 몸도 얽맨 줄을 끊어버리고 늙은 중 따라 연기와 안개에 취해볼까. 산중은 산을 사랑해 세상에 나올 기약이 없고, 세속 선비도 다시 올 것 알지 못하는 일, 차마 바로 헤어지지 못해 두리번거리는데, 소나무 위에 지는 해 세 장대 기울었도다.

화암사에서 흐르는 물은 동상면 사봉리에서 흘러내린 만경강 본류와 만나 삼례를 지나서 김제시의 망해사 근처에서 바다로 들어간다.

호남을 왕래하는 교통의 요충지 삼례역

한편 완주군 삼례읍 만경강가의 높다란 벼랑 끝에 서 있는 비비정은 옛길 삼남대로의 길목에 세워져 있어서 수많은 길손들이 쉬어갔던 곳이다. 선조 6년(1573)에 무인 최영길崔永吉이 세웠으며, 영조 28년(1752)에 전라도관찰사 서명구徐命九가 중건하여 관정官亭이 되었다. 지금의 비비정은 세월이 흘러 없어졌던 것을 최근에 다시 세운 것이다.

삼례읍은 오늘날 행정구역상 전라북도 완주군에 속한다. 고려시대부터 조선시대 말엽까지 역참이 발달한 곳으로서 삼례도찰방과 삼례역이 있어 삼례읍이라고 했으며, 삼례參禮는 태조의 4남인 회안대군 이방간李芳幹이 이곳을 지날 때마다 세 번의 예를 갖추었다는 데서 유래되었다고 전해지고 있다.

정조 17년(1793)에 편찬된 《호남읍지湖南邑誌》에도 삼례역은 호남을 왕래하는 교통의 요충지라 써 있는데 호남지방에서 최대 규모라고 했다. 문관으로 종육품인 찰방 1명과 그 밑에 역리 596명, 역노 191명, 여비 51명, 일수日守 31명, 역마 15필을 두었으며, 부속된 역원만도 12개가 되었다고 한다.

삼례는 조선시대의 9대로 중 전북의 전주와 남원, 경남의 함양과 진주를 거쳐 통영으로 가는 6대로인 통영대로가 삼남대로와 나뉘는 곳이었다. 따라서 전남의 순천, 여수, 고흥, 광양 방면은 물론 경상도의 남해, 함양, 진주, 고성, 산청, 통영 방면도 모두 이곳 삼례를 거쳐서 갔다. 이와 같이 삼례역은 호남 제일의 역으로서 전라도 역도인 삼례도三禮道의 중심역이었다.

삼례를 지나던 매월당 김시습은 '삼례역에서 묵으며宿三禮驛'라는 시 한 편을 남겼다.

반평생 긴 세월을 길로써 집을 삼으니
일만 물 일천 산이 눈 속에 아득하네
객관의 깊은 밤에 좋은 달을 바라보고
작은 뜰에 바람 스치자 떨어진 꽃을 주워 모으네
벽골지碧骨池에 구름 걷히자 물결은 거울 같고
김제 벌에 비 내리니 보리 비로소 싹트네
바닷가의 가을은 늙지 않는다 들었더니
시냇가의 푸른 풀이 가늘고도 더부룩하네

이곳 삼례역에 조선 초기에는 종구품인 역승驛丞이 있었으나 성종 이후 앵곡역과 병합했고 찰방으로 승격되었다. 삼례, 반석, 양재, 앵곡은 중로中路에 속하는 역이고 그 밖의 역들은 소로小路 또는 소역에 속했다. 《여지도서》에 실린 삼례역은 여산의 양재역, 함열의 임곡역, 임피의 소안역, 김제의 내재역, 부안의 부흥역, 고부의 영원역, 전주의 반석역과 앵곡역, 태인의 거산역, 임실의 오원역과 갈담역, 고산의 옥포역 등 모두 13개의 역을 관할했다.

그러나 나라의 기강이 무너진 조선 후기라서 그런지 역노와 역비, 보인保人 등이 모두 달아나고 없는 경우가 대부분이었다. 실례로 현재 완주군 이서면 은교리 앵곡마을에 있었던 앵곡역의 경우를 보자.

> 전주 서쪽 30리에 있으며, 삼례역에서 40리다. 역노가 세 명인데 달아나고 없으며, 역비 한 명도 달아나고 없다. 역마 11마리, 위전답 29섬 18마지기, 복호(부역의 면제) 46결이다. 보인 46명, 솔인 23명이다. 일수 15명은 유망하였다. 수미 1석, 수태 1석이다.

삼남대로의 중요한 길목이었던 앵곡역은 그래도 좀 나은 편이다. 임실군 관촌에 있던 오원역의 경우를 보면 보인 18명, 솔인 18명도 달아나고 없고, 임실군 강진면에 있던 갈담역은 대부분 달아나고 없었다고 한다. 그런 것을 보면 그 당시 나라의 기강이 얼마나 무너져 있었는지를 미루어 짐작할 수 있다.

조선 후기 실학자인 유형원柳馨遠의 《반계수록磻溪隨錄》을 보면, 직산에서 천안을 거쳐 삼례를 지나 전주에 이르는 길은 대로와 중로, 소로 중에 중로에 속한 5등 도로라고 한 내용이 있다. 대, 중, 소로의 구분은 노폭의 넓고 좁음으로 구분한 것이 아니라 역마나 역호(역참에 딸린 민가)의 많고 적음에 따라 구분되었는데 삼례역에는 역마가 20필, 역호가 75호였다.

2

금강과 만경강이 흐르는 비옥한 땅

익산 · 군산 · 김제

백제의 궁궐터가 있는 익산

익산은 고조선의 준왕이 마한을 세우고 도읍으로 삼았다고 알려져 있다. 백제의 시조 온조溫祚가 마한을 병합하고 이곳을 금마저라 했으며, 무왕은 이곳을 사비성과 함께 도읍으로 삼았다. 익산시 웅포면 입점리에서 왕릉으로 추정되는 백제고분이 발굴된 익산 입점리 고분(사적 제347호)은 이 지역이 백제 때 유력 정치 세력의 근거지였음을 암시한다. 또한 이 지역은 공주와 부여를 잇는 금강 하구에 자리잡고 있어서 방어의 요충지 역할을 했을 것으로 보인다. 이후 고려 충혜왕 때 원나라 순제 기황후의 외향外鄕이라 해 익주益州로 승격되었으며, 조선 태종 13년(1413)에 행정구역을 개편하면서 현재의 명칭인 익산군으로 개칭되었다.

《여지도서》에 "용화산이 북쪽에 우뚝 솟아 있고, 도순산이 동쪽에 자리한다. 남쪽에 세 줄기 냇물이 있어 춘포春浦 서쪽으로 흘러들어가 해변의 항구에 닿는다. 중앙에는 너른 들녘이 펼쳐져 있다"라고 실려 있는 익산을 두고, 고려 말 조선 초 문신 박초朴礎는 "생민生民이 후박하니 마한의 풍속이다"라고 했다. 또한 오늘날 익산시 북부에 있는 용안면을 두고 조선 전기 문신 임종선任從善은 "기름진 들녘이 바다에 잇닿아 있다"라고 했는데, 《여지도서》에는 "비가 와야만 모를 내고 기를 수 있는 10리 규모의 천수답인 낙답평落沓坪이 백마강(금강) 하류에 자리하고 있다. 조금만 가물어도 흉년이 들고 조금만 홍수가 져도 흉년이 드니 기름진 들이라고 말할 수는 없다. 그러므로 임종선이 시에서 한 말은 터무니없는 거짓말이다"라고 실려 있는 것을 보면 그 당시만 해도 천수답이 그만큼 많았으며, 강 부근에서는 홍수 피해가 극심했음을 알 수 있다.

조선 전기 문신인 송을개宋乙開는 익산에 대한 다음의 글을 남겼다.

> 옛날 무강왕(백제 무왕으로 추측됨)이 칭왕한 땅이다. 산천은 그 옛날과 같고, 탑과 묘가 완연하니 천 년이 지난 오늘에도 감히 웅장한 풍도가 이어졌음을 짐작할 만하도다.

익산시 왕궁면 왕궁리는 마한 또는 백제의 궁궐터였다는 데서 유래한 지명인데, 같은 이유로 왕궁평王宮坪이라고도 불렀다. 조선 말에 간행된 익산읍지인 《금마지金馬誌》에는 "왕궁평은 용화산에서 남으로 내려온 산자락이 끝나는 곳에 있으며, 마한 때의 조궁朝宮이라는 성터가 남아 있다. 이 성은 돌을 사용하지 않은 토성으로, 그곳 사람들이 밭을 갈다 보면 기와 조각이 깔려 있고 더러 굴뚝들이 나온다. 종종 옥패와 동전, 쇠못 등을 습득했다"라고 했고, 《동국여지승람東國輿地勝覽》에도 "왕궁평은 군의 남쪽 5리에 있다. 세상에 전하기를 옛날 궁궐터라고 한다"라고 기록

왕궁리유적

백제 무왕의 천도설이나 후백제 견훤의 도읍설이 전해지는 왕궁리유적은 1989년부터 본격적인 발굴조사가 시작되었다. 사진은 왕궁리오층석탑.

되었다. 옛 문헌의 이러한 기록들을 근거로 여러 차례 발굴조사를 실시해 백제시대부터 통일신라 후기까지 유물이 다양하게 출토되어 왕궁리유적은 1998년에 사적 제408호로 지정되었다.

왕궁리유적은 용화산에서 발원한 능선 끝자락의 낮은 구릉 위에 조성되었다. 1989년부터 전면적인 발굴조사를 통해 확인된 내용에 의하면 백제 말기 왕궁으로 조성되어 일정 기간 사용된 후 왕궁의 중요 건물을 철거하고 사찰이 들어선 복합유적이다.

백제시대 왕궁 중 왕궁의 외곽 담장과 내부 구조를 유일하게 확인할 수 있는 왕궁리유적의 면적은 21만 6862제곱미터이다. 왕궁의 남측 절반에는 국가의 중요 의례나 의식을 행하던 건물, 왕이 정사를 돌보던 건물, 왕과 왕실 가족의 생활을 위한 건물이 들어서 있다. 북측 절반에는 왕의 휴식을 위한 공간인 정원과 후원, 서북측에는 백제시대의 귀중품인 금과 유리를 생산하던 공방 시설이 자리잡고 있다.

왕궁리유적 한가운데에는 왕궁리 오층석탑(국보 제289호)이 서 있다. 이 석탑은 미륵사지 석탑이나 정림사지 오층석탑과 같이 백제의 탑이라는 설도 있고, 탑신부의 돌 짜임 기법과 3단으로 된 지붕돌 층급받침 때문에 통일신라 때의 탑이라는 설도 있었으나, 1965년 파묻혀 있던 기단부가 드러나면서 고려시대까지 유행하던 백제시대 석탑 양식에 신라시대 탑의 형식이 일부 어우러진 고려 전기 작품으로 추정되고 있다.

동양 최대의 절터 미륵사지

익산시 금마면 기양리에는 백제의 큰 절터인 미륵사지(사적 제150호)가 있다. 미륵사는 백제 무왕이 왕비의 청을 받아들여 축조한 절이라고 전해지는데, 다음은 《삼국유사三國遺事》에 나오는 미륵사 창건에 얽힌 대목이다.

하루는 왕(백제 무왕)이 부인(신라 진평왕의 셋째 딸 선화공주)과 함께 사자사로 가려고 용화산 아래 큰 못가에 이르자 미륵삼존이 못 가운데서 나타나 왕이 수레를 멈추고 경배하였다. 이에 부인이 왕에게 이르기를, "이곳에 큰 가람을 세우는 것이 진실로 바라는 바입니다"라고 하니 왕이 이를 허락하였다. 지명법사를 찾아가서 못을 메울 일을 의논하니 법사가 신력으로 하룻밤 사이에 산을 무너뜨려 못을 메워 평지를 만들었다. 이에 미륵삼회를 법상으로 삼아 전각과 탑, 행랑채를 각각 세 곳에 짓고 미륵사라는 현판을 걸었다. 진평왕은 여러 장인을 보내 이를 도왔다. 지금도 그 절이 남아 있다.

그러나 2009년에 미륵사지 석탑을 해체 복원하는 과정에서 사리를 모시게 된 경과를 기록한 〈사리봉영기舍利奉迎記〉가 발굴되었는데, 여기에는 미륵사를 창건한 백제 왕후가 신라의 선화공주가 아니라 사택적덕沙宅積德이라는 백제 귀족의 딸이라는 《삼국유사》와 대치되는 내용이 나온다. 무왕과 선화공주의 설화가 꾸며진 이야기일지도 모른다는 사실은 아쉽지만 사리봉영기에 백제 무왕 40년(639)에 사리를 봉안했다고 나

옴으로써 미륵사의 건립 연대를 알게 되었다.

무왕이 백제 최대의 사찰인 미륵사를 창건한 것은 정치적인 목적 때문이라는 견해가 있다. 백제의 국력을 확장하기 위하여 마한 세력의 중심이었던 이곳에 미륵사를 세웠을 거라는 것이다. 앞에서도 언급했듯 무왕은 백제 중흥의 원대한 포부를 펼치려고 이 지역으로 도읍을 옮기려고 했었다. 그런 만큼 미륵사를 세우는 데 당시 백제의 건축·공예 등이 최고 수준으로 발휘되었을 것으로 짐작할 수 있다. 한편으로는 백제의 전 국력을 미륵사 창건 등에 쏟아 백제 멸망의 원인을 제공했다는 평가를 받기도 한다.

미륵사가 어느 때 폐사되었는지는 분명하지 않다. 조선 영조 때 문인인 강후진康侯晋의 《와유록臥遊錄》에 "미륵사에 오니 농부들이 탑 위에 올라가 낮잠을 자고 있었으며 탑이 백여 년 전에 부서졌더라"라고 하는 내용이 있는 것을 보면 우리나라 대다수의 절들이 임진왜란과 정유재란을 겪으며 불타버린 것과 달리 다른 원인으로 폐사되었음을 짐작할 뿐이다.

동서로 172미터, 남북으로 148미터이며, 넓이 2만 5000평에 달하는 미륵사지에는 발굴이 시작되기 전까지 논밭과 민가가 들어서 있었고 절의 석축들은 대부분 민가의 담장이나 주춧돌로 사용되고 있었다. 발굴 결과 석탑은 동탑과 서탑으로 나뉘어져 있고 가운데 목탑이 있으며 탑 뒤에는 부처를 모신 금당이 각각 자리한 것으로 보인다. 이것이 회랑으로 구분되는 매우 특이한 배치구조를 지니고 있다. 우리나라 사찰에서는 4세기 후반에서 6세기까지 주로 목탑이 건립되었는데 미륵사지의 탑은 특이하게도 익산 지역의 질 좋은 화강암을 이용해 석탑으로 만들어졌다. 목탑에서 석탑으로 변화되는 과정을 충실하게 잘 보여주는 이 탑은 우리나라

미륵사지

미륵사지는 백제 무왕이 창건한 미륵사의 절터로 두 개의 석탑이 동과 서로 나뉘어 있었으나 서쪽의 미륵사지 석탑은 복원되어 2018년 12월 공개될 예정이다. 사진은 일제강점기 때 미륵사지 석탑(위)과 복원 중인 미륵사지 석탑(아래).

석탑의 시원始原으로 신라시대 경주 감은사 삼층석탑과 석가탑으로 이어진다는 평가를 받고 있다.

두 개의 석탑 중 현재 동쪽에 세워진 동원9층석탑은 1991년 복원을 시작하여 2년 만인 1993년 속전속결로 마무리되었다. 철저한 고증을 거치지 않고 효율성만 따져 완성된 탑은 문화재적 가치가 없는 실패작이자 잘못된 복원 사례로 꼽힌다. 서쪽의 미륵사지 석탑(국보 제11호)은 1915년에 벼락을 맞아 무너져 내려 일제가 보수공사를 했으나 콘크리트를 들이부어 오히려 탑을 훼손하는 결과를 가져왔다. 1998년 석탑이 노후화된 데다 안전성에 문제가 제기되어 해체, 수리가 결정되었다. 원래는 9층탑이었으나 1915년 당시 무너진 6층으로 복원하기로 결정되어 일제가 덧바른 콘크리트를 세밀하게 벗겨내고 철저한 고증을 거쳐 20년 만인 2018년 복원이 완료되었다. 단일 문화재로는 최장 기간 동안 체계적으로 수리를 진행한 미륵사지 석탑은 2018년 12월부터 원래의 자리에서 공개된다.

백제 말기 도읍이었던 익산의 왕궁리유적과 미륵사지는 백제의 웅진시대 도읍인 충남 공주의 유적, 사비시대 도읍인 부여의 유적과 함께 백제역사유적지구로 통합해 2015년 유네스코 세계문화유산에 등재되었다.

가람 이병기의 고향 여산

충청남도와 경계에 있는 익산시 여산면은 1914년에 행정구역을 개편하기 전까지는 독립된 하나의 군이었다. 《신증동국여지승람》에는 "여산군의 풍속은 검소함을 숭상하고 농사와 누에치기에 힘쓴다"라고 기록되어 있다.

여산군 객관의 동북쪽에는 세심당洗心堂이라는 누각이 있었다. 조선 전기 문신인 윤향尹向은 "늦은 아침에도 밤비는 완전히 개지 않았는데, 연한 풀 새로 핀 꽃은 한 뜰에 가득하구나, 오직 담장 동쪽에 서 있는 몇 그루의 대나무만 영롱하게 지난해의 푸른빛 변치 않았네"라는 시를 남겼고, 조선 전기 문신 성임은 "대나무 서 있으니 천 그루의 푸른 낚싯대요, 꽃은 피니 백 일 동안 환하다. 송사가 한가하니 뜰에는 잡초가 우거지고, 시대가 태평하니 고을에는 성城이 없다. 멀리 보이는 나무는 연기 속에 아득한데, 기우는 햇빛은 비 온 뒤에 더욱 밝구나. 어지럽게 솟은 산 창칼을 비껴 세운 듯한데, 막 갈아놓은 칼과 같구나"라고 노래했다. 성임의 시처럼 송사가 없어 한가했다던 여산은 농촌 지역으로 지금도 한가하고 평화롭다.

여산면 당산리에는 옛 시절 이곳이 군 소재지였음을 증명하는 여산동헌(전북유형문화재 제93호)이 있다. 정면 5칸, 측면 3칸의 동헌은 겹처마 단층 팔작지붕의 민도리집으로 조선 말기에 지어진 것으로 추정된다. 한때 여산우체국으로 사용되다가 현재는 경로당으로 사용되고 있다. 전면과 측면의 창들과 내부가 모두 개조되어 본래의 모습을 많이 잃었으나, 전국적으로 남아 있는 관아 건물이 드물기 때문에 문화재로 지정되었다.

그밖에도 이 지역에는 진남루와 문루정이라는 누각과 정자가 있었다고 하지만 찾을 길이 없고, 내동헌터와 양재역터, 연방죽리에 있었던 옥터 등은 그저 지명으로만 남아 있다. 또한 장수가 오줌을 누어 골이 졌다는 시시내골도, 왕비가 태어났다는 왕비안골도 그저 이름만 있을 뿐이고, 신구 전라도관찰사가 서로 관인官印을 주고받으며 임무를 교대하던 황화정은 1960년대에 충청남도 논산으로 편입되어 자취를 찾을 수가 없다.

여산면 원수리는 시조문학으로 우뚝 선 가람 이병기가 태어난 곳이다. 고향인 사숙에서 한학을 공부한 이병기는 신학문의 필요성을 깨달아 1913년 한성사범학교를 졸업했다. 교편을 잡으면서부터는 국어국문학과 국사를 연구하고, 시조를 짓기 시작한다. 1942년에 조선어학회사건으로 옥고를 치른 그는 광복 후 전북대, 중앙대, 서울대 등에서 후학을 가르쳤다. 스스로 술복과 제자복, 화초복이 있는 삼복지인三福之人이라고 자처한 그는 시조문학을 활짝 꽃피워냈고《한중록閑中錄》,《춘향전》등을 발굴하기도 했다.

원수리에는 이병기 선생이 태어나고 생을 마감한 이병기선생생가(전북기념물 제6호)가 있으며, 생가와 가까운 여산남초등학교 교정에는 그의 시 '별'을 새긴 비가 세워져 있다.

바람이 서늘도 하여 뜰 앞에 나섰더니
서산 머리에 하늘은 구름을 벗어나고
산뜻한 초사흘 달이 별과 함께 나오더라

달은 넘어가고 별만 서로 반짝인다
저 별은 뉘 별이며 내 별 또한 어느 게오
잠자코 호올로 서서 별을 헤어보노라

여산동헌

여산동헌은 조선 말기에 지어진 것으로 한때 여산우체국으로 사용되다가 현재는 경로당으로 사용되고 있다.

지금의 익산시 함라면 소재지는 조선시대에는 함열현이었다. 이곳 함열현에 유배를 왔던 조선 중기 문산이자 소설가인 허균許筠이 남긴 글을 보자.

무신년(선조 41, 1608) 공주에서 파관罷官되고 나서 전사田舍를 물색하기 위해 부안에 갔다가 바닷가에 있는 산속의 거처할 만한 땅을 얻어 경영하고 있었는데, 오래지 않아 도로 서울로 올라왔습니다. 그 뒤 죄를 지어 유배될 적에 기필코 함열을 요구한 것은 이곳이 부안과 가까워서 사면을 받으면 즉시 돌아갈 수 있기 때문이었습니다.

허균은 그 뒤 이곳에 있으면서 현감으로 온 한후韓侯의 요청으로 〈함열현 객사대청 중건기咸悅縣客舍大廳重建記〉를 지었다.

함열의 고을 됨이 외떨어져 호남의 바닷가에 있다. 땅은 사방이 모두 20리가 못 되고, 백성은 가난하여 저축이 없으며, 또한 큰 산이 없어 편남楩枏과 예장豫章 같은 좋은 재목이 없다. 그러므로 관사가 낮고 좁으며 민가는 대개 띠로 지었다. 또한 정유년 난리를 겪으면서 왜적이 몹시 잔학하여 노비는 죽거나 도망친 자가 반이 넘고, 논밭은 황폐한 채 버려진 것이 십중팔구다.

이 기록을 보아 당시 이곳 백성들의 삶이 얼마나 피폐했는지를 미루어 짐작할 수 있다.

함라면 함열리에는 세종 19년(1437)에 창건된 함열향교가 남아 있다.

함열향교는 임진왜란으로 불타 없어진 것을 영조 때 중건하여 순조 31년(1831)에 현재의 위치로 이전했다. 공자의 위패를 모신 함열향교 대성전(문화재자료 제85호)과 명륜당 등의 건물이 남아 있다.

금강 하류에 있는 군산

군산은 남한에서 한강·낙동강 다음으로 큰 강인 금강 하류에 위치해 있다. 전라북도 장수군 장수읍에서 발원한 금강은 구리향천·정자천 등의 지류들과 합류하여 북쪽으로 흐르다가, 전라북도 북동부에서 남대천·봉황천과 합류하고 충청북도에서 송천·보청천과 합류한 뒤, 다시 충청남도 부강에 이르러 미호천과 합류하고 공주·부여를 지나 강경에 이르러 충청남도와 전라북도의 도계道界를 이루며 서해로 흘러들어간다. 《동국여지승람》에는 금강이 공주에 이르러서는 웅진강, 부여에서는 백마강, 하류에서는 고성진강古城津江 등으로 불린다고 기록되어 있다.

《여지도서》에 "바닷가 모퉁이 후미진 고을이지만, 인심은 착하고 꾸밈이 없다"라고 소개된 지금의 군산은 삼국시대 백제의 마서량현, 부부리현, 시산군 일대 지역이다. 신라 때 마서량현은 옥구현으로, 부부리현은 회미현으로, 시산군은 임피군으로 개칭되었다. 조선시대에 회미현을 옥구현에 합치고 임피현과 옥구현에 각각 현령을 임명했다. 고종 32년(1895)에 행정구역이 개편되어 임피현과 옥구현이 군으로 승격되었다. 이후 1914년에 임피군은 임피면으로 고쳐진 뒤 옥구군에 병합되었고, 군산항 일대 옥구군은 군산부가 되었다. 이후 여러 번의 개편을 거쳐 1995년 옥구군과 군산시가 통합되어 도농통합형의 새로운 군산시가 되었다.

고려 후기 문신 김극기金克己는 지금은 군산시에 딸린 하나의 면인 임피 지역을 지나며 다음의 시를 남겼다.

다른 고을에선 사신 행차를 달리노라
기이한 풍경 탐하여 머문 일 적었어라
물소리 듣느라고 귀를 자주 기울이고
산 바라보느라고 머리를 몇 번 들었던고
기러기 떼 하늘을 연해 날고 거미줄 땅 위에 가득히 모여 논다
적신은 언제 지나갔기에 한번 취해 왕후들을 업신여겼나

고려 때의 문장가인 이규보도 이곳을 지나며 시 한 편을 남겼다.

옛 고을은 여전히 물가에 접했는데
앞서 가는 붉은 깃발 수풀을 스쳐가네
가는 길 오는 길에 꾀꼬리만이 알은 체
쇠하고 병들었으니 어찌 빠른 말을 견디랴
객사에는 새로 버들 드리운 길 닦았고
인가에는 꽃빛 어린 사립이 반쯤 닫혔네
의롭고 여윈 참군 보기 난감할 텐데
사녀들 무엇하러 떼 지어 둘러섰나

1930년대 군산 앞바다

군산항은 금강하구에 있는 무역항으로 1899년 5월 1일 개항했다.
사진은 1930년대 돛을 단 일본 배들이 드나들던 군산 앞바다 모습.

《세종실록지리지》에 따르면 군산의 동부에 있는 당시 임피현은 호수 396호, 인구 1949명, 군정은 신위군이 10명, 진군 49명, 선군이 447명이라고 나온다. 땅이 기름지고 메마른 것이 반반인데, 간전墾田 6447결 중 논이 10분의 7이었다고 한다.

오성산에서 금강을 바라보다

군산시 성산면 성덕리와 나포면 서포리 경계에는 오성산이 있다. 해발고도 227미터의 오성산은 군산 지역에서 비교적 높은 산으로 금강을 굽어보고 있다. 《여지도서》에 "오성산의 가장 높은 산봉우리에 지금까지도 다섯 노인의 무덤인 오성묘가 남아 있다"라고 실려 있는 오성산에는 당나라 장수 소정방蘇定方과 다섯 노인에 얽힌 전설이 전해온다.

당나라 장수 소정방이 백제를 치러 왔다가 안개가 자욱해 더 나아가지를 못했다. 이때 안개 속에서 다섯 노인이 나타나자 길을 몰라 당황했던 소정방이 그들에게 길을 물었는데, 다섯 노인이 대답하기를 "너희들은 우리나라를 치러 왔는데 어찌 길을 가르쳐주겠느냐" 하며 거절했다. 화가 난 소정방은 그 자리에서 노인들의 목을 쳐서 죽였다. 그 뒤 백제를 함락한 소정방은 그 노인들을 성인이라고 칭송한 뒤 제사를 지내주었고, 그때부터 이 산을 오성산五聖山이라 부르게 되었다고 한다.

오성산 자락과 금강 하구가 만나는 나포면 서포리에는 서포 또는 서시포라는 나루터가 있었다. 이곳은 조선시대부터 군산과 강경 사이에서 금강 수운을 이용해 여객과 화물을 운송하는 나루터였다. 배가 정박했던 서포리는 강경, 황산(현 충남 논산)과 함께 강가의 이름난 마을이었다.

만경강의 끝자락인 서해와 인접한 옥구읍은 원래 독립된 군이었으나 1995년 군산시와 통합되어 군산시 옥구읍이 되었다. 옥구읍 상평리 동문 밖의 옥구향교에는 자천대 自天臺(문화재자료 제116호)가 있다. 자천대는 통일신라 말기 학자인 최치원 崔致遠이 당나라에서 학문을 닦고 돌아왔을 때 세상이 몹시 혼란하고 민심이 흉흉하자 홀로 바다를 바라보며 독서로 시름을 달랬다는 곳이다. 건평이 30평쯤 되는 자천대는 원래는 지금의 옥서면 선연리의 동산에 있었으나, 일제강점기에 그곳에 군용비행장이 들어서면서 옥구읍 상평리로 옮기고 경현재라 했다가 1967년 다시 지은 것이 오늘에 이르고 있다.

옮기기 전의 자천대를 이곳 사람들은 원자천대라 한다. 지금은 없어졌지만, 원자천대의 최치원이 앉았던 바위 위에는 최치원의 무릎 자국과 먹을 갈았던 흔적이 남아 있다는 전설이 있는데, 전설과 《택리지》에 기록된 내용은 조금 다르다.

> 자천대라는 작은 산기슭이 바닷가로 쑥 나왔고, 그 위에 돌로 된 두 개의 돌 농籠이 있었다. 신라 때의 최고운崔孤雲(최치원)이 이 고을의 원이 되어 와서 농 속에다 비밀문서를 보관하였다는데, 농이란 것이 마치 큰 돌과 같았다. 산기슭에 버려져 있었지만 누구도 감히 열어보지 못하였고, 혹 이를 끌어 움직이면 바다로부터 바람과 비가 갑자기 왔다. 마을 백성은 이 농을 이롭게 여겨서, 날씨가 가물 때 수백 명이 모여 큰 밧줄로 끌어서 움직이면 바다에서 비가 갑

자기 와서 밭고랑을 흡족하게 적시었다. 그런데 사객使客(임금의 명을 전달하거나 시행하는 사람)이 옥구현에 올 때마다 번번이 가서 구경하게 되기 때문에 고을에 폐가 될까 두려워한다. 사람들은 이를 심각하게 여겼다. 그런 까닭에 예전에는 이곳에 정자도 있었으나, 100년 전에 정자를 허물고 돌 농도 땅에 묻어 자취를 없애버려서 지금은 가서 보는 사람이 없게 되었다.

소설 《탁류》에 묘사된 1930년대 군산

군산 출신의 작가 채만식은 임피면 읍내리에서 태어나 《태평천하》, 《레디메이드 인생》 등 수많은 작품 속에 풍자와 해학 그리고 그 당시의 시대 상황을 세밀하게 묘사한 작가로 손꼽힌다. 1930년대 군산을 배경으로 하는 그의 소설 《탁류》는 금강에 대한 묘사와 서술로부터 시작한다.

금강….

이 강은 지도를 펴놓고 앉아 가만히 들여다보노라면 물줄기가 중등께서 남북으로 납작하니 째져가지고는 그것이 아주 재미있게 벌어져 있음을 알 수 있다. 한번 비행기라도 타고 강줄기를 따라가면서 내려다보면 또한 그럼직할 것이다.

저 준험한 소백산맥이 제주도를 건너보고 뜀을 뛸 듯이, 전라도의 뒷덜미를 급하게 달리다가 우뚝… 또 한 번 우뚝… 높이 솟구친 갈재와 지리산, 두 산의 산협 물을 받아 가지고 장수로, 진안으로, 무주로 이렇게 역류하는 게 금강의 남쪽 줄기다. 그놈이 영동 근처에서 다시 추풍령과 속리산의 물까지 받으면서 서북으로 좌향을 돌려 충청 좌우도의 접경을 흘러간다. (…)

여기까지가 백마강이라고, 이를테면 금강의 색동이다. 여자로 치면 흐린 세태에 찌들지 않은 처녀 적이라고 하겠다. 백마강은 공주 곰나루(웅진)에서부터 시작하여 백제 흥망의 꿈 자취를 더듬어 흐른다. 풍월도 좋거니와 물도 맑다. 그러나 그것도 부여 전후가 한창이지, 강경에 다다르면 장꾼들의 흥정하는 소리와 생선 비린내에 고요하던 수면의 꿈은 깨어진다. 물은 탁하다. (…)

이렇게 에두르고 휘돌아 멀리 흘러온 물이 마침내 황해 바다에다가 깨어진 꿈이고 무엇이고 탁류에 얼러 좌르르 쏟아져버리면서 강은 다하고, 강이 다하는 남쪽 언덕으로 대처大處 하나가 올라앉았다. 이것이 군산이라는 항구요, 이야기는 예서부터 실마리가 풀린다.

또한 채만식은 소설 《탁류》에서 당시의 군산을 다음과 같이 묘사했다.

급하게 경사진 강 언덕 비탈에 게딱지 같은 초가집이며 다닥다닥 주어 박혀 언덕이거니 짐작이나 할 뿐이다. 이러한 몇 곳이 군산의 인구 7만 명 가운데 6만 명쯤 되는 조선 사람의 거의 대부분이 어깨를 비비면서 옴닥옴닥 모여 사는 곳이다.

대체 이 조그만 군산 바닥이 이러한 바이면 조선 전체는 어떠한 것인고, 이것을 생각해보았을 때에 승재는 기가 딱 질렸다.

채만식은 부농의 집안에서 태어났으나 차츰 빈궁해져 각박한 현실이 힘들었던 탓인지 아니면 일제의 탄압에 못 이겨서인지 1940년대에 접어들어 〈춘추〉, 〈매일신보〉 등에 발표한 산문과 소설을 통해 징병, 지원병을 선전 선동하는 등 친일활동에 적극 참여했다.

해방 이후에도 그의 가난한 삶은 이어졌고 폐결핵까지 앓았는데 당시 후배 장영창에게 보낸 편지를 통해 그가 말년을 어떻게 보냈는지를 짐작해볼 수 있다.

> 장군, 인편이 허락하는 대로 원고지 20권만 보내주소. 그러면 군은 혹 내가 건강이 좋아져서 글이라도 쓰려고 하는 것같이 생각할는지 모르지만 사실은 그렇지가 않네. 나는 일평생을 두고 원고지를 풍부하게 가져본 일이 없네. 그렇기 때문에 이제 임종의 어느 예감을 느끼게 되는 나로서는 죽을 때나마 한번 머리 옆에다 원고용지를 수북이 놓아보고 싶은 것일세.

채만식은 1950년 6월 11일 익산시 마동에서 생을 마감했으며, 군산에 있는 생가 근처 숲속에 고이 묻혔다.

쌀의 집산지 군산

고려 공민왕 5년(1356)에 금강 하구에 포구를 설치하여 개성으로 가는 배들을 머무르게 하면서 군산 앞바다를 진포鎭浦라고 불렀다. 조선에 들어 태조 6년(1397)에 군산진을 설치하고 병마사 겸 판현사를 두었다. 《여지도서》에는 "군산진은 관아의 북쪽 30리에 있다. 군관 10명, 지인 6명,

구 조선은행 군산지점

일제강점기 군산을 배경으로 한 채만식의 소설 《탁류》에 나오기도 하는
구 조선은행 군산지점은 군산의 근대사를 상징하는 건물이다.

사령 7명이다"라고 실려 있다.

조선 중기 문신 박경朴耕이 "땅이 궁하니 삼면은 좁고, 하수가 멀어 양쪽 변에 편평하다"라고 노래한 군산으로 이주한 일본인들은 이곳이 호남평야(김제평야와 만경평야를 합쳐 부르는 말)를 비롯한 전라도 지방의 농산물 집산지라는 사실을 알고 군산항을 통하여 일본으로 쌀을 가져갔다. 조선 말기 황현黃玹이 집필한 《매천야록梅泉野錄》에서는 "나라에서는 백성의 형편을 생각하지 않고 과도한 세금을 거두어 가고 관리는 관리대로 농간을 부려 제 배를 채우기에 바빴다. 그래서 살기가 힘들어진 백성들이 사방으로 흩어져 떠돌아다녔기 때문에 전북·충남·경기의 곡창 평야 지대에는 버려진 옥토가 부지기수"였다고 고발한다. 매천이 말한 버려진 황무지를 일본인들은 힘들이지 않고 차지했는데, 일본의 고리대금업자들은 우리 농민들에게 고리채를 놓아 헐값으로 사들이거나 강제로 빼앗았다.

일제의 수탈로 살기가 어려워진 농민들은 새로운 땅을 찾아 북간도로 줄을 이어 떠났고, 그때 〈아리랑〉 곡조에 실려 불리던 노래는 이러했다.

밭 잃고 집 잃은 동무들아
어데로 가야만 좋을까 보냐
괴나리봇짐을 짊어지고
아리랑 고개를 넘어간다
아버지 어머니 어서 오소
북간도 벌판이 좋다드냐
쓰라린 가슴을 움켜쥐고

백두산 고개로 넘어간다

조정래의 소설 《아리랑》에는 "금강포구의 왼쪽을 따라 해변으로 이어지고 있는 군산은 온통 왜색으로 뒤덮여 있었다. 곧게 뻗은 새로 난 길들이며 그 길을 따라 새로 지어진 높고 낮은 집들이 하나같이 일본식이었다. 예로부터 조선 사람들의 초가집은 해변에서 멀찍이 떨어져 앉아 있었는데 개항이 되면서 일본 사람들은 비워둔 해변가를 다 차지했던 것이다"라고 당시 군산의 상황이 묘사되어 있다.

또한 1930년대에 군산을 찾았던 가람 이병기는 〈사비성을 찾는 길에〉라는 기행문에서 군산의 현실을 다음과 같이 토로했다.

> 그때 보던 군산은 벌써 꿈과 같아 잘 기억할 수 없으나 지금 보는 군산과는 판연히 다른 줄 안다. 그때는 저렇게 일본식 가옥이나 서양식 건축물이 많지 못하고 저렇게 시가도 번창하고 정리되지 못하고 조선인 부락도 저렇게 되지는 아니하였다. 과연 금석今昔의 감이 없지 못하다. 더구나 군산은 조선 미곡의 도회로서 해마다 수백만 석이 모여들었다가 그것이 모두 일본으로 건너가고 조선인들은 집도 없이 한편으로 몰려 움을 묻고 산다는 말을 들음에랴.
>
> 이 현상이 군산만이랴. 그 빈민들은 장사도 못하고, 품도 못 팔고, 거지로 아니 나가면 됫박이나 들고 다니며 미곡시장에서 볏섬이나 추스를 적에 몇 알씩 떨어지는 알맹이를 주워다 먹고 연명을 한다.

군산의 최고 관광지인 전군가도 벚꽃길은 실은 일제가 쌀을 더 많이 약탈해갈 목적으로 전주에서 군산까지 아스팔트를 깔아 만든 도로다. 그러나 그 길가에는 벚꽃 터널이 100리에 걸쳐 이어져 관광객을 향해 손짓하고 있다.

공주의 태를 묻은 공주산

나포 들녘을 지나서 거슬러 오른 금강변에 공주산이 있다. 《신증동국여지승람》에 "공주산은 현의 북쪽 13리에 있는데, 전하는 말에 '공주로부터 떨어져 왔기 때문에 이름 한다'라고 하였다"라고 기록된, 이름도 아름다운 공주산에는 어떠한 사연이 깃들어 있을까? 이 지역 사람들은 옛날에 공주의 태를 묻었기 때문에 공주산이라고도 하고 공주에서 떠내려왔기 때문에 공주산이라고도 부른다는데, 산의 형세로 보아 공주의 태를 묻었다는 설이 더 타당할 듯싶다.

공주산 중턱에 나포리 사람들이 대를 이어 모시는 당집이 있다. 고군산군도를 제외한 내륙 지방에서는 이곳에서만 영신당제가 전해지고 있다. 영신당제는 해마다 정월 대보름날 저녁에 지내며 영신당에 밥·떡·돼지머리·과일 등 온갖 제물을 차려놓고 고기잡이와 농사가 잘되며 마을에 아무 탈이 없기를 빌었다. 이 제사에 드는 쌀과 돈은 제사를 지내기 며칠 전부터 마을의 집집마다 돌아다니며 걸궁굿(마당밟기굿)을 해준 뒤 거두어 마련했다. 당제가 끝난 후 마을 사람들은 풍물을 치면서 노는데 지금은 예전만큼 풍요롭지는 못하지만 불과 20여 년 전만 해도 제사를 끝낸 뒤에 무당을 불러다가 굿을 크게 벌인 뒤 2~3일씩 놀았기 때문에 인근 마을 사람들까지 구경 차 놀러 왔다고 한다. "그 산 밑이 곧 진포鎭浦인데, 민가들이 즐비하고 배 부리는 것을 생업으로 삼는다"라고 기록되어 있는 진포는 군산의 옛 이름이다.

이곳 진포에서 왜구와 고려 수군과의 큰 싸움이 있었다. 고려 신우 6년(1380) 8월 왜구의 배 500척이 침략해오자 최무선崔茂宣을 비롯한 세 장수가 최무선이 설계하고 감독하여 만든 80여 척의 병선과 새로 만든 무기인 화통과 화포를 싣고 진포에 도착했다. 새로운 병기를 만든 최무선도 그 효과가 의심스러웠는데, 적선에 다가가 일제히 화포를 쏘자 쌀을 싣기 위해 밧줄로 묶여 있던 왜구의 배는 한꺼번에 불타고 왜구들 대부분이 물에 빠져 죽고 말았다.

군산 앞바다에서 왜구를 상대로 크게 승리한 이 싸움을 진포대첩이라고 하며, 군산시 장미동에는 진포대첩을 기념하는 진포해양테마공원이 조성되었고, 해마다 가을이면 진포대첩을 기념하고 그 뜻을 기리는 진포문화제가 열린다.

지평선을 볼 수 있는 김제 만경평야

전라북도 중서부에 있는 김제시는 동쪽으로 전주시와 완주군, 남쪽으로 정읍시와 부안군, 북쪽으로 익산시·군산시와 인접하며, 서쪽은 서해에 접하고 있다. 호남평야의 중심부에 있는 김제는 나라 안에서 쌀이 가장 많이 생산되는 곳이다.

'전라도 옥백미玉白米 맛이다'라는 말은 호남에서 생산되는 쌀로 지은 맛있는 밥이라는 뜻이다. 그렇게 맛있는 쌀의 대명사였던 전라도 쌀이 그 명성을 여주, 이천 쌀에 넘겨준 지 이미 오래다. 들리는 말로는 전라도에서 수확한 쌀을 밤중에 여주, 이천의 정미소로 보내어 정미한 뒤 여주, 이천 쌀로 둔갑시킨다고 한다.

김제 만경평야는 나라 안에서 유일하게 지평선을 볼 수 있는 곳이다. 나지막한 산들이 들 가운데를 굽이져 도는 김제를 이중환은 《택리지》에 "두 줄기 물이 감싸듯하여 정기가 풀어지지 않아서 살 만한 곳이 대단히 많다"라고 기록했다. 1935년 9월 〈동아일보〉에 이병기가 연재한 〈해산유기海山遊記〉에는 김제 만경평야에 대해 다음과 같이 실려 있다.

> 무어라고 형용할꼬! 그 광활한 김제, 만경의 평야며 백산평 궁안 3000평 들이 삼면에 에두르고 한편에는 동진강 서해 그리고 점점이 건너다보이는 산과 산, 그 빛들은 푸르고 희뜩희뜩 거뭇거뭇하고 또 그 무수한 변화되는 풍경은 잠깐 이렇게 해서 보고는 말할 수 없다.
>
> 나는 다만 가슴이 넓어지는 듯 이러한 호기가 난다. 저 들판이 무비옥토, 해마다 게서 나는 몇백만 석의 곡식, 그런데도 왜 헐벗고 주리고 이리저리 유리전전하는고.

백제 때의 이름이 벽골군이었던 김제군은 신라 경덕왕 때 지금의 이름으로 바뀌었다. 조선시대에는 김제군·금구현·만경현 등 3개 독립 군현이 있었다. 지금의 김제시 중심 시가지와 백산면·용지면 등은 옛 김제군 지역, 금구면·황산면·봉남면·금산면 일대는 옛 금구현 지역, 만경읍·진봉면·성덕면 등은 옛 만경현 지역에 해당한다. 이후로 조선시대와 일제강점기에 몇 차례 행정구역의 개편을 거쳐 1989년 김제읍이 김제시로 승격하면서 김제시와 김제군으로 분리되었다가, 1995년 김제시와 김제군이 통합되면서 도농통합형 김제시가 신설되어 오늘에 이른다.

《신증동국여지승람》에 "인심이 순후하여 농사일에 부지런하였다"라고 기록된 김제에는 우리나라에서 처음으로 만들어진 저수지인 벽골제(사적 제111호)가 있다. 《삼국사기》에는 신라 흘해왕 21년(330)에 "처음으로 벽골제를 만들었는데, 둘레가 1800보"라는 기록이 있지만 이 시기에 김제는 백제의 땅이었으므로 백제 비류왕 27년(330)에 쌓은 것을 신라가 만든 것처럼 보이도록 신라 연대로 환산하여 기록한 듯하다. 조선시대에 벽골제를 다시 쌓고 이것을 기념하기 위한 비석이 남아 있으나 임진왜란 이후 없어져 주변의 농민들이 헐어서 경작지로 사용하기도 했다. 지금도 약 3킬로미터 정도의 제방이 남아 있는데, 1925년에 이 둑을 농사짓는 데 필요한 물을 대는 통로로 고쳐 이용하면서 원래 모습을 많이 잃어버리게 되었다.

1975년에는 저수지 물의 양을 조절하던 수문이 있던 자리 2곳이 발굴됨으로써 높은 수준의 측량기술이 이용된 저수지였음이 밝혀졌다.

©유철상

김제 만경평야

김제 만경평야는 한반도에서 유일하게 하늘과 땅이 맞닿은 지평선을 바라볼 수 있는 곳이다.

벽골제

백제에 의해 축조된 벽골제는 고대에 만들어진 최대의 저수지로
지금도 약 3킬로미터의 제방이 남아 있다. 사진은 제방에서 내려다본 벽골제 수문의 모습.

미륵신앙의 도량 금산사

기축옥사로 희생된 조선 중기 문신 이발의 시에 "성곽 둘레의 연꽃은 비를 재촉한다. 들에 가득한 벼이삭은 가을 하늘에 상긋거리네"라고 했고, 옛사람의 시에 "한 길 아득히 바다에 연하였고, 천가千家는 반쯤이나 산에 가려 있구나" 했던 김제시 금산면에는 모악산母岳山이 있다. 평지에 돌출된 산으로 '위대한 어머니의 산'이라고도 불리는 모악산에 미륵의 도량인 금산사가 있다.

모악산 남쪽 기슭에 있는 금산사는 백제시대에 창건된 것으로 1400여 년의 역사를 지녔으며, 후백제 견훤의 유배지로도 알려져 있다. 금산사 일원(사적 제496호)에는 미륵전(국보 제62호)을 비롯하여 고려시대 석조문화재 및 조선 후기 목조건축물 등 11개의 국가지정문화재가 보존되어 있다.

창건 당시에는 규모가 크지 않았으나 신라 혜공왕 2년(766)에 진표율사에 의해 다시 지어지면서 대가람의 면모를 갖춘 금산사에는 대웅전 대신 미륵전이 있다. 금산사를 중창한 진표율사는 미륵장륙상을 조성하여 미륵전에 모셨고, 금당 남쪽 벽에는 미륵보살의 모습을 그렸다. 그 이후 금산사는 미륵신앙의 도량으로서 이 지역 불교문화의 중심지가 되었다. 그렇다면 당시 민중들이 꿈꾸었던 미륵의 나라는 어떤 것이었을까? 석가는 《미륵삼부경彌勒三部經》에서 용화세계龍華世界의 모습을 다음과 같이 설명한다.

오랜 시간이 지난 뒤 이 세상에는 계두성鷄頭城이라는 커다란 도시가 생길

금산사

김제 모악산 남쪽 기슭에 자리한 금산사는 백제시대에 창건된
1400여 년의 역사를 지닌 사찰이다.

것이다. 동서의 길이는 12유순由旬(1유순은 40리 정도)이고 남북은 7유순인데, 그 나라는 땅이 기름지고 풍족하여 많은 인구와 높은 문명으로 거리가 번성할 것이다. 향기로운 비를 내려 거리를 윤택하게 하고 낮이면 도시를 화창하게 하리라. (…) 저때에 염부제閻浮提(인간 세계의 총칭. '현세'의 뜻)의 땅 넓이는 동서남북이 10만 유순이나 될 것이며, 산과 개울과 절벽은 저절로 무너져서 다 없어지고, 4대해大海의 물은 각각 동서남북으로 나누어지느니라. 대지는 평탄하고 거울처럼 맑고 깨끗하며, 곡식이 풍족하고 인구가 번창하고 갖가지 보배가 수없이 많으며, 마을과 마을에 잇달아 닭 우는 소리가 서로 들리느니라. 아름답지 못한 꽃과 맛이 없는 과실나무는 다 말라서 없어지고, 추하고 악한 것 또한 스스로 다 없어져서, 달고 맛 좋은 과실과 향기롭고 아름다운 꽃과 나무들만 자라느니라.

증산교의 성지 동곡약방

모악산 자락에 위치한 김제시 금산면 청도리에는 구릿골이라는 마을이 있다. 구릿골은 옛날 이곳에 도예지가 있어 그릇골이라 하다가 구릿골이 되었고, 이를 한자로 옮기면서 구리 '동銅' 자와 골짜기 '곡谷' 자를 써서 동곡銅谷이라고도 했다. 이 마을에는 증산교의 성지인 구릿골 약방이 있다. 증산교의 창시자인 강일순은 동곡마을에 김준상의 아내를 치료하기 위해 왔다가 그 집의 두 평 남짓한 방에 약방(광제국)을 차려놓고 구한말 절망에 빠진 백성들을 구제했다.

증산교라는 이름은 강일순의 호 증산甑山에서 딴 것이다. 그는 천대받는 민중이 한울님이라며 여성, 백정, 무당, 광대가 존경받고 서자와 상민이 무시당하지 않는 후천개벽의 세상을 역설했다. 강일순은 죽기 전에 천지굿판을 벌였다. 선천시대는 양의 시대였으나 후천시대는 음의 세계라며, 그날 증산의 법통을 고판례라는 여자에게 넘겼다. 남자도 아닌 여자에게, 그것도 과부였고 무당이었던 여자에게 법통을 넘긴 것은 그 자체만으로도 가히 혁명적인 사건이었다.

> 이 여인(고판례)이 굶으면 온 천하 사람이 굶을 것이며, 이 여인이 먹으면 천하 사람이 다 먹을 것이다. 그리고 이 여인이 눈물을 흘리면 천하 사람이 눈물을 흘릴 것이요, 한숨을 쉬면 천하 사람이 한숨을 쉴 것이다. 이 여인이 기뻐하면 천하 사람이 기뻐할 것이요, 이 여인이 행복하면 천하 사람이 행복할 수 있을 것이며, 이 여인의 눈이 빛나면 천하 사람의 눈이 빛날 것이다. 이 여인이 잠을 이루지 못하고 그리워하면 모든 사람이 잠을 이루지 못하고 그리워할 것이며, 이 여인의 따뜻한 말 한마디는 온 세상을 따뜻하게 할 것이다.

강일순의 말이다. 강일순이 고판례를 예찬한 것은 이 세상의 모든 여자를 예찬하는 말이기도 했고, 남녀평등시대의 미래를 열어 보인 일종의 예언이기도 했다. 그가 예찬했던 고판례는 차경석의 이종누이였는데, 증산의 제자인 차경석은 증산 사후에 보천교를 창시한다.

동학농민혁명이 실패로 끝난 후 사회의 혼란은 가중되었고 어디에도 의지할 데 없던 민중들이 증산교로, 보천교로, 원불교로 귀의한 것은 어찌 보면 당연한 일이었다. 모악산 자락에서만 50여 개에 이를 정도로 증산교 교파를 우후죽순 솟아나게 한 주인공 강일순은 죽기 전에 세상의 모든 질병과 고통과 절망을 자신이 다 짊어지고 가노라고 했다. 그는 한 달여를 쌀 한 톨 입에 넣지 않고 가끔 소주 한두 모금으로 목을 축이며 온갖 병을 다 앓으면서 피골이 상접한 채 이 세상을 떠났다. 그는 자신의 전 생애를 적나라하게 보여준 채 그렇게 갔다. 그의 관에는 "생각에서 생각이 나오느니라"라는 말만이 쓰여 있었다고 한다.

구릿골에는 증산 강일순의 외손자가 세운 청도대향원淸道大享院이 있고, 그 건너편 산이 '황제 아내의 산'이란 뜻의 제비산帝妃山이다. 조선 중기의 혁명가인 정여립은 이 산에서 대동계를 조직하여 천일기도를 드리고 제천문을 썼다.

제비산을 돌아가면 '오리알터'로 불리는 금평저수지가 나온다. 오리알터는 '올[來]터'라는 뜻으로 '올터'가 '오리터'로 불리다 '오리알터'가 되었다. 천하우주의 모든 기운이 이곳으로부터 나온다는 의미, 즉 고통받는 중생들을 위해 메시아가 오는 터란 것이다. 오리알터에는 증산의 외동딸 강순임이 세운 증산법종교본부가 있으며, 강일순과 그의 아내가 이곳 시멘트 무덤 속에 안치되어 있다. 강일순의 추종자들이 서로 차지하려고 법정 싸움까지 벌였던 증산의 유해가 이곳저곳을 옮겨 다니다 팔 하나가 없어진 채로 이곳에 잠들어 있는 것이다.

정여립이 대동계를 조직했던 제비산 자락은 금구현이었다가 김제에 편입되었는데, 금구현의 진산이 바로 봉두산이었다. 지금의 금구면 월전리에 있는 봉두산은 《신증동국여지승람》에 "봉鳳이 나는 듯한 형상이기 때문에 이름 지은 것이다. 왼쪽에는 양우산이 있고, 앞에는 난산卵山이 있다. 술가術家들이 굴선산에 개동사開桐寺를 세워 날고 움직이는 기세를 눌렀다고 한다"고 기록되어 있다. 다음 이곳을 찾았던 조선 중기 문신 이행李荇의 시다.

오동나무 가지는 이미 떨어졌는데
대나무 열매는 누굴 위해 솟아 있나
봉새는 날아가고 헛되이 회상하는데
높은 멧부리만 땅에 우뚝 솟았구나

한편 금구현과 함께 김제에 편입된 곳이 바로 만경군이며, 조선 전기 문장가 김종직金宗直은 만경군을 지나며 다음의 시 한 편을 남겼다.

만경성가 만 이랑의 연꽃 길
가던 손 고삐 잡고 푸른 연기 속에 서 있네
정정하게 서서 비 맞으니 참 일산 이루고
깨끗한 물결 위에 섰으니 곧 신선이 되려 하는구나
사향처럼 방심芳心 깊이 사랑하지만
한 되는 건 배만한 푸른 연줄기 없는 것일세
경렴당景濂堂 아래에서 아득히 생각해보니
어느 때나 옥차고 성현聖賢 대할까

만경萬頃은 말 그대로 가없이 펼쳐진 들녘이란 뜻으로, 만경평야는 동진강과 만경강가에 있는 기름진 평야를 말한다. 김제평야와 만경평야를 함께 일컬어 금만평야라고도 한다. 이곳 사람들은 이 평야를 두고 '징게 맹경 외애밋들'이라고 부르는데, '징게맹경'은 김제와 만경, '외애밋들'은 너른 들, 곧 '김제 만경의 너른 평야'라는 뜻이다. 이 지역은 호남평야의 핵심을 이루는 지역으로 봉산들, 봉남들, 죽산들, 청하들, 만경들, 백구들과 같은 비옥한 땅으로 이루어지는데, 1925년 을축년 대홍수 때는 '징게맹경 들에 배를 띄우고 고기를 낚았다'는 이야기까지 생길 만큼 너른 평야다. 또한 서해안에는 광활면 등의 간척지가 넓게 펼쳐져 있어 우리나라 제일의 곡창지대를 이루고 있다.

망해사와 진묵대사

조선시대 만경군에 딸렸던 김제시 진봉면 심포리에 있는 망해사望海寺는 만경강이 서해와 만나는 지점에 자리한 절로, 이름 그대로 바다를 바라보고 있다. 백제 의자왕 때 부설거사가 창건했다는 이 절엔 낙서전樂西殿, 법당, 종루, 청조헌聽潮軒 등이 조촐하게 들어서 있는데, 낙서전이나 청조헌 등의 이름까지도 모두 바다를 보면서 파도 소리를 들으며 즐기는 곳이라는 뜻을 지니고 있다.

낙서전은 조선 인조 2년(1624)에 진묵대사震默大師가 지었다고 전해지는데, 바다 쪽으로 한쪽이 튀어나온 'ㄱ' 자 건물이다. 낙서전 마루

동곡약방과 증산법종교본부

강일순이 증산교를 창시한 동곡약방(위)과
강일순의 외동딸 강순임이 오리알터에 세운 증산법종교본부(아래).

에 걸터앉아 바다 건너 고군산열도를 바라보면 가슴이 활짝 열린다. 진묵대사는 이 절과 인연이 깊은데, 석가의 소화신小化身이라 불릴 만큼 법력이 높았던 조선 중기의 승려로 김제 만경 태생이다. 선으로 마음을 가라앉히고 불경 읽는 일로 일생을 마친 그의 행적은 전설로만 남아 세상에 떠돌았다. 오랜 세월이 지난 뒤 은고隱皐 김기종이 전해오는 이야기를 모아 초의대사에게 전기를 쓰게 했다. 진묵대사와 오랜 교분을 맺었던 봉곡鳳谷 김동준金東準의 일기에 "이분은 중이기는 하나 유림의 행동을 하였으니 슬픈 마음 참을 수 없다"라고 한 것으로 보아 진묵대사는 승려로서 불경뿐 아니라 유학에도 조예가 깊었음을 알 수 있다.

그는 홀로 된 모친을 전주 왜막촌倭幕村에 봉양했는데, 도술로 모기를 물리쳤다는 일화가 남아 있다. 모친이 세상을 뜨자 애통한 나머지 다음과 같은 글을 지었다.

어머니의 태 가운데에 있던 열 달의 은혜를 어떻게 보답하랴….
슬하에서 3년을 봉양해온 일 잊을 수 없도다.
오래오래 사실 줄 믿어왔는데 자식 된 심정 원망스럽기만 하여라.
백 년을 다 살지 못하신 어머니의 짤막한 수명이신가….
도시락 표주박을 허리에 차고 길에서 걸식하는 중이 된 신세로
아직도 시집을 보내지 못한 누이동생이 애처롭구나.
불단만 오르내리고 절간만 찾아다니는 중이 되어
첩첩한 산중을 헤매는 걸자 혼령은 어디 계신지,
아아, 슬프기만 하여라.

망해사

만경강이 서해와 만나는 지점에 자리한 망해사는 만경평야의 풍년과 안녕을 기원하고 노을이 아름다운 절이다. 사진은 망해사(위)와 낙서전에서 바라본 심포항(아래)의 모습.

효성이 지극했던 진묵대사는 어머니가 세상을 떠나자 만경군 북면(현 만경면 화포리) 유앙산에 장사를 지냈다. 오늘날의 성모암 옆자리인데, 그 자리가 연꽃이 물 위에 떠 있는 형상으로 명당 중의 명당이라고 한다. 어머니를 모신 그날 진묵대사는 목수를 불러 현판을 만들고 스스로 붓을 들어 "여기 이 묘는 만경현 불거촌에서 나서 출가 사문이 된 진묵일옥의 어머니를 모셨는 바, 누구든지 풍년을 바라거나 질병을 낫기를 바라거든 이 묘를 잘 받들지니라. 만일 정성껏 받든 이가 영험을 못 받았거든 이 진묵이 대신 결초보은하리라"라고 썼다고 한다.

그 후 그 마을 사람들로부터 봉분을 사초하고 향화를 올리면 여러 가지 영험이 있다는 소문이 나서 오늘날까지 참배객들이 줄을 잇고 있다. 진묵대사는 다음의 게偈를 남겼다.

하늘을 이불 삼고 땅으로 요를 펴놓으니
산은 절로 베개로다.
달은 등불이요, 구름은 병풍이라.
바닷물로 술잔을 하여 거나하게 취한 끝에
일어서서 춤을 추고 싶은데
곤륜산에 소맷자락이 걸쳐지는 아니꼼이여.

또한 그가 임종 때 지은 게에는 "또한 정장로에게 소속되다〔且屬靜長老〕"라고 했는데, 이것으로 보아 서산대사 휴정의 문파였다고 추정할 수도 있으나 확실한 증거는 찾을 길이 없다. 하지만 선禪의 경지에서는 서

산대사를 능가한 승려라고도 볼 수 있을 것이다. 그러나 서산대사가 임진왜란이라는 미증유의 국난을 맞아 직접 승병을 이끌고 현실에 뛰어들었던 것과는 달리 진묵대사가 깊은 산에서 수행에 전념하면서 많은 사람들에게 희망을 주는 수련법을 택한 것은 두 사람의 대비점이라고 할 수 있을 것이다.

진묵대사는 술을 곡차라 일컬어 즐겼으며 봉곡과 많은 수창酬唱을 남겼으나 오랜 세월에 흩어져서 전하지 못하고 있다.

"한 길 아득히 바다에 연하였고, 천가는 반쯤이나 산에 가려 있구나"라고 노래한 옛사람의 시를 읊조리며 아득한 들녘을 따라가면 정읍에 이르게 된다.

3

동학농민혁명의 불길을 당기다

정읍 · 부안 · 고창

내장산과 〈정읍사〉의 고장

구름 걸린 산봉우리가 절벽처럼 서 있어 골짜기 기운을 벗어나 있다. 맑은 물줄기가 거듭 둘러서 들녘 경치가 펼쳐져 있다. 연기 낀 대나무가 언덕에 거꾸러져 있으며, 연꽃 향기가 서로 이어져 있다. 서리 맞은 감나무가 골짜기에 늘어서 있고, 붉은 단풍이 서로 비춘다.

정읍을 소개하는 《여지도서》의 한 대목이다. 정읍의 내장산은 단풍이 아름답기로 유명해 해마다 가을이면 수많은 인파로 넘쳐나는데, 조선시대에도 정읍의 단풍은 아름다웠던 듯하다. 조선 성종 때 문신인 성임은 〈정혜루기定慧樓記〉에서 내장산에 대해 다음과 같이 평했다.

호남에 이름난 산이 많은데, 남원에는 지리산, 영암에는 월출산, 장흥에는 천관산, 부안에는 능가산이 있으며, 정읍의 내장산도 그중 하나다. 방박磅礴하게 솟아 기세가 매우 위험하고 경계가 더욱 빽빽하니, 참으로 필추苾芻(비구승)들이 선禪에 들어가 도를 배울 좋은 땅이다. 산은 현과 겨우 20리 거리에 있다. 그 가운데 큰 사찰을 영은사라고 부르는데, 고려 말년에 지엄스님이 처음 거처하였고, 본조에 와서 신암스님이 능히 그 자취를 이어 그 업적을 드날렸다.

내장산은 '호남의 금강산'이라고 불릴 만큼 산세가 빼어나다. 신선봉, 서래봉, 장군봉, 영취봉, 문필봉 같은 크고 작은 봉우리들이 우뚝우뚝 솟은 산자락 아래에 용천이 있으며 내장산 까치봉의 먹뱀이골에서 호남평야를 적시는 동진강이 발원하여 부안군 동진면 노길리에서 51킬로미터의 여정을 마무리하며 바다로 흘러간다. 《세종실록지리지》에는 동진강에 대하여 다음과 같이 실려 있다.

동진은 부안현에 있는데, 태인과 정읍 두 현의 물이 김제 벽골의 물과 합하여 서쪽으로 흘러서 홍덕 동쪽에 이르러 고부 눌제訥堤의 물과 어울려 동진이 된다. 조수가 드나들어 다리를 놓아 행인을 다니게 하고, 만경현 서남쪽을 지나 바다로 들어간다.

이곳 정읍은 현존하는 유일한 백제가요 〈정읍사〉의 고장이다. 《신증동국여지승람》에는 〈정읍사〉에 얽힌 이야기가 다음과 같이 전해진다.

망부석은 현의 북쪽 10리에 있다. 현 사람이 장사하러 떠나서 오랫동안 돌아오지 않으니, 그 아내가 산 위에 올라가서 기다렸는데, 혹 그 남편이 밤에 다니다가 해침을 당하지 않았는가 걱정되어 진흙탕 물의 더러움에 의탁하여 노래를 지으니, 그 곡을 〈정읍사〉라 한다. 세상에 전하기를 '산에 오르면 망부석에 발자취가 아직도 있다'고 한다.

정읍시 수성동에서 조선 중기 성리학자인 우암 송시열이 사약을 받은 것은 숙종 15년(1689) 6월이었다. 선조 40년(1607)에 태어난 송시열은 인조 11년(1633) 생원시에 장원급제했으며 나중에 봉림대군의 스승이 되었다. 그 인연으로 봉림대군이 임금(효종)으로 즉위한 후 송시열은 정국의 중심에 서게 되었다. 그러나 효종에 이어 현종이 죽고 숙종이 왕위에 오른 후 향리에 은거하던 그는 장희빈이 낳은 왕자(후의 경종)에게 원자 호칭을 부여하는 데 반대하는 상소를 올렸다가 제주도로 유배되었다.

제주도로 유배를 갔던 송시열은 숙종 15년(1689)에 국문을 받기 위해 서울로 압송되던 중 수성동의 은행나무 거리에서 사약을 받고 죽음을 맞았다. 그가 사약을 받은 거리에는 거적 한 장만이 깔려 있었다. 죽기에 앞서 그는 제자인 권상하에게 다음의 말을 남겼다.

> 학문은 마땅히 주자를 본받아야 하고, 사업은 효종 임금께서 남기신 뜻을 따라야 한다. '원통하고 억울한 마음을 참고 억누르려 해도 절박한 심정 어쩔 수 없구나[忍痛含冤迫不得已].' 이 여덟 글자를 전하여 잊어버리지 않게 해야 옳을 것이다. 주자께서 죽음을 앞두고 제자들에게 '곧을 직直'이라는 한 글자를 일러주셨으니, 내 말도 여기에서 벗어나지 않는다.

이 무렵 송시열은 음식을 입에 대지 않은 지 여러 날째였다. 기운이 점점 사그라지는데도 스스로를 가다듬는 송시열에게 약을 들라고 여러 차례 재촉하자 "숨이 끊어져버려 명을 받지 못할까 두렵구나"라고 했다. 마지막으로 제자들이 자리가 추하니 바꾸는 것이 좋겠다고 권유하자 송시열은 "선인(아버지)께서는 돌아가실 때 이만한 자리도 못 까셨네" 하고 거절한 뒤 사약을 마셨다. 그의 나이 83세였다.

동학의 땅 정읍

정읍시 고부면은 고종 31년(1894)에 일어난 동학농민혁명의 발상지이다. 고부면이 지금은 정읍시에 딸린 면이지만 동학농민혁명이 일어나기 전만 해도 정읍이나 부안보다 더 면적이 넓고, 쌀 생산과 상업의 중심지였다. '삼남이 풍년이면 천하는 굶주리지 않는다'라는 속담이 있는데, 여기서 '삼남'은 충청도와 전라도, 경상도를 뜻한다. 삼남에서 가장 큰 평야가 있는 곳이 고부와 김제 지역이며, 특히 고부 지역에는 줄포와 염포 등의 커다란 포구가 있어서 어선과 상인들이 활발하게 오갔고 주변에서 나는 농산물과 수산물이 모두 이곳으로 집결되었다. 그러나 당시 호남지방은 3년 내내 가뭄이 들어 사람들의 삶이 막막하기 이를 데 없었다.

그때 신정왕후 조씨의 조카이자 이조판서 심상훈沈相薰과 사돈 간이었던 부패한 탐관 조병갑趙秉甲이 고부군수로 발령을 받아 오게 된다. 조병갑이 고부에 군수로 와서 자행했던 일에 대해서는 황현의 《오하기문梧下記聞》에 다음과 같이 나온다.

정읍사공원

정읍시 시기동의 정읍사공원에는 백제가요 〈정읍사〉에 나오는
백제 여인의 망부상과 노래비가 세워져 있다.

계사년에 충청우도 일대가 가뭄이 극심하여 세금을 거둘 수조차 없었는데, 고부는 산과 바다가 서로 엇갈리는 지형으로 북쪽은 흉년이 들었지만 남쪽은 그런 대로 추수를 하였다. 병갑은 가뭄에 대한 보고를 받고 각 고을을 순시하면서 북쪽 네 개 면의 세금을 탕감해주었다. 그러나 남쪽 고을에는 "가뭄의 재해로 세금을 탕감하지는 않는다" 하고 말하면서, 북쪽 지방의 세금을 남쪽 지방에다 옮겨 부과하고 실제보다 배나 되게 독촉하여 거두어들였다. 그리고 북쪽에는 세금을 다른 지방에 옮겨 부과한 것을 자랑하고 백성들에게 후한 보상을 요구하여, 논 백 이랑당 거두어들인 것이 백 말이나 되었다. 이것은 실제로 국세의 세 배나 되었다. 또 자기가 관할하는 지역에 집을 짓고 첩을 사서 거기에 살게 하였다. 그 집을 지을 때 국가의 공사보다 더 심하게 닦달하여 백성들이 견딜 수 없어 약속도 하지 않았는데 수천 명이 모여서 이러한 사정을 호소하고자 하였다. 이렇게 되자 병갑은 급히 전주로 달아났다. 이것이 2월 초순의 일이다.

이 사건이 파문을 일으키자 조병갑은 고종 30년(1893) 11월 30일 익산군수로 전임되었다. 이은용이 고부군수로 발령되었으나 부임하지 않고 있다가 안악군수로 갔고, 계속 신재묵·이규백·하긍일 등이 고부군수로 발령을 받았지만 여러 가지 이유를 내세워 부임을 기피했다. 이렇게 발령을 받은 고부군수들이 부임을 하지 않은 까닭은 조병갑이 고부마을을 떠나지 않으려고 이면에서 유임 공작을 치열하게 벌였기 때문이다. 조병갑 역시 익산군수로 부임하지 않았다.

이때 전라감사 김문현이 "고부 전 군수 조병갑은 포흠逋欠(세를 다 거두지 못하여 나라에 체납한 세금)이 많아 점차 청산하고 있으며, 때마침 세를 받아들이려는 중인데 타읍으로 옮기게 되면 착오가 생길 우려가 있다"라고 적은 장계를 올렸다. 결국 조병갑이 다시 고부군수에 부임했고, 그 과정을 지켜본 농민들은 감정이 폭발했다. 그들은 사발통문을 돌렸고 드디어 고종 31년(1894) 1월 10일 전봉준 등 농민 1000여 명이 고부 관아를 습격하여 조병갑을 몰아내고 관리들을 직접 벌했다.

농민 봉기에 놀란 조정은 어쩔 수 없이 조병갑을 파면했고, 새로운 군수와 사건을 조사하는 관리를 내려 보냈다. 다음은 당시 임금이 내린 전교傳敎 내용이다.

> 고부에서 민란이 일어난 것은 실로 오랫동안 백성들의 원망이 쌓이고 정치가 제대로 기능하지 못한 까닭이지 그 연유가 일조일석一朝一夕에 일어난 것은 아니다. 이런 사태를 불러온 해당 관리가 직책을 망각하고 일을 그르친 것은 말하지 않아도 알 만하다. 그런데 지난번에 유임을 상신한 관리가 끝내 파직을 당하니, 앞뒤의 일이 어찌 이렇게 다를 수 있는가. 전라감사 김문현은 먼저 봉급 삼등을 감하는 조치를 시행하고, 전 군수 조병갑은 난을 불러일으키고 뇌물을 받은 죄를 범하였으니 의정부에서 잡아들여 죄를 다스리도록 하라. 그리고 장흥부사 이용태를 고부 안핵사按覈使로 임명하여 그로 하여금 하루 빨리 부임하여 엄중히 사실 조사를 하여 보고토록 하고, 또 용안현감 박원명을 고부군수에 임명하니 그로 하여금 난민을 수습토록 하라.

그러나 고부 농민 봉기를 조사하기 위해 파견된 관리인 이용태는 봉기의 주모자들을 색출한다면서 농민들을 달달 볶았다. 이에 분노한 전봉준을 비롯한 농민들은 고종 31년(1894) 3월 20일 다시 봉기하여 조정에 근본적 개혁을 요구하는 동학농민혁명을 펼치게 되었다.

당시 죽창을 들고 흰옷을 입은 동학농민군들이 앉으면 푸른 대나무로 산이 덮이고, 일어서면 흰옷 때문에 산 전체가 하얀색으로 변한다고 해서 "서면 백산白山, 앉으면 죽산竹山"이라는 말까지 생겨났다. 그렇게 죽산이라는 이름을 얻은 백산(현 부안군 백산면 용계리)에서 사열을 정비한 농민군은 황토현(현 정읍시 덕천면 하학리)에서 크게 승리를 거둔다. 그리고 전주성에 입성한 동학농민군은 전주화약을 맺은 뒤 집강소執綱所를 열었다.

그래도 조정은 동학농민군의 요구를 들어주지 않았고, 결국 삼례에서 2차 기포를 했던 동학농민군은 공주 우금치에서 관군과 일본군에 완패하고 태인 성황산에서 관군과 마지막 싸움을 벌였다. 결국 마지막 싸움에서 진 전봉준은 동학군을 해산하고 입암산 너머 순창 피노리(현 쌍치면 금성리)로 갔다.

전봉준은 그곳에서 부하 접주였던 김경천의 고발로 관군에 다리가 부러진 채 붙잡혔으며, 전봉준과 함께 동학농민군의 지도부를 구성했던 김개남은 회문산 아래 산내면 종성리 매부의 집으로 몸을 숨겼다. 그 마을에 옛 친구 임병찬林炳瓚이 있었다. 그는 아전 출신이었고 그 근방의 부호였다. 임병찬이 아랫마을에 있는 김개남에게 자기가 있는 마을로 올라오라고 한 뒤 전주감영에 신고했다. 전라감사 이도재李道宰는 강화 수비병의 종군이었던 황헌주와 포교들을 보냈다.

김개남이 숨어 있던 집을 포위한 관군이 "어서 나와 포승줄을 받으라"

하고 말하자 김개남은 측간에서 변을 보고 있다가 "올 줄 알았다. 똥이나 누고 나가겠다" 하고 껄껄 웃었다고 한다. 그를 잡아갈 적에 그가 혹시 도술을 부릴지 모른다 하여 손가락 끝, 발가락 끝 전부에 대꼬챙이를 박았다고 한다. 김개남은 전주로 끌려가 전라도관찰사 이도재의 즉결심판으로 전주 서교장에서 효수되어 고난에 찬 생애를 마감했다. 그 처형 상황을 황현은 이렇게 적었다.

적 김개남이 형벌에 복종하여 죽음을 받았다. 심영沁營의 중군 황헌주가 개남을 포박하여 전주에 도착하자 감사 이도재가 개남을 신문하였다. 개남은 큰 소리로 "우리들이 한 일은 모두 대원군의 은밀한 지시에 의한 것이다. 지금 일이 실패한 것은 또한 하늘의 뜻일 뿐인데 어찌 국문한다고 야단이냐"라고 하였다. 도재는 마침내 난을 불러오게 될까 두려워 감히 묶어서 서울로 보내지 못하고 즉시 목을 베어 죽이고 배를 갈라 내장을 꺼냈는데 큰 동이에 가득하여 보통 사람보다 훨씬 크고 많았다. 그에게 원한을 가지고 있는 사람들이 다투어 내장을 씹었고, 그의 고기를 나누어 제사를 지냈으며, 그의 머리는 상자에 넣어서 대궐로 보냈다.

김개남을 밀고한 임병찬은 훗날 면암 최익현崔益鉉과 더불어 의병활동을 시작했고 대마도까지 동행한다. 최익현의 순절 후 고향으로 돌아온 임병찬은 체포되었고, 1916년 5월 유배지 거제도에서 단식사하고 만다. 한때 친구였던 두 사람의 나라를 위한 마음은 같았지만 나라를 위한 방법은 그렇게 달랐다.

정읍 전봉준 유적

동학농민혁명의 지도자인 전봉준이 살던 집을 복원한 정읍 전봉준 유적은 사적 제293호로 지정되어 있다.

황토현 동학농민혁명기념탑

동학농민군이 황토현전투에서 크게 이긴 것을 기념하는 황토현 동학농민혁명기념탑은 정읍 황토현 전적(사적 제295호)에 세워져 있다.

전봉준은 다리가 부러진 채 들것에 실려 금강을 건넜고 손화중, 김덕명, 성두환 등은 밧줄에 묶여 건넜다. 동학농민혁명은 이렇게 막을 내리게 된다. 불길처럼 일어났던 동학농민혁명은 막을 내리게 되었지만 그날의 함성은 결국 우리 근현대사의 시작이 되었으며, 동학농민혁명의 맥은 증산교와 보천교로 이어진다.

농민 봉기로 탐관오리를 몰아낸 역사적 현장인 고부관아는 1926년에 발간된 《조선고적보도朝鮮古蹟報道》에 한 장의 사진으로만 남아 있다. 현재 고부관아터(전북기념물 제122호)에는 고부초등학교가 들어서면서 관아 건물이 전부 철거되었다. 대신 운동장 한 켠에 초석·기단석 등 석조물이 남아 이곳이 역사적 현장이었음을 보여주고 있다.

산천이 아름다운 신선 동네 고부

거슬러 오르면 고부는 마한의 땅이었다. 백제의 오방성五方城의 하나가 되는 중방고사성中方古沙城이 있던 곳으로 정치, 군사의 중심지였다. 그러나 백제가 사냥을 핑계로 아름다운 나라 마한의 도성을 습격하여 고부는 백제에 편입된다. 이어 백제는 고부에 고사부리古沙夫里라는 성을 쌓았다. 고려 때에 이르러서는 영주瀛州라 개칭하고 관찰사를 두었다. 그 고을 터가 정읍에서 고부로 오는 길가의 입석리 부근이다.

《여지도서》에 "산천이 빼어나게 아름다워 세상에서는 신선 동네라고 부른다. 최집평이 말하기를 '남쪽으로 방장산方丈山에 이어지고, 서쪽으로 봉래산蓬萊山과 마주 보고 있다. 초천楚川이 동쪽을 지나고, 율포栗浦가 서쪽을 두르고 있다'고 하였다"라고 실려 있는 고부는, 조선 후기까지만 해도 전라도에서 전주 다음으로 번창했던 고을이다. 한양의 당상관 자제들이 수령 자리로 가장 가고 싶어 했던 고부가 일제강점기에 부안과 정읍, 고창으로 나뉘고 정읍시에 딸린 하나의 면 소재지로 전락한 이유를 무엇으로 설명할 수 있을까?

조선 영조 시절 이인좌의 난이 일어났을 때 경상도 안의 지역 사람이었던 정희량이 주동 세력으로 끼였다는 이유로 안의 땅 절반은 거창에, 절반은 함양에 쪼개주고 안의 사람들의 벼슬길을 막았던 적이 있다. 고부 역시 마찬가지가 아닐까? 물론 이 지역에 철로가 들어서면서 정읍은 중심지가 되었지만 고부는 면으로 전락한 것이라는 설도 있다. 하지만 동학농민혁명의 역사적 사실을 왜곡하고 말살하려는 일제의 의도라는 의심도 지울 수 없다.

이제 옛 고부 지역에 남은 자취라곤 태종 3년(1403)에 지어져 동학농민혁명이 일어난 갑오년까지도 있었다는 고부향교와 조병갑이 기생을 끼고 놀았다는 군자정君子亭 정도이다.

고부에 대해 "바다에 날이 새니 구름은 섬으로 돌아오고, 천기는 가을이라 달이 누각에 가득하네"라고 고려 말 조선 초 문신 이첨李詹의 시를 읊조리며 태인천을 건너면 정읍시 태인면에 이른다.

《신증동국여지승람》에 "최치원이 스스로 서쪽에서 배워 얻은 바가 많다고 했다. 고국으로 돌아오게 되어 장차 자신의 뜻을 행하려 하였으나, 쇠해가는 나라의 정국은 의심과 시기가 많아 세상에 쓰이지 못하고 결국 외직으로 태산군(현 태인면) 군수가 되었다"라고 실려 있다. 그런 연유로 태인면 곳곳에는 신라의 문장가인 최치원의 자취가 남아 있다.

태인면 태창리에는 태산군수로 와 있던 최치원이 연못가를 거닐며 풍월을 읊었다고 전해지는 피향정(보물 제289호)이 있다. 이 정자의 앞에는 '피향정 披香亭', 뒤에는 '호남제일정 湖南第一亭'이라는 현판이 붙어 있다. 언제 창건되었는지는 확실하지 않으나 현재의 건물은 고려 현종 때 현감 박승고가 중건한 뒤 두 차례 중수를 거친 것이다. 정면 5칸에 측면 4칸의 팔작지붕 집으로 사면이 모두 트였고 기둥이 33개이며 난간이 빙 둘러진 연등천장이고 합각 밑에 우물반자를 두었다.

원래 이 정자 앞뒤로 상연지 上蓮池와 하연지 下蓮池라는 연못이 있어 아름다운 경치를 이루었으나 상연지는 일제강점기 때 메워지고 현재는 하연지만 남아 있다. 이 정자를 피향정이라고 한 것은 연못에 연꽃이 피면 주위에 향기가 가득하다는 뜻에서였다. 지금도 여름이 되면 피향정에서 진흙 속에서도 은은한 향을 내뿜으며 고고한 자태를 자랑하는 연꽃의 아름다움을 만끽할 수 있다.

일제강점기 이후 한때는 태인면사무소로 사용되어 기둥마다 상처 입은 피향정에는 수십 개의 공적비들이 서 있다. 그중 하나가 농민들을 강제로 동원해 만석보를 쌓은 고부군수 조병갑의 아버지 조규순의 영세불망비다.

조병갑은 고부군수로 부임하자마자 아버지 조규순이 이곳 태인현감을 지냈던 것을 명분으로 주민들의 혈세를 모아 조규순의 영세불망비를 세웠다. 옛말에 호랑이는 죽어서 가죽을 남기고 사람은 죽어서 이름을 남긴다고 했다. 그래서인지 우리나라 어디를 가도 비석들이 많고 이름난 산의 반반한 바위에는 어김없이 누군가의 이름들이 새겨져 있는데, 어떻게 하면 단기간 내에 치부致富를 할 것인가에만 혈안이 되었던 조병갑이야 오죽했겠는가. 다른 돌과 달리 오석烏石에 새겨진 조규순의 영세불망비는 엊그제 새긴 것처럼 아주 선명하고 그 뒤편에는 조병갑이라는 이름이 너무도 선명하게 새겨져 있다. 다만 누가 그랬는지 몰라도 하단은 부러져 없는 것을 보면 역사에 이름을 남긴다는 것이 얼마나 어려운 일인지를 미루어 짐작할 수가 있다.

태인에서 멀리 떨어지지 않은 칠보면 무성리에는 최치원을 모신 무성서원武城書院(사적 제166호)이 있다. 광해군 7년(1615)에 창건하여 최치원을 모시던 태산사를 중종 때 현감을 지낸 신영천申靈川을 모시던 생사당과 합해서 숙종 22년(1696)에 무성서원이라는 사액을 받았다. 무성서원은 신잠, 정극인, 송세림, 정언충, 김관을 배향했는데 이 서원은 병산서원이나 도산서원 또는 소수서원처럼 잘 짜인 위세를 보이지는 않는다. 그러나 오래된 은행나무가 노란 단풍으로 갈아입을 때는 켜켜이 쌓인 역사의 숨결을 접할 수가 있어서 다시 가고 싶어지는 곳이다. 이 서원은 고종 5년(1868) 전국의 서원이 철폐될 때도 남아 있게 된 47개 중 하나였다.

노랫소리 저녁 무렵 정자에 퍼지니
나의 가는 길은 자유롭기만 하구나
어찌 한식寒食이라 눈물을 흘리리오
취향후醉鄕候나 닮아보리

피향정

태인면 태창리에는 조선시대 태산군수로 와 있던 최치원이 풍월을 읊었다고 전해지는 피향정이 있다.

만석보

동학혁명의 서막을 연 만석보. 고부군수 조병갑이 군수로 재직하면서 풍부한 곡창지대였던 이곳의 양민들에게 물값을 받고 핍박하면서 동학혁명의 기폭제가 되었다.

멀리 불빛은 소금 굽는 마을을 알리고
층층으로 된 구름은 신기루를 연상하게 하네
청신한 기쁨에 오늘 같은 날 없으니
응당 봄놀이의 으뜸이라 하겠네

《신증동국여지승람》에 실린 고부 지역에 대한 조선 전기 문장가 김종직의 시에서 느껴지는 평온함은 정녕 옛이야기일 뿐인가.

여류 시인 이매창의 고향 부안

그 밖에도 두승산, 상두산과 가까운 정읍에 편입된 태인, 고부와 바다에 가까운 부안, 무장 등의 고을에는 모두 나쁜 기운이 있다. 오직 부안의 변산 부근과 고창의 진산인 방장산과 선운산 등이 들어선 지역은 토지도 비옥하고 또 호수와 산의 경치가 좋으므로 그중에서 나쁜 기운이 없는 샘을 고른다면 여기도 살 만할 것이다.

이중환이 《택리지》에서 살 만한 곳이라고 한 부안은 전라북도의 서부 해안지대에 위치해 있다. 부안은 백제 때에는 개화현皆火縣이었으며, 통일신라시대에 부령현扶寧縣이 되었다가 조선 태종 때 지금의 이름으로 바뀌었다.

이규보가 그의 시에서 "풍속은 중국 남방의 해변에서 생활하는 종족인

단자蜑子와 같네"라고 한 뒤에 "강과 산의 맑고 좋음은 영주, 봉래와 겨룰 만하니, 옥을 세우고 은을 녹인 듯한 것은 만고에 변하지 않네" 했던 부안에서 허난설헌, 황진이와 더불어 조선의 3대 여류 시인으로 알려진 이매창李梅窓이 태어났다.

이매창은 선조 6년(1573)에 부안현의 아전이었던 이탕종李湯從의 딸로 계유년에 태어나 이름이 계생桂生이었으나 마음에 들지 않았는지 스스로 매창梅窓이라는 호를 지었다. 이매창은 서녀로 태어나 기생이 되었지만 얼굴은 예쁜 편이 아니었고 시와 글, 노래와 거문고 등에 능하여 사람들의 심금을 울렸다. 당대에 명성을 얻은 이매창은 많은 문인, 관료들과 교류했는데, 그중 천민이었으나 훗날 임진왜란 때 의병에 참여해서 공을 세워 천민 신분에서 벗어난 유희경劉希慶과는 연인관계였다.

이화우 흩날릴 제 울며 잡고 이별한 임
추풍낙엽에 저도 날 생각하는지
천리에 외로운 꿈만 오락가락하노라

이매창이 죽고 60여 년이 지난 후 부안의 아전들이 매창이 생전에 저술한 시를 모아 변산 개암사에서 한시집 《매창집梅窓集》을 펴냈다. 부안을 고향으로 두고 시작 활동을 했던 시인 신석정辛夕汀은 이매창, 유희경, 직소폭포를 가리켜 송도삼절과 견주어 부안삼절이라고 불렀다.

이매창은 《홍길동전》을 지은 허균과도 두터운 교분을 나눴다. 허균이 지은 《조관기행漕官紀行》에는 선조 34년(1601) 7월 23일 이매창과의 만남이 기록되어 있다.

> 23일 부안에 도착하니 비가 몹시 내려 머물기로 하였다. 고홍달이 인사를 왔다. 창기 계생은 이옥여(훗날 인조반정의 주역인 이귀李貴)의 정인이다. 거문고를 뜯으며 시를 읊는데 생김새는 시원치 않으나 재주와 정감이 있어 함께 이야기할 만하여 종일토록 술잔을 놓고 시를 읊으며 서로 화답하였다. 밤에는 계생의 조카를 침소에 들였으니 혐의를 피하기 위해서다.

허균의 글에서도 알 수 있듯 이매창은 외모가 뛰어나지 않았지만 시를 짓고 노래하는 데 천부적인 재능이 있어 많은 문인들이 찾아 시를 주고받으려고 했다. 함열(익산의 옛 지명)로 유배를 왔을 무렵 허균은 이매창을 자주 찾았고, 이 지역을 사랑했던 그는 공주목사에서 파면된 뒤에 부안으로 내려와 우반동(현 부안군 보안면 우동리의 자연마을)에 정사암을 수리하여 그곳에 머물렀다. 그때 〈정사암중수기靜思菴重修記〉를 지으며 그는 우반동의 수려한 경치를 다음과 같이 묘사했다.

> 해변을 따라서 좁다란 길이 나 있는데, 그 길을 따라가서 골짜기로 들어서니 시냇물이 옥구슬 부딪히는 소리를 내며 졸졸 흘러 우거진 덤불 속으로 쏟아진다. 시내를 따라 채 몇 리도 가지 않아서 곧 산으로 막혔던 시야가 툭 트이면서 넓은 들판이 펼쳐졌다. 좌우로 깎아지른 듯한 봉우리들이 마치 봉황과 난새(상상의 새)가 날아오르는 듯 치솟아 있는데, 그 수를 헤아리기 어려웠다. 동쪽 등성이에는 소나무 만 그루가 하늘을 찌르는 듯하였다.

나는 세 사람과 함께 곧장 거처할 곳으로 나아갔다. 동서로 언덕 셋이 있는데, 가운데가 가장 반반하게 감아 돌고 대나무 수백 그루가 있어 울창하고 푸르러 인가의 폐호임을 알 수 있었다. 남으로는 드넓은 대해가 보이는데 금수도金水島가 그 가운데 있으며, 서쪽에는 삼림이 무성하고 서림사西林寺가 있는데, 승려 몇이 살고 있었다. 계곡 동쪽을 거슬러 올라가서 옛 당산나무를 지나 정사암이라는 데에 이른다.

암자는 겨우 방이 4칸이고 깎아지른 듯한 바위 언덕에다 지어놓았는데, 앞에는 맑은 못이 굽어보이고 세 봉우리가 마주 서 있다. 폭포가 푸른 절벽에서 쏟아지는데, 마치 흰 무지개처럼 성대하였다.

허균의 흔적이 남아 있는 우반동

허균은 우반동에 경치 좋은 언덕을 선택해 집을 짓고 평생을 살 계획을 세웠으나 무산되어 떠나게 되었다. 허균이 살고자 했던 곳에 구인기라는 사람이 집을 짓고 그에게 기記를 부탁하는 편지를 보면 그 일대가 마치 손에 잡힐 듯이 들여다보인다.

그 거처에 몇 칸의 집을 지었는데, 지형이 탁 트여 밝고 깊숙하며 서쪽으로는 봉산이 보이는데 아침 구름과 저녁 안개가 삼킬락 말락 밝을락 말락 하여 책상머리에 교태를 부리고, 남으로는 두승斗升, 소요逍遙 등 여러 산이 눈 아래에서 빙 둘러 떠받치고 있으며, 큰 바다가 그 남쪽을 지나는데 파도가 거세게 일어 하늘까지 닿을 지경이고, 밀물이 포구에 들면 마치 영서靈胥(물의 신)가 흰 수레에 백마를 몰고 오는 것 같지요. 나는 그 가운데 종일토록 기대어 누웠다가 매번 달이 떠오르는 것을 기다려 숲속을 산책하면서 그림자를 끌고 배회하는데, 서늘하여 마치 얼음 항아리나 은궐銀闕(신선이 사는 곳)에 들어간 듯하여 몸과 마음이 모두 상쾌하지요. 그러므로 나는 이를 몹시 즐거워하여 그 집에 편액을 산월山月이라고 달았소.

허균은 구인기의 편지에 다음과 같이 답했다.

내가 거처하고 싶었던 곳인데 그대가 먼저 살게 되었으니 그곳을 몹시 즐거워하는 것이 나와 다를 바가 없을 것인즉, 내가 어찌 그 글 못함을 사양하겠소. 더구나 바라보니 경치가 아름답고 풍연이 곱다는 것은 내가 비록 그대의 집에 오르지 않더라도 이미 십중팔구는 대략 알고 있소. 은사恩赦가 내린 후에 응당 곧바로 옛 골짜기로 향해 가서 그대와 함께 화산의 반쪽을 나누어 갖고 나의 목숨을 바칠 것인즉, 그대의 집은 곧 나의 집이니 어찌 감히 즐거운 말을 만들어 집을 호사시키지 않을 리가 있겠소.

허균이 그 뒤 벼슬에 나가지 않고 이곳에 은거한 한 채 글만 썼더라면 다산보다 더 많은 저작을 남겼을지도 모른다. 하지만 사람의 운명이란 그 누구도 모르는 것이라서 타의에 의해 다시 벼슬길에 나아간 허균은 결국 반역죄로 비운의 생애를 마감하고 말았다. 그가 이곳에서 집필한《홍길동전》에서 이상향으로 등장하는 율도국은 부안 앞바다의 위도를 모델로 했

변산반도

허균이 《홍길동전》을 집필한 정사암은 변산반도 내에 있었다. 부안군 변산면 일대에 있는 변산반도는 우리나라의 10승지로 꼽힐 정도로 살기 좋은 땅이다.

다고 한다.

부안 우반동에 큰 흔적을 남긴 인물이 또 있으니 바로 조선 숙종 때의 실학자 반계 유형원이다. 유형원은 이곳에서 후학을 가르치며 왕성한 집필 활동을 했다. 서울에 살던 그가 우반동에 내려와 학문을 연구할 수 있었던 이유는 이곳에 집안의 농장이 있었기 때문이다.

유형원은 서울에서 태어나 두 살에 아버지를 여의고, 다섯 살에 글을 배우기 시작하여 일곱 살에 《서경書經》〈우공기주편禹貢冀州編〉을 읽을 만큼 어릴 때부터 뛰어났다고 한다. 스물한 살에 최초로 실학을 체계화한 《백경사잠百警四箴》을 지어 학계에 이름을 드높였다.

효종 4년(1653)에 부안현 우반동에 정착한 그는 이듬해 진사시에 합격했으나 과거를 단념하고 학문 연구와 저술에 전심하면서 여러 차례에 걸쳐 나라 곳곳을 유람했다. 현종 6년(1665), 7년(1666) 두 차례에 걸쳐 학행學行으로 천거되었으나 모두 사퇴하고, 농촌에서 농민을 지도하는 한편, 구휼을 위하여 양곡을 비치하게 하고, 큰 배 네다섯 척과 마필馬匹 등을 갖추어 구급救急에 대비하게 했다.

유형원은 그의 저서인 《반계수록磻溪隨錄》을 통하여 전반적인 제도 개편을 구상했다. 중농 사상에 입각하여 토지 겸병을 억제하고 토지를 균등하게 배분할 수 있도록 전제田制를 개편, 세제·녹봉제의 확립, 과거제 폐지와 천거제 실시, 신분·직업의 세습제 탈피와 기회 균등의 구현, 관제·학제의 전면 개편 등을 주장했다. 그의 사상은 훗날 이익, 홍대용, 정약용 등에게 이어져 실학이라는 새로운 학문으로 발전하는 원동력이 되었다.

아나키스트 백정기의 고향

부안은 일제강점기 아나키스트 계열의 독립운동가 백정기白貞基가 태어난 곳이기도 하다. 서울 용산구 효창동 효창공원 내 삼의사묘에 이봉창, 윤봉길과 함께 잠들어 있는 백정기의 호는 구파鷗波로, 부안에서 태어나 정읍시 영원면에서 자랐다. 고종 33년(1896)에 가난한 농가에서 태어나 동냥으로 한문 공부를 하고, 열아홉 살에 큰 뜻을 품고 상경해 식견과 견문을 넓히던 중 1919년 3·1운동이 일어나자 독립선언문과 전단傳單을 가지고 고향에 내려가 항일운동을 선도했다. 그 후 동지들과 경인京仁 간의 일본 군사시설 파괴를 공작하다가 경찰에 구금되었으나 본적지와 행적을 속여 방면되었다. 그리고 각지를 잠행하며 독립운동 자금을 마련하여 중국 베이징으로 망명, 일본 군사시설을 파괴하는 일에 전력했다. 1924년 일본 천황을 암살하려고 도쿄에 갔으나 실패, 1925년 상해로 가서 무정부주의자연맹에 가입하고 농민운동에 투신했다.

아나키즘anarchism은 그리스어 '아나르코스anarchos'에서 나온 말인데, '없다an'와 '지배자arche'의 합성어로 글자 그대로 '지배자가 없다'는 뜻이다. 즉 '자유와 평등'을 의미하는 말이다. 그런데 1902년 일본의 한 대학생이 '무정부주의'라고 번역해서 한자 문화권에서는 '정부가 없는 혼돈 상태'라고 알려지게 되었다. 아나키즘은 우리말로 번역하면 무정부주의가 아니라 '자유연합주의'라고 할 수 있다. 그 뜻을 모르는 사람들은 '알카에다' 같은 폭력 집단 정도로 생각하는데, 아나키즘은 평등을 추구하면서 집단이기주의를 용인하지 않고 자기희생적 이타심을 요구하며 극

한적 대립보다는 상호공존, 즉 공공의 선을 추구한다.

당시 백정기와 함께 아나키스트로 활동했던 사람들이 이회영과《조선상고사朝鮮上古史》를 지은 민족사학자 신채호, 이을규, 이정규, 정화암, 유자명, 엄형순, 오면직 등이었다. 이 중 이회영은 소론의 명문거족 출신으로, 독립운동을 위해 약 40만 원(지금 돈으로 환산하면 수백억 원)의 재산을 다 팔아서 만주로 이주한 사람이고 그의 동생이 대한민국 초대 부통령을 지낸 이시영이다.

그들이 아나키즘을 택했던 것은 민족주의와 사회주의의 한계를 극복하기 위한 것이었는데, 아나키즘을 부정적으로 보게 된 하나의 원인은 백범 김구의 글 때문이기도 하다. 김구가 상해에 있던 독립운동 세력의 여러 갈래를 기술하면서 "이 밖에 있을 것은 다 있어서 공산당 외에 무정부당까지 생겼으니 이을규, 이정규 두 형제와 유자명 등은 상해, 천진 등지에서 활동하던 아나키스트의 맹장들이었다"라고 했던 것이다. 그가 그런 글을 쓴 것은 김구 자신이 상해 시절 아나키즘 세력과 경쟁 관계를 형성했기 때문이다. 중요한 것은 김구의 이 글로 상해 시절 민족주의, 공산주의 세력과 함께 아나키즘이 주요한 독립운동 세력이었음을 알 수 있다는 사실이다.

백정기를 비롯한 아나키스트들은 1932년 상해에서 자유혁명자연맹을 조직, 이를 흑색공포단BTP으로 개칭하고 조직을 강화하여 항일 투쟁을 전개했다. 그해 4월 29일 홍구虹口공원(현 루쉰공원)에서 일본군이 상해 점령 전승 축하식 겸 일왕의 생일인 천장절 기념식을 열기로 하자 폭탄을 투척하여 그들을 저승으로 보내겠다고 만반의 준비를 갖추었다. 그러나 출입증을 기다리는 사이에 김구의 도움을 받은 윤봉길의 거사로 백정기의 거사는 실패했고, 그들의 운명은 엇갈리고 말았다. 1933년 3월 17일, 상해 홍구의 일본 요정 육삼정에서 중국 주재 일본 대사 아리요시有吉가 중국의 군벌들과 회합을 갖기 위해 모인다는 기밀을 알고 그들을 암살하기 위해 육삼정에서 가까운 송강춘이란 음식점에 모였다. 그러나 기다리던 일본 동지 오키는 나타나지 않았고 음식점 종업원으로 변장한 일본 형사들에게 체포되어 나가사키로 이송되어 종신형을 선고받았다. 상고를 포기한 백정기는 감옥에서 옥고를 치르다 1936년 5월 22일에 옥사했다. 그때 백정기의 나이 만 40세였다. 1963년 건국훈장독립장이 추서되었고 그가 자랐던 정읍시 영원면에 기념관이 세워졌다.

국립공원으로 지정된 변산반도에서 서해를 바라보면 보이는 섬이 조기잡이와 위도띠뱃놀이로 이름난 위도다.

칠산바다는 잔조기요 연평바다는 큰 조기란다
에해해해해야 애해해해해야
구월산에 둘러싼 조기 서울 장안에 금빛이란다
에해해해해야 애해해해해야
연평바다 갈린 조기 우리 배 사공님 애태운다네
에해해해해야 애해해해해야

매년 정월 초에 〈위도 띠배굿 뱃노래〉가 울려 퍼지는 위도가 조선시대까지 유배지였다. 고려 말에 최함일이라는 사람이 위도로 귀양을 갈 때

설문우薛文郵가 전송하며 썼던 글 한 편이 전해온다.

곧은 절개라야 참 오부烏府 어사대인데, 변변찮은 내 재주로 치관豸冠을 더럽혔네. 수놓은 비단 같은 그 재주야 어찌 같으랴만 배 속에 들어 있는 보배 서로 쏟았었네. 성대盛大에서 보태는 것은 비록 없었지만, 뭇 동료들은 모두 다 높이 보았네. 임금을 착하게 하려는 마음 버리지 못해, 나라 걱정에 두 귀 밑털 헛되이 시드는구나. 간사한 무리들은 장우張禹 따위가 많은데, 서로 알아주는 비간比干 같은 이는 너무 적다. 이때에 갈라져서 '그대'는 가고 '나는' 머무르니 어느 곳에서 평안함을 물을 것인가. 시루는 깨어졌는데, 애석함은 누구에게 있나. 하늘은 높아도 듣기는 어렵지 않다네. 두 곳에 외로이 뜬 둥근 달 비치는데, 조각배엔 한 낚싯대로다. 다시 만날 날 있을 터이니 잘 가서 먹는 것 조심하게나.

다시 만날 수 있을지 없을지도 모르는 채 먼 섬으로 유배를 가는 사람의 마음은 얼마나 쓰라렸을까.

고창읍성에는 여름 햇살만 남아

부안군의 변산 자락을 거쳐 줄포면을 지나면 고창군 흥덕면에 이른다. 방장산 자락에 있는 고창의 옛 이름은 모량부리현이었다. 신라 때 지금의 이름을 얻은 고창군은 1914년에 무장현과 흥덕현을 병합하여 오늘에 이르렀다. 조선 초기 문신 정이오의 기문에 "고창은 본래 시내와 산의 좋은 경치가 있다고 일컬어왔으며, 토지 또한 기름지고 넓어서 오곡이 잘된다"라고 쓰여 있는데, 고창군에는 방장산 · 문수산 · 태청산 · 소요산 · 선운산 등이 펼쳐져 있으며, 문수산에서 발원한 인천강(주진강)이 흐르고 있다.

《신증동국여지승람》에 "반등산은 현의 동쪽 5리에 있는 진산이다. 신라 말기에 도적이 크게 일어나, 이 산에 웅거하여 양가의 자녀가 많이 잡혀갔다. 그 가운데 장일현에서 잡혀온 아낙이 있었는데, 노래를 지어 그 지아비가 곧 와서 구해주지 않는 것을 풍자했다. 곡명을 〈방등산가〉라고 일컫는데, 방등이라는 말이 바뀌어 반등이 되었다"라고 쓰여 있는데, 〈방등산가〉는 현재 전해지지 않는다.

이곳 고창에는 진채선陳彩仙, 신재효申在孝, 김소희金素姬 등 소리꾼이 많다. 그래서 "고창 사는 사람치고 소리 한마디 못하고 장단 못 맞추는 사람 없다"라는 말이 생겼다.

조선 후기 학자이며 전라감사를 지냈던 이서구李書九가 지었다고 전해지는 〈호남가〉에 "고창성 높이 앉아 나주 풍경을 바라보니"라는 구절이 나온다. 고창성, 모양성牟陽城이라고도 하는 고창읍성(사적 제145호)은 해미읍성, 낙안읍성과 더불어 원형이 가장 잘 보존되어 있다는 평가를 받는다. 이 성은 단종 1년(1453)에 세워졌다고도 하고, 숙종 때 이항李杭이 주민들의 힘을 빌려 8년에 걸쳐 쌓았다고도 하지만 확실하지는 않다. 성벽에 계유년에 쌓았다는 글자가 새겨져 있으며, 《동국여지승람》에 "둘레가 3008척, 높이가 12척이고 성내에 세 개의 연못과 세 개의 하천이 있다"라고 기록되어 있는데, 《동국여지승람》이 발간된 것은 성종 17년

(1486)이므로 그 이전에 쌓은 것임을 알 수 있다.

고창읍성은 여자들의 성벽 밟기로도 유명한데, 성을 한 바퀴 돌면 다릿병이 낫고 두 바퀴 돌면 무병장수하게 되며 세 바퀴 돌면 저승길을 환히 보며 극락에 갈 수 있다는 것이다. 윤삼월이 가장 효험이 좋고 초엿새, 열엿새, 스무엿새 등에 성벽밟기를 하기 위해 도처에서 사람들이 몰려들었지만 지금은 가을에 열리는 고창모양성제 때나 볼 수 있다. 그러나 성의 높이가 만만치 않아 떨어지면 큰 불상사가 날 수도 있다.

판소리 연구가 신재효와 도산리 고인돌

모양성 바로 입구에 지방문화재로 지정된 초가집 한 채가 있다. 그 집이 판소리 여섯 마당 중 〈춘향가〉·〈심청가〉·〈흥보가〉·〈적벽가〉·〈변강쇠가〉 등의 판소리 이론을 정립한 동리 신재효의 집이다. 〈동리가〉에서 "시내 위에 정자 짓고, 정자 곁에 포도 시렁, 포도 곁에 연못이라…"라고 했던 것처럼 그는 본래 광대 노릇을 한 사람이 아니었고 재산이 넉넉한 양반이었는데, 풍류를 즐기는 성품을 타고나서 판소리와 함께 민속음악을 연구하고 체계화하는 데 일생을 바친 것이다. 신재효는 집안에 '노래청'을 만든 다음 수많은 명창들과 교류했고 김세종, 정춘풍, 진채선, 허금 같은 제자들을 길러냈는데, 신재효와 진채선 사이에는 애틋한 이야기가 한 토막 전해진다.

고종 4년(1867)에 경복궁이 세워지자 경회루에서 축하 잔치가 벌어졌

고창읍성

모양성이라고도 불리는 고창읍성은 호남지방을 방어하는 전초기지로 동서북문과 옹성 3개, 해자 등 전략적 요충시설이 두루 갖추어져 있다.

다. 그 자리에서 진채선이 〈방아타령〉을 불러 이름을 날리게 되자 대원군은 진채선을 포함한 기생 두 명을 운현궁으로 데려가 '대령 기생'으로 묶어두었다. 금세 돌아올 줄 알았던 진채선이 돌아오지 않자 외로움을 느낀 신재효는 그 외로움을 〈도리화가桃李花歌〉라는 노래로 엮어 진채선에게 보냈다. 그때 신재효는 쉰아홉, 진채선은 스물넷이었다. 진채선의 추천으로 대원군에게 오위장이라는 벼슬을 받은 그는 고종 13년(1876)에 흉년이 들자 사람들을 도와준 공으로 통정대부에 오르기도 했다.

신재효는 판소리 여섯 마당의 사설뿐 아니라 〈도리화가〉, 〈광대가〉, 〈오십가〉, 〈어부사〉, 〈방아타령〉, 〈괘씸한 양국놈가〉 같은 사설을 풍부한 표현력으로 분명하고 완벽하게 정리한 한국의 셰익스피어라는 칭송과 함께, 그가 정리한 판소리 사설이 지나치게 한문투로 만들어져 민중적이고 토속적인 판소리의 맛을 크게 줄였다는 비판을 받기도 한다.

한편 고창읍 죽림리와 도산리, 아산면 상갑리 일대에는 유네스코 세계문화유산으로 지정된 고인돌 유적이 있다. 북방식 고인돌 가운데 가장 남쪽에 있는 도산리 고인돌은 민가 몸채 뒤에 홀로 서 있다. 불과 십수 년 전만 해도 대나무 숲으로 둘러싸인 장독대 한쪽에 또 다른 장식물처럼 서 있었는데, 장독대는 사라지고 잔디가 깔려서 왠지 모를 어색한 풍경으로 변해버렸으니 씁쓸함을 금할 수가 없다. 그대로 두는 것이 아름다움이고 올바른 보존법인 것을 행정 관료들이 언제쯤이나 알게 될까. 원래는 널돌을 세워 4면을 막은 뒤 그 위에 뚜껑을 얹었을 것이지만 두 개는 없어지고 두 개 위에 뚜껑이 얹힌 도산리 고인돌의 뚜껑돌 길이는 3.5미터, 폭은 3.1미터, 두께는 30~38센티미터쯤 되며, 밑을 받치고 서 있는 두 개

도산리 고인돌

고창읍 죽림리와 도산리 일대에는 고인돌 유적이 있는데, 옛사람들은 고인돌을 하늘에 제사 지내던 단이라 여겼다. 사진은 도산리 고인돌(위)과 고인돌 군락(아래).

의 널돌은 높이가 1.8미터쯤 된다.

마을 사람들은 고인돌을 하늘에 제사 지내던 단이라 여겼기 때문에 정화수를 떠놓고 치성을 드렸다고 한다. 먼발치로 아산면 상갑리 고인돌 유적을 바라본다. 500여 개의 남방식 고인돌(이곳에서는 괴임돌이라 부름)이 하얀 페인트로 번호가 새겨진 채 흩어져 있다. 세계문화유산으로 등록된 저 고인돌군은 저마다 어떠한 사연들을 지니고 있을까?

동학농민혁명의 발상지 무장읍성

고창군 무장면·성송면·대산면·공음면·상하면·해리면·심원면 일대는 조선시대에 독립된 행정구역인 무장현이었다. 《신증동국여지승람》에는 조선 중기 문신 이행이 무장현 객관 북쪽에 있던 누정 이관정에 올라 "시냇물 소리와 나무 그림자 함께 맑고 깨끗한데, 또 백 척 높은 다락에 긴 바람 부네"라고 읊었다고 전해진다.

무장면 서내리에는 고창 무장현 관아와 읍성(사적 제346호)이 있다. 조선 전기 문신 정곤鄭坤이 남긴 다음 글을 보면 이 고을이 변방에 있었음을 알 수 있다.

> 장사와 무송이 합해져 이룬 무장은 전라도의 서쪽 큰 바닷가에 있는데, 전조前朝 말기에 바다 도적이 한창 설치어 백성이 생업을 잃고 흩어져서 쓸쓸히 온통 빈 지가 오래더니.

다음은 무장현 관아의 동헌에서 조선 전기 문신 유순柳洵이 읊은 시의 한 대목이다.

십 년 전에 이곳을 지났는데
지금껏 몸과 마음 함께 맑아라
아관정迓觀亭 위에 몸이 또다시 이르니
붉은 작약 떨기 가에 눈이 다시 밝구나
창밖 청산은 예전 그대로인데
숲 사이 꾀꼬리는 새노래를 들려주네
마루에 앉으니 지난해 생각 희미한데
그 당시 이름 써두지 않은 것이 후회되누나

무장면 안쪽을 향해 세워져 있는 무장읍성의 남문 진무루는 조선 태종 17년(1417)에 세워졌으며, 무장읍성은 당시 무장진 병마사 김노金盧가 고을의 승려와 장정 2만 명을 동원하여 4개월 동안 공사를 벌인 끝에 완성했다고 한다. 《세종실록지리지》에는 읍성의 둘레가 658보라 했고, 《문종실록》 문종 1년(1451) 8월 21일자에는 "무장현 읍성은 주위가 1470척, 높이가 7척이고, 여장女墻의 높이는 1척이며, 문이 2개소에 있는데 옹성擁城이 있고, 해자海子의 둘레는 2127척이고, 적대敵臺가 없으며, 여장이 471개입니다"라고 기록되어 있다.

진무루를 지나 읍성으로 들어서면 가장 먼저 객사가 눈에 띈다. 선조 14년(1581)에 건립된 무장객사(전북유형문화재 제34호)는 궐패闕牌를 모셔두고 현의 수령이 매달 초하루와 보름에 배례하는 정청과 왕명으로 지방에 내려오는 벼슬아치들의 숙소로 이용하는 건물이 좌우로 있다. 정면 3칸, 측면 3칸의 홑처마 맞배지붕으로 지어진 객사의 정청은 위엄이 있으면서도 은은한 아름다움을 지녔다. 계단 난간석에는 태극무늬가 그려져 있고, 계단 양옆의 축대 돌에는 연꽃과 화병에 담긴 꽃이 새겨져 있다. 객사 왼편 나무숲이 우거진 옆에 무장을 거쳐간 수령, 방백들의 영세불망비들이 수십여 개 세워져 있다.

무장객사 뒤쪽으로 현감이 집무하는 공간인 무장동헌(전북유형문화재 제35호)이 있다. 정면 6칸, 측면 4칸의 팔작지붕 건물로 조선 명종 20년(1565)에 세워졌으며, 한때 변형하여 무장초등학교 교실로 사용되던 것을 1989년 원형 복원했다.

무장은 동학의 3대 두령 중 한 사람이었던 손화중孫華仲 포包의 핵심 근거지였다. 손화중은 철종 12년(1861) 정읍현 남일면 파교리(현 정읍시 파교동)에서 태어나 아버지 슬하에서 한문을 공부했고 20대 초반에 처남 유용수를 따라 십승지十勝地(난세의 피난지)를 찾아서 지리산 청학동으로 들어갔다. 그 무렵 영남지방에서는 동학이 요원의 불길처럼 번져가고 있었다. 동학이라는 새로운 이데올로기에 빠져든 손화중은 입교 2년 만에 고향으로 돌아와 포교에 전념했다. 처음 부안에 거처를 정하고 포교하다가 정읍 농소리, 입암 신금리, 무장 쪽으로 옮겨 다니며 여러 포의 접주들과 만났다.

고종 30년(1893) 근방 여러 고을에서는 동학 접주 손화중을 모르는 사람이 거의 없을 정도였다. 그가 선운사 도솔암 암벽에 비장되어 있는 검당선사의 비결을 꺼냈기 때문이다. 선운사 마애불의 배꼽 속에는 신비스러운 비결이 하나 숨겨져 있었다고 한다. 그 비결이 세상에 나오는 날에는 한양이 망한다는 전설이 끈질기게 전해져왔는데, 오지영이 《동학사》에 기록한 비결 탈취 과정은 다음과 같다.

무장현 아산면 선운사 동남쪽 3킬로미터 지점에 도솔암이란 암자가 있고, 그 암자 뒤에 50여 척 높이의 층암절벽이 솟아 있는데, 그 절벽에 미륵이 하나 새겨져 있다. 이 미륵상은 3000년 전에 살았던 검당선사의 진상으로 그 미륵의 배꼽에는 신비스러운 비결이 하나 숨겨져 있는데, 그 비결이 세상에 나오는 날에는 한양이 망한다는 것이다. 그런데 거기에는 비결과 함께 벼락상을 동봉해놨기 때문에 누구든지 그 비결을 꺼내려고 거기 손을 대면 벼락에 맞아 죽는다는 것이다. 전라감사로 내려왔던 이서구가 그것을 꺼내려 할 때 벼락이 내리쳐서 꺼내지 못했던 것이 그때로부터 100여 년 전이었다.

임진년 8월 어느 날 손화중의 집에서 선운사 석불 비결의 이야기가 나왔다. 그 비결을 꺼내어 보았으면 좋겠다고 의견 통일이 되었다. 결국 손화중을 비롯한 동학도들이 청죽青竹 수백 개와 새끼 수십 타래를 구하여 부계浮械를 만들어 그 석불의 전면에 안치하고, 석불의 배꼽을 도끼로 부수고 그 속에 있는 것을 꺼냈다. 그것을 꺼내기 전에 선운사 중들의 방해를 막기 위하여 미리부터 수십 명의 중들을 결박하여 두고서 미륵 비결을 꺼냈다. 그 일이 끝난 직후 중들은 곧바로 뛰어가서 무장관청에 고발하였다. 그리하여 수백 명이 잡혔지만 결국 동학도들의 결집된 힘으로 풀려 나왔는데, 그 뒤로부터 비결을 꺼낸 손화중이 왕이 될 것이라거나 새로운 세상이 열릴 것이라는 소문이 줄을 이어 무장

접주 손화중 포에 수많은 사람들이 몰려들었다. 그때부터 손화중의 존재는 이미 일상인이 아니었다. 그가 한번 일어난다면 호응하지 않을 남접 접주들은 없었다.

하지만 그런 위치에 있는 그가 동학 조직을 묶어 본격적으로 일어나려면 어떤 계기가 필요하였다. 바로 그때 안핵사 이용태의 폭거가 있었고, 전봉준의 집요한 설득이 작용하여 마침내 그는 무장 서남쪽 2.5킬로미터, 유정마을 뒷동산 여시뫼에서 전봉준, 김개남과 함께 창의문을 발표하기에 이르렀다.

세상에서 사람을 가장 귀하다고 여기는 것은 인륜이라는 것이 있기 때문이다. 군신부자는 인륜의 가장 큰 것이다. 인군人君이 어질고 신하가 곧으며 아비가 사랑하고 아들이 효도한 후에야 나라가 무강의 역域에 미쳐 가는 것이다. (···) 오늘의 형세는 옛날보다 더욱 심하다. 공경부터 방백, 수령까지 모두 국가의 위태로움은 생각지 아니하고 한낱 자신을 살찌우는 것과 가문을 빛내는 데에만 급급하여 사람 선발하는 문을 돈벌이로 볼 뿐이며, 응시의 장소를 물건을 사고파는 시장으로 만들었다. 허다한 돈과 뇌물은 국고로 들어가지 않고 도리어 개인의 배만 채우고 있다. 국가에 누적된 빚이 있으나 갚을 생각은 아니하고 교만과 사치와 음란과 더러운 일만을 거리낌 없이 자행하니 팔도는 어육이 되고 만민은 도탄에 빠졌다. 수재守宰의 탐학에 백성이 어찌 곤궁치 아니하랴. 백성은 나라의 근본이라. 근본이 쇠잔하면 나라도 망하는 것이다. 보국안민의 방책은 생각하지 아니하고 밖으로는 향제를 설치하여 오로지 제 몸만을 위하고 부질없이 국록만을 도적질하는 것이 어찌 옳은 일이라 하겠는가.

동학농민혁명 당시 남접의 중심 부대의 지도자였으며, 가장 많은 세력

무장동헌

무장현감이 관아에서 업무를 처리하던 무장동헌은 무장초등학교 교실로 사용하기도 하여 변형된 것을 1989년 원형으로 복원했다.

을 규합했던 손화중은 전봉준, 김개남과 함께 황룡강 싸움에서 지대한 공헌을 세운다. 그러나 2차 봉기 때 그는 공주로 가지 않고 광주 일대를 지키고 있었다. 우금치전투가 패배로 돌아가고 태인에서 농민군의 주력 부대가 해산하자, 그는 재실지기였던 이봉우에게 "그동안 내가 너에게 진 빚을 갚겠으니 나를 고발하여 큰 상을 받으라"고 말했다고 한다.

손화중은 서울로 끌려가 재판을 받았고, 그 이듬해 전봉준과 함께 한날 한시에 처형되었다.

3000여 승려와 89개의 암자를 거느렸던 대가람 선운사

고창군 아산면과 심원면 경계에는 선운산이 있다. 대다수 사람들이 고창 하면 동백꽃을 먼저 떠올릴 테지만 나는 상사화가 생각난다. 9월경 선운산 골짜기를 시나브로 걸을라치면 가을 나무들 새로 새빨갛게 피어난 꽃들을 볼 수 있는데 그 꽃이 상사화다. 잎이 지고 난 다음에 피는 화려하기 이를 데 없는 꽃은 영원히 잎과 만날 수 없기 때문에 상사화라고 부른다.

선운산의 명물을 또 하나 들라 하면 복분자주와 풍천장어일 것이다. 복분자는 딸기의 일종으로 '고무때왈'이라고도 불리는 검은 딸기인데 복분자로 담근 술을 마시면 요강 단지가 뒤집어질 정도로 오줌발이 세진다는 속설이 있지만, 사실은 딸기 모양이 뒤집어진 요강 단지와 흡사해 복분자라 불린다고 한다. 하지만 그 말을 곧이들은 대다수의 사람들은 선운산 입구에서 하룻밤을 머물 때 복분자술과 함께 지새우기가 일쑤다. 풍천

장어 역시 정력에 좋다고 소문이 났기 때문에 이곳을 찾는 사람들이 먹지 않고 가면 서운한 필수 음식이 되었다.

이 산에는 백제 때 지어진 〈선운산곡禪雲山曲〉이라는 노래에 얽힌 이야기가 전해온다. 백제 때 지금의 상하면, 공음면, 해리면을 아우르던 장사현에 살던 사람이 나라의 부름으로 전쟁에 나갔다. 하지만 전쟁이 끝난 뒤에도 돌아오지 않았다. 그의 아내가 선운산에 올라가 낭군을 그리며 〈선운산곡〉이라는 노래를 불렀다고 《고려사高麗史》·《증보문헌비고增補文獻備考》 등에 기록되어 있는데 가사는 전해지지 않고 노래에 얽힌 이야기만 남아 있다.

선운산 동쪽 기슭에 위치한 선운사는 백제 제27대 위덕왕 24년(577)에 검단선사가 창건했다고 한다. 다른 설로는 검단선사가 그와 친분이 두터웠던 신라의 의운조사와 함께 진흥왕의 시주를 얻어 창건했다고 한다. 훗날 만들어졌을 것으로 추정되는 선운사의 창건 설화는 이렇다.

죽도포竹島浦에 돌배가 떠내려 와서 사람들이 끌어오려고 했으나 그때마다 배가 자꾸 바다 쪽으로 흘러가곤 했다. 그 소식을 들은 검단선사가 바닷가로 나갔더니 배가 저절로 다가왔다. 배 위에 올라가 보니 그 안에 삼존불상과 탱화, 나한상, 옥돌 부처, 금 옷을 입은 사람이 있었고, 그 사람의 품속에서 '이 배는 인도에서 왔으며 배 안의 부처님을 인연 있는 곳에 봉안하면 길이 중생을 제도 이익게 하리라'라고 쓰인 편지가 나왔다. 검단선사는 본래 연못이었던 현재의 절터를 메워 절을 짓게 되었다. 이때 진흥왕이 재물을 내리고 장정 100명을 보내 뒷산에 무성했던 소나무를 베어 숯을 굽게 하여 경비에 보태게 했다. 절터를 메울 때 쫓겨난 이 무기가 다급하게 서해로 도망을 가느라고 뚫어놓은 자연 석굴인 용문굴이 등불암 마애불 왼쪽 산길 위에 있다. 그 당시 선운산 계곡에는 도적이 들끓었는데 검단선사가 그들을 교화하고 소금 굽는 법을 가르쳐서 생계를 꾸리게 했다. 그리하여 그들이 살던 마을을 검단리라고 했다. 그들은 해마다 봄가을에 보은염報恩鹽이라는 소금을 선운사에 보냈고, 그 전통이 그대로 광복 전까지 이어졌다고 한다.

그 후 고려 충숙왕 5년(1318)과 공민왕 3년(1354)에 효정선사가 중수했으나 폐사되었고, 조선 성종 14년(1483)에 행호선사가 쑥대밭만 무성하던 절터에 서 있는 구층석탑을 보고 성종의 작은아버지 덕원군의 시주를 얻어 중수했지만 정유재란 때 불에 타 잿더미가 되고 말았다. 광해군 6년(1614) 원준대사가 재건한 뒤 몇 차례 중수를 거쳐 오늘에 이르렀다.

한창 번성했던 시절에는 89개의 암자를 거느리고 3000여 명의 승려가 머물렀다는 선운사는 현재 조계종 제24교구의 본사로서 도솔암, 참당암, 석상암, 동문암의 네 개 암자와 천왕문·만세루·대웅전·영산전·관음전·팔상전·명부전·산신각 등 열 개가 넘는 건물들이 남아 있다.

선운사 뒤편에 수령 500년 이상 된 동백나무가 3000여 그루 숲을 이루고 있다. 4월 말이면 꽃잎이 한 잎 한 잎 떨어지는 것이 아니라 송이째 뚝뚝 떨어져 눈물겹도록 가슴 시리고 아린 동백꽃을 볼 수가 있다.

선운사 대웅전과 동백나무 숲

선운산 동쪽 기슭에 위치한 선운사는 한창 번성했던 시절에는 89개의 암자를 거느리고 3000여 명의 승려가 머물렀을 만큼 큰 절이었다.
사진은 선운사 대웅전(위)과 동백나무 숲(아래).

소요산 자락에서 태어난 인물들

선운사에서 가까운 소요산 자락에서 근현대사에 족적을 남긴 여러 사람이 태어났다. 녹두장군 전봉준의 아버지는 소요산을 한 입에 삼키는 태몽을 꾸고 고창읍 죽림리에서 전봉준을 낳았다고 한다. 동학농민혁명 당시 평민 출신으로 이름을 날린 차치구車致九의 아들로 강증산의 뒤를 이어 보천교를 만들어 '차천자車天子'로 불리며 세상을 떠들썩하게 했던 차경석은 고창군 부안면 용산리에서 태어났다. 부안면 봉암리는 〈동아일보〉를 창간하고 고려대학교를 세운 인촌 김성수金性洙와 그의 동생 김연수金性洙의 고향이다.

또한 부안면 선운리 질마재 아래에서는 미당 서정주가 태어났다. 서정주 시인의 고향인 부안면은 조선 후기에는 흥덕현(1914년 고창군에 편입)에 딸린 면이었다. 이곳 흥덕현의 객관 서쪽에는 배풍헌이라는 누정이 있었는데, 세조 14년(1468)에 흥덕현감으로 부임한 김종직은 이 누정에 올라 다음의 시를 읊었다.

능가산 몇만 봉우리에 구름이 덮였는데
매실 익는 보슬비 동풍에 쫓아온다
처마의 낙수 소리 이따금씩 속에 들려오고
들빛은 가깝고도 아스라한 가운데 푸르다
이미 문서처리 거두고 쓸쓸한데 돌아갔으니
고깃배 따라 허무한 곳 들어가고 싶구나

피로한 행색, 주인의 괴로움을 살피지 못하고
다시 석 잔 술에 대도통大道通만 생각한다

이곳을 찾았던 고려 말 학자 이곡李穀 또한 다음의 시를 남겼다.

명산名山 찾기 위하여 이곳을 지나는데,
강 다리에서 갈라진 길 연기와 안개 속으로 들어가네
돌아와서 죽림竹林 밑에 말을 쉬니
한 그루의 산다화山茶花 아직 아니 피었구나

고창에서 사라지고 없는 것들에는 무엇이 있을까? 《신증동국여지승람》에는 지금의 무장면에 동백정이라는 누정이 있었다며, "산기슭이 바다 안으로 쑥 들어갔고 삼면은 모두 물인데 그 위에 동백나무가 푸르게 우거져 뻗치기를 무릇 몇 리가 되니, 이는 호남에서 다시없이 경치 좋은 땅이다"라고 했는데, 지금 고창 땅에서 동백정은 찾아볼 수가 없다.

4

첩첩산중의 대명사 무진장

무주 · 진안 · 장수

산간오지 무진장에서도 가장 북쪽인 무주

전라북도 동부의 무주군·진안군·장수군을 합쳐서 무진장이라고 부른다. 본래 무진장無盡藏이란 '다함이 없이 굉장히 많음'을 의미하는 일반명사로 사용되나, 1987년 제6대 국회의원 선거에서 무주군·진안군·장수군이 단일 선거구로 통합되자 머리글자를 따서 사용하게 되었다. 이후 널리 퍼지며 일반화되어 3개 군을 관할하는 소방서도 무진장 소방서로 불리는 등 통용되고 있다.

전라도에서 가장 북쪽에 자리한 무주군은 충청도와 경상도에 맞닿아 있다. 조선 태종 14년(1414)에 전국을 팔도제로 개혁하면서 고려 말까지 독립현이었던 주계현과 무풍현을 통합해 머리글자를 따 무주현으로 개칭했는데, 오늘날의 무주라는 명칭도 이때부터 사용되었다. 《세종실록지리지》에 의하면 당시 무주의 호수는 172호, 인구는 715명이었다고 한다.

《신증동국여지승람》에는 조선시대 문신들이 무주에 대해 쓴 글이 실려 있는데, 조선 전기 문신 정인지鄭麟趾는 "민업民業이 황량하기 해를 거듭하니, 상수리와 밤을 저장하여 양식을 삼네"라고 했다. 또한 고려 말 조선 초 문신인 허주許周는 "만학천봉萬壑千峯에 자색 안개가 깊다"라고 했고, 조선 중기 문신 유빈柳濱은 "산이 포옹하고 물이 둘러 있으매 마을이 깊숙하다"라고 했다.

불과 몇십 년 전까지만 해도 "무주 구천동 투표함이 도착해야 선거가 끝난다"라는 말과 함께 "이 친구 아직도 무주 구천동이네"라는 말이 있을 정도로 궁벽한 산골의 대명사였던 무주에는 적상산, 민주지산, 두문산 등의 높은 산들이 국립공원으로 지정된 덕유산을 중심으로 펼쳐진다. 그 아래를 금강의 지류인 남대천과 안성천이 흘러내린다. 적상산에 있는 적상산성赤裳山城에는 광해군 6년(1614) 묘향산에 있던 《조선왕조실록》을 옮겨 보관했던 사고史庫 터가 남아 있다.

무주군과 충남 금산군의 경계에는 소이진召爾津이라는 나루가 있었다. 《대동지지大東地志》에는 "나루의 하류에는 열다섯 개의 여울이 있는데, 모두 급한 물결이 세차게 흘러서 돌고 돌아 굽이치고, 끊어진 언덕이 있으며, 궁벽하고 오뚝하여서 기괴한 형상을 다 말할 수 없다"라고 기록되어 있다.

무주 구천동은 덕유산 내의 계곡이다. 구천동이라는 이름이 어떻게 해서 생겨났는지는 정확하게 알려져 있지 않다. 9000명의 중이 숨어서 수도하던 곳이라 하여 '구천문究天文'이라 하기도 했고, 이 골짜기에 구씨와 천씨가 살면서 싸움을 일삼자 암행어사 박문수가 화해를 시켜준 뒤로 구천동이라고 했다는 설도 있다. 또는 90리쯤 되는 긴 계곡에 1000가지가 넘는 초목이 있다고 해서 구천동이라고 부른다는 이야기도 있다.

"시집왔네, 시집왔네, 무주야 구천동에 시집왔네"라는 가사로 시작되는 〈시집살이 노래〉에서도 알 수 있듯이, 깊은 골짜기만큼이나 얼마나 삶이 고되고 팍팍했을까 싶은 무주군이 주목을 받게 된 것은 스키장을 비롯한 천혜의 자연 조건과 반딧불이가 산다는 청정 지역으로 알려지고부터이다.

구천동은 무주군 설천면과 무풍면에 걸쳐 있는데 이곳에는 옛날 신라와 백제의 접경지역이었음을 보여주는 라제통문羅濟通門이 있다. 말 그대로 신라와 백제가 서로 통하는 문이라는 뜻의 라제통문은 바위투성이 벼랑에 인위적으로 뚫어 만든 굴문으로 현재는 전라도 땅인 무주군 설천면 소천리에 있다. 실제로 이 굴문이 뚫린 것은 삼국시대가 아니라 일제강점기에 무주와 경북 김천을 잇는 신작로를 닦으면서였다고 한다. 전라도와 경상도의 경계 역할을 하는 이 문에 이곳 사람들이 재미있는 이야기를 덧붙인 것으로 보인다. 오늘날에도 무주군에서 경북 김천이나 경남 거창으로 가거나 반대로 그쪽에서 무주로 올 때는 라제통문을 지나게 되어 있다.

한편 무풍면은 풍수지리상 우리나라 안에서 난세와 병화를 피하기에 가장 좋은 십승지지十勝之地 중의 한 곳이었다. 그런 연유로 임진왜란과 병자호란 때 수많은 사람들이 이곳으로 피난을 왔었다.

무주 구천동 계곡

덕유산 내의 무주 구천동은 90리쯤 되는 긴 계곡에 1000가지가 넘는 초목이 있다고 해서 구천동이라고 불렸다는 이야기가 있다.

라제통문

구천동에는 옛날 신라와 백제의 접경지역이었음을 보여주는 '신라와 백제가 서로 통하는 문'이라는 뜻의 라제통문이 있다.

호남 최고의 누각 한풍루

무주읍내 남대천가에 위치한 한풍루寒風樓(전북유형문화재 제19호)는 옛날에 이름난 시인들이 와서 풍류를 즐기던 아름다운 누각이다. 조선 선조 25년(1592)에 임진왜란으로 불탄 것을 선조 32년(1599)에 다시 지었으며, 2층 건물로 아래층은 정면 3칸 · 측면 2칸이며, 윗층은 정면 3칸 · 측면 2칸 규모이다. 한풍루는 한때 충북 영동군 양산면으로 이주한 일이 있었는데, 그 연유는 다음과 같다.

나카야마中山라는 일본 여자가 한풍루를 샀다가 다른 일본인을 통해 충북 영동군 양산면의 이명주라는 사람에게 팔았다고 한다. 이명주는 한풍루를 양산 강변(현 충북 영동군 양산면 송호유원지 일원)으로 옮겨 세운 뒤 금호루라고 이름을 바꿨다. 그러한 사실을 알게 된 무주 사람들과 영동 사람들 사이에는 크고 작은 시비가 연이어 일어났다. 호남의 4대 누각으로 손꼽히던 귀중한 문화재인 한풍루를 어떻게든 되찾으려고 하는 무주 사람들과 합법적으로 사들인 누각을 내줄 수 없다는 영동 사람들 간에 첨예하게 맞섰다. 그러던 중에 무주 유지들로 구성된 '한풍루 복구추진위원회'가 영동군민들이 어떠한 요구 조건을 내걸어도 따르겠다고 진정해서 1971년 지금의 위치로 옮겨졌다. 그때 영동군민들이 요구한 조건이 무엇인지는 제대로 알려지지 않았지만 일제강점기에 수난당한 문화재들이 어디 한풍루뿐이랴.

말 한 필 탄 행색이 시내 다리를 지나는데

그림 그린 기둥과 층층한 난간은 기세도 높구나
궁벽한 수림에 새소리는 시끄럽다가 조용해졌는데
살며시 부는 바람에 물그림자는 멈추었다가 또 흔들리네
처마 앞에 오동잎은 쟁반처럼 널찍한데
제방 위의 버들 꽃은 눈처럼 흩날리네
눈에 가득한 청산靑山을 어찌 가히 등질 손가
흥겨워 노래 읊조리며 붓을 휘두르네

조선 전기 문신인 성임成任이 전라도관찰사를 지낼 때 한풍루를 다녀간 뒤 남긴 시 한 편을 떠올리며 무주에서 안천을 지나면 진안에 이른다.

산지로 둘러싸인 진안

산이 높고 궁벽한 산골이라 '사돈의 팔촌에 정승 하나 없다'고 했던 진안군은 백제 때는 난진아현으로 완산주의 현 가운데 하나였으며, 월랑이라고 불리었다. 신라가 백제를 병합한 후 경덕왕 16년(757)에 지금의 이름으로 바뀌었다. 《세종실록지리지》에 "땅이 메마르고 날씨가 일찍 춥다"라고 기록된 진안군의 조선 초기 호수는 169호, 인구는 722명이며, 군정은 시위군이 13명, 진군 33군, 선군이 95명이었다.

고려 때의 문장가 이규보는 진안에 대해 "마령과 진안, 산곡 사이의 고을이다. 백성은 소박하고 얼굴은 큰 원숭이 같고 음식은 날것을 먹는 야

만인의 풍습이 있다. 꾸짖고 나무라면 모양이 놀란 사슴 같아 달아나버린다"라고 기록했다.

진안군에는 전라북도 내륙 지방에서 가장 높은 운장산(1126미터)을 비롯해 부귀산·마이산·성수산 등 여러 산이 있다. 그중 진안군 진안읍 정곡리와 부귀면 수항리에 걸쳐 있는 부귀산은《신증동국여지승람》에 진안의 진산으로 기록되어 있으며,《진안지鎭安誌》에는 "가파른 산세에 용이 서린 듯, 호랑이가 웅크린 듯한 산세이며, 대인군자의 상을 닮았다. 군의 주산이 된다" 라고 기록되어 있다.

또한 진안읍 단양리와 마령면 동촌리에 걸쳐 있는 마이산(명승 제12호)은 중생대 말기인 백악기 때 지층이 갈라지면서 두 봉우리가 솟았다고 한다. 조선 초기 성리학자인 김종직은 성종 때 마이산을 지나며 "기이한 봉우리가 하늘 밖에서 떨어지니, 쌍으로 쭈뼛한 것이 말의 귀와 같구나. 높이는 몇천 길인지 연기와 안개 속에 우뚝하도다. 우연히 임금의 행차하심을 입어 아름다운 이름이 만년에 전하네"라고 노래했다. 김종직의 시에 등장하는 임금은 조선 3대 왕 태종이다. 남행을 하던 태종이 이 산을 보고 두 봉우리의 모양이 말의 귀처럼 생겼다 하여 마이산馬耳山이라고 이름을 지었는데, 그전에는 서다산으로 불렸다고 한다.

마이산의 두 봉우리 중 동봉은 숫마이산, 서봉은 암마이산이라고 하며 숫마이산의 중턱에는 화암굴이라는 굴이 있다.《여지도서》에 실린 화암굴에 대한 글을 살펴보자.

기이한 승려가《연화경蓮花經》과《법화경法華經》을 이 굴에서 얻었다. 그

불경은 글씨 솜씨가 신비하리만큼 훌륭했으며, 수놓은 비단으로 포장되었고, 금과 은으로 제목이 적혔으며, 상자에 담겨 보관되어왔다. 참으로 불가사의한 일이라고 하겠다. 당시까지만 해도 불경은 금당사에 있었다. 이 굴의 아래에 성도굴成道窟이 있다.

또한《여지도서》에는 성수면 구신리 내동산에 대해서도 "관아의 남쪽 30리에 있다. 흰 빛깔의 신마神馬가 늘 이 산 위를 오갔다고 하는데, '마령馬靈'이라는 이름도 이 때문에 붙여진 것이라고 한다"고 실려 있다.

한편 운장산은《신증동국여지승람》과《택리지》에는 주줄산으로 기록되어 있는데, 일제강점기 1911년에 지도를 만들면서 운장산과 주줄산이 병행 표기되다 1918년 지도부터는 운장산으로만 표기되었다. 운장산으로 이름이 바뀐 데에는 여러 설이 있으나《진안지》에는 산이 높아 항상 구름이 덮여 있다는 의미였다고 나온다. 그러나 운장산보다는 옛 기록에 나오는 원래 이름대로 주줄산으로 기록하는 것이 맞다고 생각된다.

덕태산 방면에 어린 용이 보이다

내동산에서 동쪽으로 보이는 덕태산은 진안군 백운면의 진산이며, 이 산자락에 있는 흰바위마을은 필자의 고향이기도 하다. 어린 시절을 가난 속에서 보낸 나는 내 고향을 아름답다거나 자랑스럽다고 느끼지 못했다. 그랬던 고향이 새로운 느낌으로 다시 다가온 것은 풍수지리학자 최창

마이산 탑사

숫마이산과 암마이산 사이에는 마이산 탑사가 자리잡고 있는데,
이 절은 수많은 돌탑이 성처럼 감싸고 있는 것으로 유명하며,
쌓은 지 100년이 넘었는데도 무너지지 않아 궁금증을 자아낸다.

숫마이산의 화암굴

숫마이산 중턱의 화암굴에서 흘러나오는 약수를 마시고 치성을 드리면 숫마이산의 정기를 받아 옥동자를 얻을 수 있다는 전설이 있다.

조 선생의《한국의 풍수지리》중 '조화로운 삶터, 진안의 마을 풍수'를 읽고 나서였다.

벌써 20년 이상 풍수를 공부해 오면서도 필자는 아직까지 어떠한 종류의 풍수적 이상향도 제시하지를 못했다. (…) 불행 중 다행이랄까. 이번 여름에 그에 상당히 근접하는 좋은 마을들을 한꺼번에 접할 수 있었던 것은 행운이다. 그곳은 바로 전북 진안군 일대였다. (…)

임실 성수면을 지나 진안 성수면(같은 성수면이 임실에도 있고 진안에도 있음)을 약간 스쳐 (진안군) 백운면에 접어들었을 무렵 참으로 운이 좋게도 잠시 파란 하늘이 고개를 내미는 장면을 볼 수가 있었다. 더욱 행운인 것은 이때 바로 눈룡嫩龍의 대표적인 형세를 볼 수 있었다는 점이다. 눈룡이란 용세십이격龍勢十二格 중 노룡老龍에 대칭되는 개념으로 글자 뜻 그대로 어린 용이라는 뜻이다. 백운면 초입 남계마을에서 북서쪽으로 덕태산 방면에 나타난 눈룡은 산이 바로 사람임을 웅변하는 광경이었다.

다시 한 번 강조하거니와 산은 사람이다. 눈룡이란 어린아이다. 한 열 살쯤 되는 어린이다. 그렇기 때문에 청년처럼 혈기 방장한 것도 아니고 아기처럼 철이 너무 없는 것도 아니며 노인처럼 기력이 떨어지는 것도 아니다. 매우 신선하게 아름다우면서도 교만하지 않고 순박하다. 아름다움을 갖추고도 교만하지 않다는 것은 어린아이기 때문에 가능하다. 기운은 이제 싹이 돋아나려는 듯이 밑에 깔려 위로 치솟고 있는 상태다. 산이 사람으로 비친다는 것은 공부하는 사람에게는 매우 중요한 일이다. 그로써 산과의 대화가 이루어질 수 있기 때문이다. 여하튼 백운면의 눈룡은 한마디로 감동이었다.

덕태산 아래 백운면

풍수지리학자 최창조 선생은 덕태산 아래 백운면 일대를 풍수적 이상향에 근접하는 좋은 마을로 꼽았다.

풍수지리학자 최창조가 눈룡을 보았다는 장소가 내가 어린 시절 가재를 잡으며 놀던 가는골, 시앙골 그리고 가루손이와 백암리 일대였다. 그래서인지 현재 덕태산과 시루봉 선각산, 큰덕골 일대에 국가 정책으로 지리산과 덕유산 일대를 총괄하는 지덕권 산림치유단지가 조성되고 있다.

깊숙한 곳에 들어앉은 조용한 마을 진안

진안군의 북부에 있는 용담면은 고려시대와 조선시대에 용담현이었으나 1914년 군면 통폐합 때 진안군에 병합된 지역이다. 고려 말 조선 초의 문신 윤소종尹紹宗은 용담에 대해 "백성들이 소박하고 꾸밈이 적다"고 했으며, 《여지도서》에는 "땅은 구석지고 하늘은 깊으며, 바위는 기이하고 나무는 오래되었다. 구름다리가 산에 걸려 있고, 돌길은 시냇가를 따라 있다. 마을은 깊숙이 들어앉아 조용하며, 백성들은 드문드문 살고 있다"라고 기록되어 있다.

전북 진안군 용담면 수천리 망향의 동산에는 태고정太古亭(문화재자료 제102호)과 용담 땅을 다녀간 현령들의 영세불망비 몇 기가 서 있다. 《신증동국여지승람》에는 태고정 일대는 "봉우리가 빼어나고 시내가 둘러 있으며 송백松柏이 울창하다"고 기록되어 있다.

태고정은 본래 용담면 옥거리에 있었으나 용담댐의 건설로 지금의 자리로 옮겨졌다. 본래 자리에는 현령 조정趙鼎이 지은 작은 이락정 또는 만송정이라고 하는 작은 정자가 있었다. 이후 현종 7년(1666)에 현령 홍

진안 죽도

진안 죽도는 깍아 세운 듯한 바위산 절벽을 주위로 물이 한 바퀴 휘돌아 흘러 마치 섬과 같은 곳으로, 산에는 산죽이 많다고 해 죽도라는 이름이 붙은 이곳은 정여립이 의문사한 곳으로 알려져 있다.

석洪錫이 정자를 고쳐 지으면서 이름을 태고정으로 바꾸었다. 산봉우리가 우뚝 솟아 있고 아름다운 시냇물이 수백 그루의 소나무를 에워싸고 흐르는 곳에 자리한 태고정은 태고청풍太古淸風이라 하여 용담팔경 중의 하나였지만 지금은 용담호에 둘러싸여 그 모습을 찾을 길이 없다.

임진왜란이 일어나기 3년 전 선조 22년(1589) 대동계를 조직하여 '천하위공'의 대동사상을 주장했던 정여립이 의문사한 죽도가 진안의 금강변에 있다. 평소 그는 유교의 이단자인 순자가 말한 "인간의 본성은 요순堯舜과 걸주桀紂가 다르지 않으며 시정잡배도 학습을 하면 우 임금이 될 수 있다"는 말을 자주 들먹였다. 심지어 "하늘의 뜻인 인심이 이미 주를 버렸는데 존주尊周는 무엇인가?"라고 공언하며 공자의 기본 강령인 '복례復禮'를 거부했고, 육례를 한다는 구실로 무술을 죽도에서 단련했다. 그 뒤 정여립은 '천하는 공공한 물건이지 어디 일정한 주인이 있는가'라는 대동사회의 기본 강령을 내세우고, 호남 일대를 중심으로 대동계를 조직이를 전국으로 확대시키던 중에 진안의 죽도에서 의문사하고 만 것이다.

진안군에 지금은 사라지고 없는 하추정이라는 정자가 있었는데 조선중기 문신 남곤南袞은 그곳에 올라 "난간에 의지하면 항상 물에 임하고, 창문을 열면 바로 산이 있도다. 붉은 산언덕과 벼랑, 푸른 시내, 풍경은 그림 사이에 두는 것이 합당하다"라고 노래했다.

산은 높고 그 물줄기는 길고

전라북도 무주군과 경상남도 거창군을 품에 안고서 경상, 전라, 충청의 경계라는 삼도봉을 거쳐 덕유산을 지난 백두대간이 '산은 높고 물은 길다'는 산고수장山高水長의 고장 장수군의 영취산에서 금남호남정맥이 되어 금강의 발원지 장수군 장수읍 수분리가 있는 신무산의 뜬봉샘에 이른다.

비단강이라는 이름이 붙은 금강은 나라 안에서 여섯 번째로 길고, 남한에서는 낙동강과 한강에 이어 세 번째로 길며, 총 유역 면적만 해도 9886제곱킬로미터에 이른다. 《당서唐書》에서는 금강을 웅진강熊津江이라고 기록했다. 금강의 금錦은 원어 '곰'의 사음寫音으로, 곰이라는 말은 아직도 공주와 익산 웅포의 곰나루라는 명칭으로 남아 있다.

일명 호강湖江이라고도 불리는 금강의 발원지는 어디인가? 《동국여지승람》에는 "수분현의 남쪽 25리에 있다. 골짜기의 물이 하나는 남원으로 향하고 한 줄기는 본현으로 들어와 남천이 되었다. 이것 때문에 붙여진 이름이다. 남천은 북으로 흘러 용담현(현 진안군 용담면) 경계로 흘러간다"라고 했다. 남천이라고도 불린 금강의 발원지를 두고 현대 문헌 중 《한국지명사전》에는 육십령과 천마청산이라 나오고, 《한국지명총람》에는 신무산 수분이고개(수분치)로 표기되어 있다. 또한 두산동아 《세계대백과사전》에는 장수군 소백산맥 서사면 西斜面에서 발원한다고 지명에도 없는 부분을 명시하고 있다.

20여 년 전만 해도 수분치에 있는 김세호라는 사람의 집 남쪽 처마로 떨어지는 빗물은 섬진강으로 흘러가고 북쪽으로 떨어지는 빗물은 금강의 발원지가 된다고 했지만, 지금은 집이 새로 지어져 그렇지 못하다. 수분리 남쪽에 있는 수분치는 해발 600미터쯤 되는데 물이 섬진강과 금강으로 나뉘어 흐른다는 뜻에서 수분치水分峙, 수분이고개라고 부르게 되었다고 한다. 수분치를 지난 강물은 장수군 천천天川을 지나 용담댐에 이르고 금산, 영동, 옥천을 거쳐 대청댐에 이른다. 공주와 부여 그리고 강경을 지난 강물은 웅포를 거쳐 군산에서 서해에 몸을 푼다.

장수군의 백제 때 이름은 우평현이었으며, 신라 때 장계군(현 장수군 장계면)에 편입되며 고택으로 고쳤다가 고려 때 지금의 이름으로 바뀌었다. 고려 말기의 문인 윤여형尹汝衡은 이 지역을 지나며 "산길에 가을바람 새벽의 찬 기운을 빚어내고, 서리 맞은 황엽은 말안장에 가득하네"라는 시를 지었고, 조선 초 문신 정인지는 "벼와 삼은 여름을 만나 갈고 심는데, 초목은 가을도 되기 전에 이미 처량하도다"라고 노래했다.

장수는 백두대간이 지나는 길목으로 높고도 험한 산들이 즐비하다. 남덕유산, 백운산이 있으며 그 가운데 함양으로 넘어가는 육십령이 있다. 이 고개를 육십령이라고 부르게 된 것은 고개가 높고 험해서 60명이 모여야 넘었다고도 하고, 고개의 굽이가 60여 개이기 때문이라고도 한다. 이 고갯마루를 사이에 두고 전라도와 경상도로 나뉘며 말씨와 풍습이 바뀌었다.

금강의 발원지인 수분치가 있는 신무산과 팔공산을 경계로 섬진강과 금강으로 물길이 나뉘는데, 《신증동국여지승람》에는 팔공산을 성적산이라 쓰고, 그 산에 있던 운점사에 대한 기록이 남아 있다.

> 운점사雲岾寺는 성적산에 있다. 신라 진평왕이 중수하였으니 원효의 도량

이었다. 남북쪽에 만향점滿香岾이 있는데 승 원효와 의상이 이곳에서 강법할 때 이상한 향기가 풍기어 붙인 이름이고, 본조 세종조에 승 성주省珠가 다시 중수하였다.

운점사는 원래 백제 무왕 때 해감이 창건한 팔성사였는데, 신라가 삼국을 통일한 이후 중수하면서 이름이 바뀐 것으로 보여진다. 이후 운점사는 입법당 한 동만 남고 사라졌었는데, 1974년 지금의 비구니 도량이 창건 당시 이름인 팔성사로 중수했다.

강낭콩보다 푸른 절개를 지닌 장수 삼절

이곳 장수에는 장수 삼절三絶이라 하여 자랑스럽게 내세우는 절개를 지킨 세 명의 인물이 있다. 그 첫 번째 인물이 촉석루에서 왜장을 유인하여 함께 남강에 투신한 주논개朱論介다.

거룩한 분노는
종교보다도 깊고
불붙는 정열은
사랑보다도 강하다
아, 강낭콩꽃보다도 더 푸른
그 물결 위에

양귀비꽃보다도 더 붉은

그 마음 흘러라

변영로가 시 '논개'에서 칭송한 주논개는 선조 7년(1574) 9월 3일 장수 주촌마을(현 장계면 대곡리)에서 훈장인 부친 주달문과 모친 밀양 박씨의 외동딸로 태어났다. 아버지를 일찍 여의어 숙부에게 의탁해서 살다가 장수현감 최경회의 후실로 들어갔다. 임진왜란이 일어나자 최경회는 진주 병사가 되어 진주성 싸움에 투입되었는데, 진주성이 함락되자 의병장 김천일金千鎰과 함께 남강에 투신하여 목숨을 끊었다. 그 사실을 전해들은 논개는 스스로 기생이 되어 촉석루 잔치에서 왜장 게야무라 로쿠스케毛谷村六助를 남강가에 있는 바위로 유인해, 그의 허리를 껴안고 남강에 빠져 순절했다. 논개의 나이 스물이었다.

그 후 조정에서는 논개에게 의암義巖이라는 시호를 내렸고 진주의 촉석루 곁에 논개사당을 지었으며, 헌종 12년(1846)에는 논개의 고향 장수에 추모비가 세워졌다. 또한 1954년에는 장수에 논개사당(전북기념물 제46호)이 세워졌다. 이 사당은 높은 언덕에 자리하고 있는데 3개의 문을 열고 계속 계단을 올라가면 논개의 영정이 있는 의암사義巖祠가 나온다.

두 번째 인물은 장수향교를 지킨 향교지기 정경손丁敬孫이다. 장수향교는 조선 태종 7년(1407)에 덕행이 훌륭한 사람들을 제사 지내고 지방민의 교육을 위해 나라에서 세운 교육기관이다. 정경손의 호는 충복忠僕으로, 장수에서 향교지기로 있었는데 임진왜란이 일어나 왜군이 쳐들어오자 현감과 관속들은 모두 줄행랑을 쳤다. 그러나 정경손은 도망가지 않

의암사

논개의 고장인 장수에는 논개사당이 있고, 이 사당 내에 있는 의암사에는 논개의 영정이 있다.

고 혼자서 향교를 지켰다.

왜군 부대가 향교에 이르자 그는 문을 굳게 닫고 앉아서 "만약 문에 들려거든 나의 목을 베고 들라"고 했다. 그의 늠름하고 당당한 태도에 감복한 왜적들은 '본성역물범本聖域勿犯(이곳은 성스러운 곳이니 침범하지 말라)'이라는 쪽지를 남기고 스스로 물러났다. 이로 인해 장수향교는 다른 지역의 향교들과 달리 온전히 보존될 수 있었다.

임진왜란 때 잘 지켜진 장수향교는 숙종 12년(1686)에 지금의 자리로 옮겨졌고, 헌종 12년(1846)에는 정경손의 충절을 기려서 장수향교 앞에 정충복비丁忠僕碑(문화재자료 제38호)가 세워졌다. 이곳에는 조선시대 대표적인 향교 건축물이자 공자의 위패를 모신 전각 장수향교 대성전(보물 제272호)도 있다.

세 번째 인물은 조선 숙종 때 현감을 따라 순절한 통인通引(관아에 딸려 잔심부름을 하던 사람)이다. 조선 숙종 4년(1678) 당시 장수현감이 시찰을 나섰다가 산비탈길을 지나게 되었다. 그때 꿩이 나는 소리에 놀란 현감이 탄 말이 한쪽 발을 잘못 디뎌 벼랑 밑으로 떨어져 현감도 말과 함께 목숨을 잃고 말았다. 현감을 뒤따르던 통인은 자신이 보필을 잘못해 현감이 죽게 되었다고 생각해 제 손가락을 깨물어 바위에 꿩과 말의 그림을 그리고 '타루墮淚(눈물을 흘리다)'라는 두 글자를 쓴 후 벼랑에서 떨어져 죽었다.

오랜 시간이 지난 후 이곳에 부임해온 한 현감이 주인을 따라 죽은 통인의 충성스런 의리를 널리 알리고자 천천면 장판리에 타루비墮淚碑(전북기념물 제83호)를 세워 제사를 지내도록 했다. 논개, 정경손과 함께 장수삼절로 추대되는 이 통인은 성이 백씨라고만 전해진다.

5

살 제 남원, 죽어 임실

임실 · 순창 · 남원

고려와 조선의 건국 설화가 전해오는 성수산

임실군은 백제 때는 잉힐군이었으며, 신라의 삼국통일 후 경덕왕 16년(757)에 지금의 이름으로 개칭되었다. 풍속은 '땅은 메마르고 주민들은 우직하다'라고 했다. 조선 전기 문신 정인지는 임실군의 형승을 두고 "여러 산이 줄지어 있고 물 한줄기 둘러 흐른다"라고 했고, 정인지와 함께 집현전 학사를 지낸 정창손鄭昌孫은 "사방으로 돌아보매 봉만이 만첩 병풍일세"라고 했다.

임실과 순창의 경계에는 회문산이 있는데 《여지도서》에는 "회문산은 순창의 무림산에서 뻗어 나온다. 관아의 서쪽 40리에 있다. 산의 형세가 높고도 크며, 커다란 돌이 병풍처럼 서 있다. 민간에서는 흔히들 '개문산開門山'이라고도 부른다"라고 실려 있다.

회문산은 풍수지리상 좋은 터라고 알려져 있었으나 1950년 이 산 일대에 남부군 전북도당사령부가 설치되어 수많은 사람들이 죽어갔다. 이태의 자전적 소설 《남부군》에서 주인공 이태와 박민자가 비 내리는 새벽에 이별을 하는 장소도 이곳 회문산이다.

임실에는 회문산 외에도 경각산과 성수산이 솟아 있다. 해발 867미터의 성수산은 임실군 성수면 성수리와 진안군 백운면 신암리 경계에 위치한다. 팔공산에서 뻗어 나온 줄기에 속하는 성수산은 다시 남으로 줄기를 뻗어 남원군 보절면 천황봉으로 이어진다. 산세가 중첩하고 기암괴석과 맑은 물 그리고 성수산자연휴양림이 있어 인근의 많은 사람들이 찾는 성수산에는 고려 태조 왕건의 전설이 남아 있다.

신라 말 도선국사가 초야에 묻혀 있던 왕건을 찾아가 성수산이 임금을 맞이할 '천자봉조지상天子奉朝地像'의 성지이니 그곳에 가서 백일기도를 하라고 권했다. 백일기도 후에도 아무런 징조가 없자 3일을 더 기도하면서 골짜기에서 흐르는 맑은 물에 목욕재계했더니 마침내 관음의 계시가 있었다. 그래서 왕건이 세 번 목욕한 곳이라 하여 삼청동이라 불렀으며, 도선국사가 암자를 세웠다 하여 도선암이라 했다. 조선을 건국한 이성계도 무학대사의 권고로 이곳에서 백일기도를 올렸다. 조선 건국의 대업을 성취한 후 '삼청동三淸洞'이라는 친필을 비석에 새겨 어필각에 보관하게 했으며, 도선암은 상이암으로 이름을 고쳤다.

상이암은 1894년 동학농민혁명으로 불탄 것을 1909년 대원大圓이 중건했고, 그 뒤 의병장 이석용 장군이 이 절을 근거지 삼아 항일운동을 하자 왜병에 의해 소실되었다가 중건되었지만, 한국전쟁으로 다시 소실되었다.

현재의 건물은 1958년 상이암재건위원들이 세운 것이며, 경내에는 해월당, 두곡당이라는 호를 가진 두 승려의 사리를 모시고 있는 상이암부도(문화재자료 제124호)와 사리의 주인공이 밝혀지지 않은 상이암부도(전북유형문화재 제150호)가 있다.

임실에는 "살 제 남원, 죽어 임실"이라는 말이 있다. 이 말은 살아서는 물산이 풍부한 남원에서 즐겁게 살고, 죽은 뒤에는 산세가 빼어난 임실에 묻히기를 원하는 마음에서 비롯된 것이다.

임실군 강진면 갈담리에 갈담역葛覃驛이 있었는데, 이곳을 지나던 많은 사람들이 글을 남겼다. 그중 한 사람이 고려 말 문장가인 이규보였다.

석양에 돌아가는 깃발 나무 그늘 가운데 남쪽으로 건너오니
산천이 모두 한 모양이로세
늘어진 버들은 사람을 근심하게 하여 가는 곳마다 푸르고
깊숙한 골짜기의 꽃은 주인이 없는데 누구를 위해 붉었는고
우정郵程은 경유하는 객客을 두루 겪었고
야성野性은 누가 방달放達한 노옹老翁 같을까
분주히 역마 타고 달리는 모양을 하지 않고
옷을 벗고 한가로운 마루에 가득한 바람에 누웠네

고려 말 조선 초 문신 설장수偰長壽도 글 한 편을 남겼다.

지세가 그윽하고 수림은 깊은데
새소리 명랑하고 푸른 시내에 봄이 깊어 칡덩굴이 뻗치었네
우연히 산가山家를 향하여 말 먹이를 구하러 가니
백발 역리驛吏의 말소리 알아들을 수 없구나

의견비와 임실치즈

임실군 오수면 오수리 오수시장 옆의 원동산공원에는 주인을 구하고 목숨을 바친 개의 충성과 의리를 기리는 의견비義犬碑(전북민속문화재 제1호)가 있다. '오수獒樹'라는 지명은 '은혜 갚은 개'라는 뜻으로, 《신증동국여지승람》에 나오는 다음의 전설과 관련이 있다.

> 김개인은 거령현(현 임실군 청웅면) 사람인데 집에서 기르는 개를 몹시 사랑하였다. 하루는 개인이 출행하는데 개가 따라왔다. 개인이 술에 취하여 길가에서 잠이 들었는데, 들불이 일어나 사방이 타들어오게 되니, 개는 가까이 있는 내로 뛰어가 몸을 물에 적셔 와서는 개인이 잠든 주위의 풀이 물에 젖게 하였다. 이 짓을 반복하여서 불은 껐으나 개는 기진하여 죽고 말았다. 개인이 술에서 깬 뒤 개의 모습을 보고 감동하여 노래를 지어 슬픔을 표하고 봉분을 만들어 묻어준 뒤 지팡이를 꽂아 표시를 하였더니, 그 지팡이에서 잎이 피어 나무가 되었다. 이로 인하여 그 지명을 오수라 하였으니, 악부樂府 중에 〈견분곡犬墳曲(개 무덤 노래)〉은 바로 이것을 읊은 것이다.

임실에서는 해마다 주인을 구한 의로운 개의 넋을 기리는 의견문화제가 열린다. 이규보는 오수역에 잠시 머물며 이곳의 감흥을 다음과 같이 읊었다.

> 한가로운 사슴은 깊은 풀숲에 잠들고

임실 구담마을 섬진강변

《동국여지승람》에 "산과 산이 첩첩이 둘러싸여 있어 병풍을 두른 것처럼 아름다운 곳"이라고 표현된 임실은 예부터 경치가 아름답기로 유명하다. 사진은 임실 구담마을 섬진강변의 모습.

깊은 숲속에 사는 새도 얕은 도랑에서 목욕하네
산은 그림 같은 풍경 눈에 담뿍 보여주고
바람이 부니 가을 바람 옷깃에 살랑거리네
다시금 대방(남원) 땅을 밟으니
하늘이 나에게 마음껏 경치를 즐기라고 하는구나

네 명의 선녀가 놀고 갔다는 사선대와 사선대의 울창한 숲속에 자리잡은 운서정(전북유형문화재 135호) 등의 명소로 유명한 임실을 지나던 조선 전기 문신 신숙주申叔舟는 이곳 객관에 머물며 다음의 시를 읊었다.

말을 타고 유유히 가니 만 리의 정이요
저녁에 외로운 객관에 드니 온 천지가 맑구나
뜰 앞에 작약은 붉은 꽃이 시들려는 듯
담장 밖 멧부리는 푸르게 멀리 연하였네
10묘畝의 볏모에 흐르는 물이 어둡고
몇 집 안 되는 마을에는 엷은 연기 일어나네
객창客窓이 적막한데 오직 달빛만이 밝고
꿈을 깨니 못 개구리 한바탕 노랫소리로구나

임실에는 우리나라 최초로 1968년에 치즈공장이 설립되면서 일찍부터 낙농업이 활발하게 이루어지고 있다. 치즈가 임실군의 특산물이 된 것은 임실성당 주임신부로 부임해온 벨기에 출신의 디디에 세스테벤스(지

사선대와 운서정

임실군 관촌면 덕천리에는 네 명의 선녀가 놀고 갔다는 사선대가 있고
사선대 위에는 울창한 수목들에 둘러싸인 운서정이 있다.

정환) 신부가 농민들에게 제조법을 가르치면서다. 임실읍 금성리에는 임실치즈마을이, 성수면 도인리에는 임실치즈테마파크가 조성되었다. 임실군의 남쪽에는 순창군이 자리잡고 있다.

순창의 명물, 고추장과 강천산

순창은 호남의 승지로서 산수의 즐거움이 있으니, 토전土田은 기름지고 새와 고기가 많으며, 순창의 남쪽에 있는 산들은 중첩하고 산세는 매우 기위奇偉하여 꿈틀꿈틀하고 낮게 돌아서 혹은 용이 나는 것 같기도 하고 범이 뛰는 것 같기도 하며 혹은 엎드리고 혹은 일어나며 혹은 내려앉아 동봉東峯이 되었는데 봉우리 꼭대기는 땅이 아주 평탄하다.

서거정이 순창의 형승에 대해서 논한 글이다. 산간 지역에 위치하여 험준한 산들이 솟아 있고, 섬진강이 지나는 순창군에 대해 세종 때 집현전 학사로 정인지와 함께 《용비어천가龍飛御天歌》를 지은 안지安止는 "오산은 중앙에 우뚝 솟아 지령을 모으고, 작수는 동으로 돌아 흐르고 논두렁이 평평하다"라고 했고, 조선 중기 문신 유관柳灌은 "땅이 궁벽하여 거민居民이 적고, 산은 높아 읍의 형세는 깊도다"라고 했다.

순창군은 본래 백제의 도실군이었으며, 신라가 삼국을 통일한 후 경덕왕 16년(757)에 순화군이 되었으며, 고려 태종 23년(940)에 순창으로 이름을 고쳐 오늘날까지 이어지고 있다.

순창 하면 가장 먼저 떠오르는 것은 고추장이다. 조선을 세운 이성계가 순창에 있는 무학대사를 찾아가다가 점심 때 순창의 어느 농가에 들러서 고추장에 밥을 비벼 맛있게 먹었는데 무학대사를 만나고 한양으로 돌아간 뒤에도 그 고추장 맛을 잊지 못해 순창현감에게 왕실에 고추장을 바치라고 명했다. 그 뒤로 순창 고추장은 진상품이 되었고, 세상에도 널리 알려지게 되었다는 이야기가 전해온다. 순창군에서는 이 유래를 바탕으로 매년 가을이면 임금님에게 고추장을 진상하는 행렬을 재현하는 축제가 벌어지기도 하지만 이 이야기는 앞뒤가 맞지 않는다. 고추가 우리나라에 들어온 것은 임진왜란 이후이기 때문이다.

고추장과 함께 순창의 명물로 꼽히는 것은 군립공원 강천산이다. 강천산은 깊은 계곡과 맑은 물, 기암괴석과 절벽이 어우러져 '호남의 소금강'으로 불리기도 한다.

강천산 계곡에는 삼인대三印臺(전북유형문화재 제27호)라는 비각이 있다. 조선 연산군 12년(1506), 중종반정이 성공한 후 공신들은 왕비 신씨를 역적 신수근愼守勤의 딸이라 하여 폐출하고 장경왕후 윤씨를 왕비로 맞이했다. 중종 10년(1515)에 장경왕후가 승하하자 당시 순창군수 김정金淨, 담양부사 박상朴祥, 무안현감 유옥柳沃 등이 억울하게 쫓겨났던 단경왕후 신씨를 복위하자는 상소를 올렸다. 이들은 비밀리에 강천산 계곡에 모여 각자의 관인을 소나무 가지에 걸어놓고 맹세한 곳에 후에 비각을 세우고 삼인대라 하였다.

18세기 지리학자 신경준의 고향 순창

순창은 조선의 산맥체계를 도표로 정리한 책《산경표山經表》를 지은 여암旅菴 신경준申景濬의 고향이다. 신경준은 학문이 뛰어나 성률聲律·의복醫卜·법률·기서奇書 등에 두루 통달했고, 실학사상을 바탕으로 한 고증학적인 방법으로 지리학을 개척했다. 서른세 살까지는 여러 곳을 옮겨 다니다가 마흔세 살까지 고향 순창에 묻혀 저술활동에 힘썼다.

신경준은 당시 대부분의 사대부들과 달리 기예와 기술을 매우 중시했고, 명분과 허명을 좇지 않으면서 내용과 실질을 숭상했다.

꽃 중에 이름 없는 꽃이 많다. 무릇 사물이란 스스로 이름을 짓지 못하기 때문에 사람들이 이름을 지어줘야 한다. 아직 이름이 없다면 내가 이름을 지어줄 수 있지만, 반드시 이름을 지어야 할 필요가 있을까? 사람들이 사랑하는 것은 사물의 이름이라기보다는 이름 밖에 있는 그 무엇이다.

사람이 음식을 좋아하는 것은 이름이 좋기 때문이 아니며, 좋아하는 옷도 그 이름을 사랑하기 때문이 아니다. 맛있는 생선구이가 있다면 배불리 먹을 뿐, 어떤 고기인지 모른들 어떠랴. 가벼운 털옷이 있다면 그 옷을 입어 몸을 따습게 할 뿐, 어떤 짐승의 가죽인지 모른들 또 어떠랴.

내가 본 꽃에 이미 사랑을 느꼈다면 그 꽃의 이름을 모른다고 해서 뭐가 문제가 될 것인가?

그 꽃에 대해 사랑을 느낄 수 있는 그 무엇이 없다면 아예 이름을 지을 필요조차 없겠으나 그 꽃에서 사랑을 느낄 만한 것이 있어 이미 그 사랑을 느꼈다

순창 삼인대

강천산 계곡에 있는 삼인대는 단경왕후 신씨의 복위를 꾀한 세 사람이 각자의 관인을 소나무 가지에 걸어놓고 맹세한 곳이다.

면 구태여 이름을 지을 필요 또한 없지 않은가?

신경준의 문집《여암유고旅菴遺稿》에 실린 글로 이름이 없어도 이름을 몰라도 그 본질에는 아무런 모자람이 없다는 그의 생각이 잘 드러난다.

신경준의 대표 저작은 한글의 작용·조직·기원을 논한《훈민정음운해訓民正音韻解》이나 여러 학문에 능통했던 그는 실제 생활에서의 효용성과 이용후생을 목적으로 한 실용주의를 바탕으로 수많은 저서를 지었다. 특히 지리학에 대한 편찬 작업에 많이 참여했는데 영조의 명으로《여지승람輿地勝覽》을 감수했으며, 영조 46년(1770)에는 문학지사文學之士 8인과 함께《문헌비고文獻備考》를 편찬할 때〈여지고輿地考〉를 담당했으며,《동국여지도東國輿地圖》의 감수를 맡기도 했다.

순창읍 가남리 고령 신씨 본가에는 신경준의 고지도(전북유형문화재 제89호) 두 장이 보관되어 있다. 두 지도 모두 군사용이며 산천·성곽·섬·지명·거리를 표시하고, 바다의 경우 해안의 굴곡이나 해초, 암초까지 그림으로 자세히 그렸다.

한편 순창은 조선 성리학의 6대가 중 한 사람인 기정진奇正鎭과 서편제를 전승한 조선 말기 판소리 명창 박유전朴裕全의 고향이기도 하다. 복흥면 서마리 하마마을에는 박유전의 생가터가 있다.

애국지사 최익현의 아픈 역사가 서린 곳

이곳 순창은 조선 말기의 애국지사 최익현이 항일의병운동을 벌이다 일본군에게 생포되어 대마도로 유배를 가게 된 아픈 역사가 서린 곳이다. 최익현은 여러 관직을 역임하면서 대원군의 정책을 비판하고 일본의 침입을 반대하는 상소를 여러 차례 올렸다. 그중 하나가 고종 10년(1873)에 올린 상소인데, 만동묘萬東廟의 철폐를 비롯한 대원군의 실정을 통박하고, 하야를 요구한 것이었다. 이를 계기로 10년간 집권해온 대원군이 물러나고 고종이 친정을 하게 되었다. 고종의 신임을 받은 최익현은 호조참판에 등용되었지만 일본과 맺은 강화도조약을 결사반대하는 상소를 올려 흑산도로 유배되었다.

고종 32년(1895) 8월 명성황후가 시해되고, 11월에 단발령이 내려지자 20여 년 동안 침묵만 지키던 그는 항일운동에 앞장서며, 일본을 배격할 것을 상소했다. 1905년 을사조약이 체결된 뒤에는 '벼슬아치, 선비, 농부, 장사꾼, 장인, 서리, 승려까지도 모두 함께 일어나서 힘을 합하여 원수를 무찔러 그 씨를 없애고 그 소굴을 불지르며 역적의 무리들을 모조리 쳐부수어 그 머리를 베고 사지를 찢어서 나라의 명맥을 튼튼히 하자'는 내용의 격문을 띄우고 호남의 의병장 임병찬을 비롯한 제자 80여 명과 함께 전라북도 태인 인근 무성서원에서 의병을 일으켜 일본군과 싸웠다.

의병대는 그 뒤로 정읍을 거쳐 순창에서 의병대의 해산을 요구하는 관군과 맞서게 되었다. 매천 황현의 《매천야록》에 따르면 "수백 명의 오합지졸은 모두 규율이 없고 유생들은 큰 갓을 쓰고 소매가 넓은 두루마기를 차려입어 마치 과거를 보러 가는 선비 같았다"고 했다. 결국 임금의 명을 받은 관군과는 싸울 수 없다는 최익현의 주장에 따라 의병대는 변변한 싸움도 못 해보고 해산되고 말았으며, 최익현은 체포되어 대마도로 유배되었다. 대마도에서 단식으로 저항하던 그는 결국 1906년 11월 17일에 순국했다.

조선시대 순창읍성 객관의 남쪽에는 관정루觀政樓라는 누정이 있어서 고을의 경치를 한눈에 바라볼 수 있었다고 한다. 태종 때 전라도 관찰사를 지낸 허주는 관정루에 올라 다음의 시를 읊었다.

> 만리타향에서 돌아가기를 생각하는 손이 낙엽 지는 가을에 몹시 놀라네
>
> 달은 밝고 은하수가 먼데, 구름 걷히고 화성火星이 흐르네
>
> 나무가 빽빽하니 마을의 모양은 오래되었고, 산이 깊으니 물색物色도 그윽하구나
>
> 어찌 하면 깃발을 돌리어 갈고, 홀로 망경루望京樓에 기대였다네

순창의 동쪽에는 남원이 자리하고 있다

남원의 상징, 춘향전과 광한루

남원시는 백제 때 교룡군蛟龍郡이라 했다가 초고왕 31년(196)에 대방군帶方郡으로 개칭했으나 신라 경덕왕 때 남원이라 고쳤다. 이후 여러

차례 변동을 거친 남원은 1981년 남원읍이 시로 승격되면서 남원군과 분리되어 별도의 행정구역을 이루다가 1995년 도농통합에 따라 남원군과 남원시가 통합되어 새로운 남원시가 되었다.

《남원부지南原府誌》에는 "동쪽에는 지리산이 병풍을 두른 듯하고 서쪽에는 중진이 띠를 두른 것처럼 흐르고 있으며, 인물이 번성하여 남방에 하나의 큰 도회가 되었다"라고 했고, 조선 초기 문신 황수신黃守身은 〈광한루기廣寒樓記〉에서 "남원은 옛 이름이 대방帶方인데, 산천이 수려하고 옥야가 100리에 뻗어 있어 실로 천연의 부자 고을"이라 했다.

백두대간이 지나는 남원에는 유달리 높은 산들이 많다. 지리산의 만복대 · 고리봉 · 세길산 등의 높은 산들이 동쪽에 우뚝 서 있고, 서쪽에는 교룡산이 있다. 그리고 남원시 관내에는 섬진강의 지류인 요천이 흐르고 있다. 이 요천변에는 남원 하면 가장 먼저 떠오르는 《춘향전》의 주인공 이도령과 춘향이의 사랑이 시작되는 광한루가 있다.

> 이도령이 어느 봄날 방자를 불러 물었다. "너희 고을 좋은 승지 강산 어디가 제일 좋으냐?" 방자가 대답하기를 "북문 밖에 나가면 교룡산성 좋사옵고, 서문 밖 나가면 관왕묘도 경치 좋고, 남문 밖 나가면 광한루 좋사온데, 오작교 영주각은 삼남 제일의 승지로소이다.

방자가 이도령과 광한루에 올라갔다가 남원고을의 이곳저곳을 알려주는 《춘향전》의 한 대목이다.

광한루(보물 제281호)는 황희 정승이 남원에 유배되었을 때 지은 것으로 처음에는 광통루廣通樓라 불렀다고 한다. 그 뒤 세종 16년(1434)에 남원부사 민여공이 주변을 고치고 누각을 중수했다. 다음 해 전라감사로 있던 정인지가 이곳에 올라 "호남의 승경이로다. 달나라에 있는 궁전 광한청허부廣寒淸虛府가 바로 이것이 아닌가?"라고 감탄한 데서 광한루廣寒樓가 되었다고 한다. 지금 있는 건물은 정유재란 때 불에 탄 것을 인조 16년(1638) 다시 지은 것으로 부속건물은 정조 때 세운 것이다. 광한루를 포함하여 연못·방장정·영주각 등이 어우러진 정원인 광한루원은 명승 제33호로 지정되어 있다.

이도령과 춘향이 인연을 맺은 광한루원의 경내에는 춘향사를 건립하여 춘향의 영정을 모셔놓았으며, 해마다 음력 5월 5일 단오절에는 춘향제가 열린다.

동학농민혁명의 발원지 교룡산성 선국사

남원시 산곡동과 대산면의 경계에 있는 교룡산 중턱에는 띠처럼 휘감고 잘 다듬어진 작은 돌로 쌓은 교룡산성(전북기념물 제9호)이 있다. 《남원지南原誌》에 따르면 이 산성은 백제 때 축성된 것으로 둘레는 3120미터에 달하며 높이는 약 4.5미터다. 교룡산성에는 원래 사대문이 있었으나 오랜 세월이 흐르는 동안 서·남·북문은 흔적도 없이 사라지고, 동문인 홍예문만 옛 모습대로 남아 있다. 세조 때 명신 강희맹姜希孟은 이 성을 두고 "한 줄기 굽은 길을 굽이굽이 돌아들어 용성 옛터 휘어드니 백운白

광한루

춘향이와 이몽룡이 인연을 맺은 광한루는 조선시대의 정승 황희가 남원으로 유배를 와서 지은 누각으로 정인지는 이곳에 올라 "호남의 승경"이라며 감탄했다.

雲 간이 분명코야 나라가 위태하면 오랑캐를 막을지니 이 고장이 제일이라, 호남 제일 요새로다"라고 했다.

교룡산성 내에는 선국사善國寺라는 사찰이 있는데, 산성 안에 있어 산성절이라고도 부르며 본래 이름은 용천사龍泉寺였다. 용천사가 선국사로 이름이 바뀌게 된 분명한 기록은 찾을 수 없지만 나라를 위해 큰 역할을 담당해온 절 이름에 '국國' 자가 들어가는 경우가 많으므로 선국사도 나라를 지켜낸 수난의 역사를 간직했기 때문에 이름이 바뀌었을 것이다. 실제로 선국사는 고려 말에 빈번했던 왜구의 침략과 조선시대에 임진왜란, 정유재란 등 국란이 있을 때마다 전라좌영이 위치한 남원부 산하 6개 군현에서 거두어들인 군량미를 저장하고 병력을 배치하면서 나라를 지키는 절이었다.

선국사가 한창 부흥했던 시절에는 승려들만 300여 명이 있었다고 하는데, 지금은 대웅전 · 칠성각 · 요사채 · 보제루 등의 건물이 남아 있다. 이 중 선국사 대웅전(전북유형문화재 제114호)은 통일신라 신문왕 때 세워졌다고 전해지며 순조 3년(1803)에 다시 지어졌고, 불교의식에 사용되던 둘레 260센티미터, 길이 102센티미터 정도의 선국사대북(전북민속문화재 제5호)이 있다.

동학을 창시한 최제우崔濟愚는 철종 13년(1862) 겨울 전라도 남원으로 피신했다. 사람이 한울이라는 동학의 큰 이치를 깨닫고 널리 펼치던 중 영남지방에 만연한 사상의 보수성과 온갖 형태의 박해를 피하여 전라도 땅에 발을 내디딘 것이다. 그는 남원성 남문 밖의 한 주막에서 서공서(훗날 동학도가 된다)를 만나 그의 안내로 교룡산성 안에 있는 선국사의 밀

교룡산성

백제가 신라의 침입을 막기 위해 축조한 것으로 추정되는 교룡산성은
남원의 진산인 교룡산의 천연적인 지형지세를 이용하여 돌로 쌓은 성이다.

덕암에 방을 얻는다. 그곳에 은적암隱寂庵이라는 당호를 붙이고 8개월여 동안 피신하면서 수양한다. 최제우는 이곳에 머물면서 남원지방의 유생들이나 종교인들과 담론을 벌였다.

당시 은적암으로 최제우를 찾아와 담론을 즐긴 사람 중에는 송월당松月堂이라는 노스님이 있었다. 두 사람은 은적암에서 선문답을 즐겼는데, 노스님은 최제우의 답변에 감복했으나 끝내 천도가 무엇인지는 깨닫지 못했다. 훗날 제자들이 최제우에게 노스님에게 왜 도를 전하지 않았는지 묻자 그는 다음과 같이 대답했다.

"이미 물든 종이는 새로운 그림을 그리지 못하나니 노승은 이미 물든 종이라 건지려면 찢어질 뿐이니 그대로 두는 것이 도리어 옳지 않느냐."

최제우는 이곳 은적암에서 동학을 밝히는 〈논학문論學文〉, 〈수덕문修德文〉, 〈몽중노소문답가夢中老少問答歌〉를 지었다.

동학도들에게는 몸을 닦고 주문을 외우고 약을 먹으면서 칼노래를 부르며 칼춤을 추는 종교의식이자 수련방식이 있다. 이 의식을 검결劍訣이라고 하는데 최제우는 이곳 은적암에서 〈칼노래〉를 지었다고 한다. 다음은 〈칼노래〉 가사의 일부다.

> 시호時乎 시호 이내 시호 부재래지不再來之 시호로다
> 만세일지萬世一之 장부로서 오만년지五萬年之 시호로다
> 용천검龍泉劍 드는 칼을 아니 쓰고 무엇하리
> 무수장삼無袖長衫 떨쳐 입고 이 칼 저 칼 넌즛 들어
> 호호망망浩浩茫茫 넓은 천지 일신一身으로 비껴서서

칼노래 한 곡조를 시호 시호 불러내니
용천검 날랜 칼은 일월日月을 희롱하고
게으른 무수장삼 우주에 덮여 있네
만고명장萬古名將 어데 있나 장부당전丈夫當前 무장사無壯士라
좋을씨고 좋을씨고 이내 신명身命 좋을씨고

최제우는 선국사 근처의 대밭이나 묘고봉에 올라가 이 노래를 부르며 칼춤을 추었다고 한다.

고종 1년(1864)에 체포된 최제우는 주자학의 가르침에 어긋난다며 좌도난정률左道亂政律의 죄목을 적용해 처형을 당한다. 그는 "동학의 두목 최제우는 사된 방술로써 사람을 고치고 병을 낫게 한다고 사칭했으며, 주문으로써 국가와 민족을 속였고, 칼노래로써 국가의 정사를 모반했으니 좌도난정률에 따라 처형함이 마땅하다"는 판결을 받았는데, 이때 칼노래는 국정을 모반하여 반란을 획책했다는 결정적인 증거로 지목된다. 최제우는 그렇게 죽었다. 그러나 그가 선국사 은적암에서 숨어 지낸 몇 개월이 남접南接의 시작이 되고, 이것이 결국 동학농민혁명의 시발점이 되었다.

그의 뒤를 이어서 은적암에 온 사람이 1919년에 일어난 3·1 독립운동 당시 33인 중의 한 사람이었던 백용성白龍城 선사였다. 스님이 되고자 찾아왔던 백용성은 부모님에 의해 집으로 돌아갔다가 훗날 합천 해인사에서 머리를 깎은 뒤 큰스님이 되었던 것이다.

만복사에 남아 있는 양생의 사랑

남원시 왕정동에 있는 만복사지(사적 제349호)는 남원에서 가장 큰 절이었던 만복사가 있던 절터이다. 《신증동국여지승람》에 "만복사는 기린산 동쪽에 5층의 전당이 있고 서쪽에 2층의 전殿이 있는데, 그 안에 높이 53자의 동불銅佛이 있으니 이는 고려 문종 때 창건한 절이다"라고 실려 있고, 조선 전기 문신인 강희맹은 만복사를 둘러보고 "소나무와 계수나무 그늘이 짙어 고을을 보호하였으니, 절에서 울려 퍼지는 종과 경쇠 소리가 달빛 속에 가득하도다. 으름과 칡넝쿨 덮인 오솔길은 인간에게 부귀를 묻지 않네"라고 노래했다.

《금오신화金鰲新話》의 소설 다섯 편 가운데 첫 번째로 나오는 〈만복사저포기〉는 남원에 사는 양생이라는 총각과 죽은 여자의 사랑을 그린 이야기다. 이 이야기의 배경이 되는 곳이 바로 만복사이다.

전라도 남원 땅에 양생이라는 늙은 총각이 살고 있었다. 어느 날 양생은 만복사의 불전에 찾아가서 부처님께 저포놀이를 청하였다. 그가 지면 매일 부처님께 불공을 드리고 부처님이 지면 아름다운 여인을 중매해달라는 것이었다. 부처님이 흔쾌히 승낙하자 양생이 먼저 저포를 두 번 던졌다.

결국 양생이 저포놀이에서 이겼다. 양생이 불상 뒤에 숨어서 그의 배필이 될 여자가 나타나기를 기다리는데 그때 아름다운 여인이 나타나서 부처님께 자신의 외로움을 하소연하며 좋은 짝을 만나게 해달라고 비는 게 아닌가. 그것을 지켜본 양생이 여인 앞으로 나가서 자신의 사연을 말하자 여인도 그의 말에 이

만복사지 오층석탑

만복사는 김시습의 《금오신화》 중 〈만복사저포기〉의 무대가 되는 고려 때 절이다.
사진은 만복사지 오층석탑.

끌려 하룻밤을 묵게 되었다. (…)

양생도 또한 여인이 귀신임을 알고는 더욱 슬픔이 복받쳐 여인의 부모와 함께 머리를 맞대고 슬피 울었다. 여인의 부모가 양생에게 말하였다.

"은주발은 그대의 뜻에 맡기네. 그리고 내 딸에게는 토지 몇백 이랑과 노비 몇 명이 있으니 자네는 그것을 신표로 지니고 부디 내 딸을 잊지 말아주게."

이튿날 양생은 고기와 술을 가지고 개령동을 찾아가니 과연 시체를 임시로 안치한 관이 있었다. 양생은 제물을 차려놓고 슬프게 울면서 그 앞에서 지전紙錢(저승에서 쓰인다는 종이로 만든 돈)을 불사른 뒤 정식으로 장례를 지냈다. (…)

장례를 지낸 양생은 슬픔을 견디지 못하고 땅과 집을 다 팔아 절로 가서 사흘 저녁 제를 올렸다. 그러자 여인이 나타나 양생을 부르며 말하였다.

"저는 낭군의 은덕에 힘입어 이미 다른 나라에서 남자의 몸으로 태어나게 되었습니다. 비록 저승과 이승이 막혀 있지만 낭군의 은덕에 깊이 감사의 말씀을 전합니다. 낭군께서도 이제 부디 착한 업을 닦으시어 저와 함께 속세의 누에서 벗어나도록 하십시오."

양생은 그 뒤 다시는 장가를 가지 않고 지리산으로 들어가 약초를 캐면서 살았다고 한다. 그러나 그가 어디에서 세상을 하직했는지는 아는 사람이 없었다.

만복사는 한때 수백 명의 스님들이 수도하던 거찰이었으나 정유재란 때 소실된 후 복원되지 않았다. 1979년부터 만복사지 전역에 대한 발굴조사가 행해져 지금은 만복사지 오층석탑(보물 제30호), 불상을 올려놓는 받침인 석조대좌(보물 제31호), 동·서로 마주보고 서 있는 만복사지 당간지주(보물 제32호), 창건 때 같이 만들어진 것으로 추정되는 석조여래입상

(보물 제43호)이 보존되어 있다.

조선 초기 문신 안숭효安崇孝는 만복사 종소리를 들으며 다음의 시를 읊었다.

> 교룡산성에서 멀리 보이는 멧부리 가을 구름 밖에 보이고,
>
> 만복사 맑은 종소리 저녁노을 사이에서 울리도다

판소리의 본고장 남원

남원시 운봉읍은 신라 때에는 무산현 또는 아막성이라고 불렸으며 신라 경덕왕이 운봉현으로 고치면서 지금의 지명이 생겨났다. 조선시대까지 독립된 군이었으나 1914년 남원군에 편입되었다. 남원의 동남쪽에 있는 운봉으로 가려면 여원치(여원재)를 넘어야 했다. 《대동지지》에는 "여원치는 동쪽 30리에 있으며 운봉으로 통한다"라는 기록이 나오며, 대동여지도에도 남원에서 운봉으로 넘어가는 고개 부분에 '여원치'라고 기재되어 있다. 다음은 여원치를 넘으면 나오는 운봉의 형승에 대해 《여지도서》에 실린 글이다.

> 땅의 형세가 영남과 호남 사이에서 특출한 모습으로 험준하게 솟아 있다. 동쪽으로는 지리산에 이어지고, 북쪽으로는 유치에 닿으며, 서쪽으로는 여원女院 고개에 막혀 있고, 남쪽으로는 정령鄭嶺 고개를 잡아당기듯 하고 있다. 그 사

이에 황산荒山이 있는데, 사면이 산봉우리로 겹겹이 포개어 서로 이어져 있다. 칼처럼 줄지어 늘어서 있어 두루 둘러보아도 틈을 만날 수가 없다. 이른바 별천지의 형승이라 부를 만하다. 서거정의 시에 "마을이 골짜기에 깊숙이 들어서 좁다란 길로 통한다"라는 구절이 있고, 이안우의 시에 "산은 지리산에 이어져 산봉우리가 빼어난 모습이고, 땅은 함양에 접하여 수목이 빽빽하게 우거져 있다"라는 구절이 있는데, 바로 이러한 점을 두고 이른 말이다.

운봉은 지리산 팔랑치 아래에 있는데, 전라도와 경상도 사이를 연결하는 큰 고개 팔랑치는 해발 4500미터쯤에 위치하여 운봉고원으로도 불린다. 지리산 자락의 운봉고원은 동편제 판소리의 창시자 송흥록을 비롯한 수많은 소리꾼들의 수련 장소였다.

본래 남원은 판소리의 본고장으로 알려져 있다. 영조 때부터 조선 말기까지의 소리 광대 90명을 망라해 기록한 《조선창극사朝鮮唱劇史》의 〈광대열전〉을 보면 전라도 출신이 62퍼센트를 차지하고, 그중에서도 전북 출신이 전남 출신의 갑절이다.

판소리가 조와 장단이 확대되어 그 음악성이 더 충실히 발전된 데에는 조선 순조 때의 명창 8명의 힘이 컸다고 볼 수 있다. 그 '8명창' 중에서도 특히 전라북도 남원 출신의 송흥록과 순창 출신의 박유전은 그 소리가 전승되어 각각 판소리 계보의 동편제와 서편제의 시조가 되었다. 철종 때의 판소리 '후기 8명창'이라고 일컬어지는 사람들도 모두 전라도 출신이고, 그중 박만순, 김세종, 김창록, 김찬업이 전라북도 사람이었다.

국악의 고장 또는 판소리의 고장이라 불리는 전라북도, 그중에서도 남

송흥록 생가

판소리의 본고장 남원 운봉면 화수리에는 명창 송흥록의 생가가 있다.

원시는 수많은 명창과 명인들을 배출했다. 운봉면 화수리에서 태어나 가왕歌王이라는 칭호를 받은 송흥록, 그의 동생 송광록과 손자 송만갑, 수지면에서 태어난 유성준, 주천면에서 태어나 유성준과 송만갑의 제자가 된 김정문, 남원시에서 태어난 여성 명창 이화중선과 동생 이중선 그리고 운봉면 화수리에서 태어난 박초월 같은 판소리 명창이 있다. 또 주천면 장안리에서 태어난 강백천은 젓대(대금)의 명인이었다.

그렇다면 판소리란 무엇인가? 판소리는 단순한 창이 아니다. 아니리가 갖는 문학의 기능과 창으로서의 음악 기능 그리고 몸동작을 할 때의 연극 기능까지 갖춘 종합예술이다. 또한 광대의 장단을 맞추어주는 고수와 관객의 흥겨운 추임새가 덧붙여지면서 판소리는 관객과 호흡을 같이하는 마당놀이의 성격도 지니고 있다. 따라서 '판'을 통한 예술로 대중적인 인기를 누리면서 민간 예술로서 큰 몫을 담당해왔다.

판소리의 일반적인 구분은 섬진강을 기점으로 전라도 동북 지방인 구례·운봉·순창·흥덕·남원 등 강 동쪽 지역에서 발생하여 전승된 동편제와 전라도 광주·나주·장흥·해남·보성 등 강 서쪽 지역에서 발생하여 전승된 서편제 그리고 충청, 경기도 일부 지역에서 발생한 중고제中高制로 나눌 수 있다. 그러나 지금은 이런 지역에 의한 구분이 의미를 잃었고, 창법에 따른 구분이 적절한 것으로 인식되고 있다.

동편제는 여성적이고 기교가 많은 서편제에 비해 웅장하고 남성적이다. 지리산이 상징하듯 우조羽調(씩씩한 가락)가 많고 담백하고 웅장하며, 웅장한 호령조와 통성通聲(배 속에서 바로 위로 뽑아 올리는 소리)으로 우겨내는 소리, 한 장단 안에 가사와 소리가 맞아떨어지는 대마디 대장단

(잔가락 없이 원박만 치는 장단) 창법을 구사한다.

한편 남원은 판소리의 본고장답게 현대에도 많은 사랑을 받는 판소리 〈춘향전〉, 〈흥부전〉의 이야기가 만들어진 곳이다. 제비 다리를 고쳐주고 박을 얻어 부자가 되는 흥부와 제비 다리를 부러뜨려 가난뱅이가 되는 놀부 형제가 살았던 곳은 남원시 아영면 성리와 인월면 성산리 일대라고 전해지는데, 이 지역에는 지금도 〈흥부전〉에 나오는 지명이 그대로 남아 있다.

이성계가 왜구를 크게 섬멸한 황산

고려 때 문장가인 이규보는 운봉현에 설치되어 있던 역원인 인월역을 지나며 다음과 같이 노래했다.

> 장마가 처음 개이매 풀빛이 새로우니
> 높고 낮은 언덕의 빛깔이 용의 비늘처럼 엇갈렸네
> 만오천 보步가 부단히 근심되고 본래 동서남북 사람이네
> 양류楊柳는 맞고 보내는데 익숙하여 사양하지 않되
> 산은 왕래 빈번함을 응당 괴이해하리로다
> 눈앞의 풍경을 부디 기억하라 다음날 돌아보면 곧바로 아뢰리라

고려 우왕 6년(1380)에 왜구가 함양을 거쳐 남원으로 쳐들어와 인월역에 주둔하고 일부는 황산 기슭에 매복하며 장차 북상하겠다고 큰소리를

치는 일이 일어났다. 이에 우왕은 가는 곳마다 전승을 기록했던 이성계를 보냈다. 당시의 상황이 《동국여지승람》에 다음과 같이 실려 있다.

황산 서북쪽에 이르러 정산鼎山의 봉우리에 오르는데, 길 오른편에 험한 길이 있었다. 태조가 이미 험지에 들었는데, 적이 날카로운 창을 가지고 튀어나왔다. 태조가 50여 발을 쏘아 적의 면상에 적중시키니 활을 당기기만 하면 죽지 않는 놈이 없었다. 적이 험한 산에 의지하고 스스로 굳게 지키매, 태조는 사졸을 지휘하여 요해지에 나누어 의거하니, 적은 죽을힘을 다해서 대항하였다. 태조는 다시 나팔을 불어 군대를 정돈하고 개미처럼 붙어 올라가니, 적은 태조를 여러 겹으로 에워쌌다. 태조가 그 자리에서 여덟 명의 적을 죽여 없애니 적이 감히 앞으로 나오지를 못하였다. 태조가 하늘의 해를 가리켜 맹세하고 좌우에 이르기를 "겁이 나는 자는 물러가라. 나는 적에게 죽을 터이다" 하니, 장수들이 감동하여 용기를 백배로 하였다.

적장 중에 나이 겨우 15~16세 되고 이름을 '아지발도'라 하는 자가 있었는데, 태조는 그가 용맹스럽고 날랜 것을 아껴서 사로잡으려고 하니, 이두란이 말하기를 "죽이지 아니하면 반드시 사람을 상해할 것이라" 하였다. 태조가 아지발도의 투구를 쏘아 맞추니 투구가 떨어졌고 두란이 재빨리 사살하니 이에 적은 기세가 꺾였다. 태조가 선두에 서서 돌격하여 크게 격파하니 시냇물이 붉은 핏물이 되었다. 처음에 적의 수는 아군의 10배나 되었는데 겨우 70여 명이 지리산으로 도망하였다.

태조가 개선하여 돌아오매 판삼사 최영은 백관을 인솔하고 산대山臺를 배설하여 천수사天壽寺 앞에서 맞이하였다. 최영은 태조의 손을 잡고 눈물을 흘리며 "공이여, 공이여, 삼한을 다시 살림이 이번 승전에 있으니, 공이 아니었으면 나라가 어찌 되었으리요" 하였다.

이성계의 활약으로 왜구를 크게 물리친 이 전투를 '황산대첩'이라 부른다. 황산대첩 때 운봉에서 인월로 가는 냇가에는 왜구들이 흘린 피로 물든 바위가 있는데, 그 바위를 혈암血巖 또는 피바우라고 부른다.

《택리지》에 "동쪽으로 노령을 넘으면 운봉현(현 남원시 운봉읍)이며, 지리산 팔량치 아래에 있어, 전라도와 경상도 사이를 통행하는 큰 길이 된다"라고 나오는 남원의 남쪽에는 구례와 곡성이 있는데, 여기서부터는 전라남도가 시작된다.

6

섬진강 물길 따라

곡성 · 구례 · 광양

골짜기가 많은 산지에 들어선 곡성

전라남도 북동부에 있는 곡성군은 전라북도 남원시와 도계를 이룬다. 고도가 높은 편이며 동악산·통명산·곤방산 등의 산이 솟아 있고, 맑고 깨끗한 섬진강과 보성강이 흐른다. 백제 때에는 욕내군이었으며, 신라 때 지금의 이름으로 개칭되었다. 1914년에 조선시대까지 독립된 현이었던 옥과현(현 곡성군 옥과면)과 구례군 고달면이 곡성군으로 이속되었다.

《여지도서》에는 지금은 곡성군에 편입된 옥과현의 형승에 대해 "크고 높은 산들이 억누르듯 서쪽에 자리하고, 큰 강은 제어하듯 동쪽으로 흐른다"라고 했으며, 곡성의 풍속에 대해서는 "땅이 비좁으나 사람은 많다. 일정한 생업 없이 살아가고 있다"라고 실려 있다. 곡성의 진산은 곡성읍 월봉리에 있는 동악산이다. 동악산 정상에 서면 멀리 지리산 전경이 한눈에 들어오고 옥과의 설산, 광주의 무등산이 지척이다.

나무 그늘이 얽혀 있으니 달빛이 더디고

바람이 높은 누에 지나니 네 자리가 다 알맞구나
만학萬壑에 뜨는 산바람은 아침 비 갠 후요
처마에 떨어지는 산색은 석양 때로다
경치를 유련留連하기에 술이 없지 않고
심정을 도야함은 시가 가장 좋도다
가소롭다
실행의 구기拘忌함이 몇 번이나 좋은 기약 막혔는고!

곡성군 옥과면에 월화루라는 누각의 터가 남아 있는데, 조선 전기 문신 유순이 이 누각에 올라 지은 위의 시가 《신증동국여지승람》에 남아 있다.

"방구통통 구례장 구린내 나서 못 보고, 아이고 데고 곡성장 시끄러워서 못 보고, 빼빼 돌아라 돌실장 어지럼병 나서 못 본다" 하고 장돌뱅이들 사이에서 불렸던 노래가 있다. 본래 곡성谷城은 골짜기 많은 산지라는 뜻이지만, 노래 속에 나오는 '곡성'은 슬퍼서 엉엉 우는 곡성哭聲을 뜻한다.

곡성은 예부터 품질이 우수한 삼베 산지로 유명하다. 특히 면의 남동부를 제외하고는 산으로 둘러싸인 석곡면은 삼베를 모시와 같이 가늘게 짜는 돌실나이로 유명하다. 돌실나이(국가무형문화재 제32호)는 삼베를 짜는 일(길쌈) 또는 그러한 기술을 가진 사람을 말한다. '돌실'은 석곡의 순우리말이고, '나이'는 '나는 것'이니 돌실나이는 석곡특산물이라는 뜻이기도 하다. 예로부터 석곡에서 나는 삼베는 품질이 우수하고 섬세하여 삼베의 대명사였으며, 궁중에 올리는 진상품이었기 때문에 다른 곳의 삼베보다 비싸게 팔려 나갔다.

구산선문의 큰 절 태안사

곡성군 죽곡면 원달리의 봉두산 기슭에는 고적하면서도 옛 정취가 물씬 풍기는 태안사(문화재자료 제23호)가 있다.

태안사는 통일신라 경덕왕 원년(742)에 세 명의 스님이 세웠다고 전해지며, 문성왕 9년(847) 적인선사 혜철에 의해 선종사찰로 개산되어 구산선문九山禪門의 하나인 동리산파를 형성하게 된다. 그 뒤에 고려 태조 때 광자대사 윤다允多가 크게 늘려 지었는데 이때 절의 규모는 총 40여 동에 110칸이었고, 법당에는 높이 1.4미터 되는 약사여래철불좌상을 모셨던 듯하다. 한때 송광사와 화엄사를 말사로 거느릴 정도로 사세가 컸다. 조선시대에는 숭유억불정책으로 인해 대부분의 절들이 그랬듯 쇠락하여, 숙종 28년(1702)에 절 이름이 대안사에서 태안사로 바뀌었다. 한국전쟁 때 대웅전이 불타는 등 큰 피해를 입어서 지금 있는 건물은 대부분이 복원된 것이다.

경내에는 적인선사 혜철의 사리를 모신 적인선사탑(보물 273호), 태안사의 2대 조사祖師인 광자대사의 사례를 모신 광자대사탑(보물 274호)과 광자대사탑비(보물 275호) 등의 보물이 있으며, 절 입구 계곡의 절묘한 자리에 세워진 능파각(전남유형문화재 제 82호)도 볼 만하다.

수많은 봉우리, 맑은 물줄기가 그윽하고 깊으며 길은 멀리 아득하여 세속의 무리들이 오는 경우가 드물어 승려들이 머물기에 고요하다. 용이 깃들고 독충과 뱀이 없으며, 여름에 시원하고 겨울에는 따뜻하여 심성을 닦고 기르는 데 마땅한 곳이다.

남다른 풍수적 안목을 갖고 있었다고 전해지는 적인선사의 승탑에 새겨진 바와 같이 태안사는 봄에는 신록, 여름에는 시원한 계곡과 울창한 녹음, 가을에는 짙게 물든 단풍이 아름다운 곳에 자리하고 있다.

이 절이 청정한 도량으로 이름이 높아진 것은 청화선사가 이곳에서 수십 년을 주석駐錫하면서 이룩한 성과였다. 청화선사의 속명은 강호성姜虎成으로 1923년에 전남 무안에서 태어났다. 그는 일본 메이지대학 철학과에 입학하면서 동양철학에 심취했으며, 해방 이후 극단적인 좌우익의 대립을 지켜보다 더 큰 진리를 공부하기 위해 출가했다. 백양사 운문암에서 송만암 대종사의 상좌였던 금타화상을 스승으로 삼아 수행에 들어간 청화선사는 하루 한 끼만 먹는 공양과 좌선수양을 위한 장좌불와를 평생의 신조로 삼았다. 40여 년 동안 두륜산 대둔사, 월출산 삼견성암, 지리산 백장암등 전국 각지의 사찰과 암자의 토굴에서 계율을 엄격히 지키면서 수도 정진했다.

청화선사는 1985년 태안사에서 주석하면서 탁발수행과 떠돌이 선방 좌선을 매듭지었다. 한국전쟁 때 불타버린 후 퇴락해 있던 태안사를 다시 일으키기 위해 그해 10월 스물한 명의 도임과 함께 3년 동안 묵언수도를 계속하며 일주문 밖을 나서지 않은 채 3년 결사를 했다. 그 당시 청화선사의 3년 결사는 세상의 이익에 급급한 채 수도 정진을 게을리하던 불교계에 큰 충격을 주었다.

청화선사는 이후 옥과의 성륜사를 일으켜 세웠고 미국에 한국불교를

태안사 능파각

태안사 능파각은 절 입구의 계곡을 건너는 다리 역할을 겸하고 있다.

전파하다가 성륜사에서 입적했다. "불교든 기독교든 역사적으로 위대한 철학이라고 검증된 것이라면 믿어볼 만합니다. 성자의 가르침은 하나된 우주의 법칙으로 불교나 기독교는 수행법이 서로 다른 방법일 뿐 궁극적으로는 도를 지향하는 것입니다"라고 말한 청화선사를 시인 최하림은 "맑은 꽃 비상하게 자기를 다스린 사람에게서만 느껴지는 향훈香薰이 큰 스님"이라고 표현했다.

한편 고려 때 남해안 일대로 왜구들이 자주 침입했는데 이곳도 예외가 아니어서, 우왕 5년(1379) 3월에 왜구가 남원과 곡성으로 쳐들어와 판관을 죽이고 사흘 동안 머물다가 순천으로 쳐들어갔다고 한다. 그래서 고려 말 창왕 때 왜구의 침입을 피하기 위해 죽곡면 당동리에 있던 읍치邑治(관청 소재지)를 동악산 아래로 옮겨왔다고 한다.

"팽택彭澤에 행장을 푸니 기쁘게 도령陶令을 만났도다. 햇볕 쪼이니 화기花氣가 따뜻하고, 바람이 급하니 대竹 소리가 차구나. 버들 언덕에 꾀꼬리가 울고, 연꽃 못에는 백로가 한가롭네. 티끌세상 밖의 경치를 깊이 찾으니 한 번 웃으며 낯빛을 펴도다"라고 고려 때의 문신 김극기가 노래한 곡성과 남성, 구례는 모두 지리산 서쪽에 위치하여 경상도의 경상도의 함양, 산청, 하동과 더불어 지리산 문화권으로 분류되고 있다.

지리산 남쪽 기슭의 화엄사

동쪽으로는 지리산을 잡아당기고, 서쪽으로는 봉성산鳳城山을 등지고 있다. 긴 강이 띠를 두른 모양으로 흐르고, 봉우리들이 눈앞에 차려진 밥상처럼 줄지어 늘어서 있다. 영역은 비록 비좁지만, 참으로 호남과 영남 사이에 자리한 산수山水의 고을이라고 하겠다.

《여지도서》에 실린 구례의 형승이다. 백제 때 구차례현으로 불리다가 신라 때 지금의 이름으로 바뀐 구례군은 지리산국립공원에 속하여 자연 경관이 아름답고 관광자원이 풍부하다.

구례읍 시가지의 동남쪽에는 봉성산이 있다. 이 산 아래에는 봉서루鳳栖樓라는 누각이 있었는데, 조선 전기 문신인 김작金斫에 따르면 "이 고을의 지형이 나는 봉과 같아 이렇게 이름지었다"라고 《신증동국여지승람》에 나온다.

봉이 하늘 끝에서 춤을 추니 산은 옹기종기하고 땅에 뱀이 서린 듯 물이 망망하다.

고려 말 문신 김극기가 구례의 산천을 '비봉飛鳳'에 비유한 글이다. 봉성산 주변의 마을 이름이 봉동리, 봉서리, 봉남리, 봉북리인 것도 봉이 나는 것 같은 모습이라는 구례의 지형에서 유래되었다.

구례군 마산면 황전리의 지리산 남쪽 기슭에는 《택리지》에서 이중환이 구례의 명승으로 꼽은 화엄사가 있다. 화엄사(사적 제505호)는 백제 성왕 22년(544)에 인도에서 온 연기조사가 창건했으며, 《화엄경華嚴經》의 두 글자를 따서 절 이름을 지었다. 세종 6년(1424) 선종대본산으로 승격되었으나 임진왜란 때 대부분의 건물이 소실되었고 숙종 28년(1702)에 중건했다. 이 절은 화엄종의 중심 사찰로 많은 고승들이 머물면서 화엄사상을 펼쳐나간 곳이기도 하다.

화엄사에는 오랜 역사만큼 문화재가 많은데, 그중 으뜸은 우리나라에서 가장 큰 불전인 각황전(국보 제67호)이다. 정면 7칸, 측면 5칸 규모의 2층 건물인 각황전은 본래 3층의 장육전이었으나 조선 숙종 28년(1702)에 다시 지으며 각황전으로 이름이 바뀌었다. 화엄사 각황전 앞에는 전체 높이 6.4미터로 한국에서 가장 커다란 석등(국보 제12호)이 세워져 있다. 절의 중심 법당인 대웅전(보물 제299호)은 정면 5칸, 측면 3칸의 건물로서 조선 중기에 조성된 삼신三身의 삼존불三尊佛이 봉안되어 있으며, 영조 33년(1757)에 삼신불(비로자나불·노사나불·석가모니불)을 그린 삼신불탱(보물 제1363호)이 있다.

그 외 화엄사 대웅전 앞에는 동서로 쌍탑이 서 있는데, 화엄사 동 오층석탑(보물 제132호)은 1단의 기단 위에 5층의 탑신塔身을 올린 형태이며, 화엄사 서 오층석탑(보물 제133호)은 동탑보다 화려하며 2단의 기단 위에 5층의 탑신을 세웠다.

화엄사에서 내려와 섬진강을 따라가는 길목에는 석주관성이 있다. 성이 위치한 곳은 삼국시대에 백제와 신라의 경계였으며, 고려 말에 왜구의 침입을 막기 위하여 성벽을 쌓고 진을 설치했는데 임진왜란 때 옛 진 위에 석주관성을 쌓은 것이다. 《신증동국여지승람》에는 석주관성에 대해 다음과 같이 기록되어 있다.

ⓒ구례군청

화엄사

지리산 노고단 남서쪽에 있는 화엄사는 그야말로 보물 창고라 해도 과언이 아닐 만큼 많은 보물을 소장한 역사가 깊은 천년고찰이다. 사진은 화엄사 전경.

> 석주관은 동쪽으로 25리에 있으며 좌우로 산세가 기구하고 강변에 길이 있는데, 사람과 말이 가까스로 지난다. 북쪽에는 모두 커다란 협곡이 있고, 그 안에 수십 리의 큰 강이 있다. 고려 말기에 왜를 막기 위하여 강의 남북쪽 산에 성을 쌓았다. 지금은 없어지고, 단지 성터만 남았다. 여기에서 호남과 영남으로 나누어진다.

이 기록을 보면 전라도와 경상도의 경계가 지금과 달리 석주관성을 경계로 나뉘어 있었음을 알 수 있다.

모든 산의 으뜸인 지리산

구례군 토지면 내동리 지리산 자락에는 연곡사가 있다. 우리나라에서 단풍이 가장 붉게 타오르는 피아골 골짜기를 따라 오르면 나오는 연곡사는 백제 성왕 22년(544) 연기조사가 화엄사와 함께 창건한 것으로 알려져 있다. 창건 당시에는 화엄계 사찰이었으나 신라 말기부터 고려 초기에 제작된 것으로 추정되는 승탑과 승탑비 및 현각선사탑비 등이 남아 있어 선종계 사찰로 바뀌었다. 임진왜란 때 왜구가 불을 질러 소실된 것을 인조 5년(1627)에 소요대사 태능이 중창했다. 그 뒤 영조 21년(1745)에는 왕실의 신주목神主木(위패를 만드는 나무)인 밤나무를 대는 율목봉산지소栗木封山之所로 지정되어 고종 32년(1895)까지 봉납했다고 한다. 그러나 밤나무의 잦은 벌채로 문제가 생겼고, 그 때문에 절이 망하게 되자 스님들이 절을 떠나 결국 폐허가 되었다.

이 절은 소설 《토지》에서 서희의 할머니 윤씨 부인이 불공을 드리러 갔다가 김개주라 명명된 동학 접주 김개남을 만난 곳이기도 하다. 소설에서 윤씨 부인은 아이를 배게 되고 구천(김환)을 낳는다. 구천은 김개주의 형, 우관스님의 슬하에서 어린 시절을 보내며, 평사리에서 그와 이복형제인 최치수의 아내와 지리산으로 숨어들고 만다.

1907년에는 전라도의 명장 고광순高光洵이 당시 광양만에 주둔하고 있던 일본 정규군을 격파하기 위해 의병을 일으켜 연곡사에 주둔했다. 그러나 정보를 입수한 일본 수군에 의해 고광순을 비롯한 의병들은 야간 기습을 당해 모두 순절했고, 절은 의병들에 의해 불타버리고 말았다.

광해군 때 지리산을 유람한 유몽인柳夢寅은 지리산을 "우리나라 모든 산의 으뜸"이라며 "인간 세상의 영리를 마다하고 영영 떠나 돌아오지 않으려 한다면 오직 지리산만이 편히 은거할 만한 곳이다"라고 했다. 그래서인지 지리산에는 억울한 누명을 쓴 자, 반역을 꾀하다 도망친 자, 지배권력의 수탈과 억압을 피하려는 자 등이 숨어들었다. 그 과정에서 지리산은 피로 얼룩졌고 수많은 민중들이 이곳에서 생을 마감했다.

그중에서도 피아골은 동학농민군들이 숨어들고, 의병들이 일본군에 항전을 벌인 곳이다. 한국전쟁 직후에는 빨치산이 이곳을 근거지 삼아 저항했다. 그때 죽어간 사람들의 피가 골짜기마다 붉게 물들었기에 피아골이라고 한다거나 그들의 넋이 나무마다 스며들어 단풍이 유난스레 붉다는 설이 있다. 하지만 본래 이 지역에서 오곡 중의 하나인 피를 많이 재배한 데서 피밭골이라 부르던 것이 어느 순간 피아골로 바뀐 것이라고 한다.

연곡사에서 4킬로미터쯤 산길을 오르면 오랜 세월 동안 다져지면서 만들어진 원시림이 골짜기로 이어져 반야봉, 임걸령, 불무장까지 계속된다. 이 골짜기의 삼홍소三紅沼 일대를 홍류동紅流洞이라 부르는데, 10월이면 불타는 단풍잎으로 산도, 물도, 사람도 빨갛다는 뜻이다.

남한 3대 길지에 지은 운조루

구례군 토지면 오미리에는 영조 52년(1776)에 유이주柳爾胄가 지었다는 구례 운조루 고택(국가민속문화재 제8호)이 있다. 집은 총 55칸의 목조 기와집으로 사랑채, 안채, 행랑채, 사당으로 구성되어 있다.

운조루 고택 입구에 있는 표지판에 따르면, 풍수지리상 이 집 일대는 노고단의 옥녀가 형제봉에서 놀다가 금가락지를 떨어뜨린 금환락지金環落地라 하여 부귀와 영화가 샘물처럼 마르지 않는 명당자리로 남한 3대 길지라고 알려지게 되었다. 마을 사람들도 이곳이 명당인 줄은 알았지만 바위가 험하여 집을 지을 엄두를 내지 못하고 있었다. 그러다 낙안군수로 부임해온 안동 출신의 유이주가 수백 명의 장정을 동원해 집터를 닦았다고 한다.

한편 이곳에는 금환락지 외에도 금거북이가 진흙 속으로 들어가는 형상의 금구몰니金龜沒泥, 다섯 가지 보석이 모여 있는 형상의 오보교취五寶交聚의 명당이 있다고 전해졌다. 금환락지는 운조루가 이미 차지했지만, 금환락지와 오보교취의 명당을 찾아 집을 지으려는 사람들이 오미

지리산 피아골

지리산 피아골은 한국전쟁 직후 빨치산이 저항한 곳으로 그때 죽어간 사람들의 피가 골짜기마다 붉게 물들어 피밭골이라 부르던 것을 피아골이라 부르게 되었다는 설이 있다.

리에 몰려들었다. 실제로 일제강점기에 이 마을 일대에 집을 지은 사람이 몇십 명에 이르렀으며 광복이 될 무렵에는 300여 채가 들어섰다고 한다. 그러나 지금 남아 있는 것은 운조루(주인이 거처했던 곳)와 손님이 묵던 귀래정歸來亭, 그 아랫마을 환동에 금가락지 같은 형국으로 높은 담벼락을 두른 채 대숲에 싸여 있는 기와집(박 부잣집) 한 채뿐이다.

《택리지》에서 "남쪽은 구만촌이다. 임실에서 구례에 이르는 강 부근에도 이름난 구역과 경치 좋은 곳이 많고 또 큰 마을도 많으나, 그중에도 구만촌은 시냇가에 위치하여 강산과 토지와 거룻배를 통해서 얻는 생선과 소금으로 얻는 이익이 있어 살기에 가장 알맞은 곳"이라고 한 광의면 구만리는 돌굽이 안쪽이 되므로 구만리라고 이름 지었는데, 지금도 역시 기름진 들이 넓게 펼쳐져 있다.

매천 황현의 고향인 구례

이중환이 살 만한 곳이라고 언급했던 구례군 광의면 수월리 월곡마을은 대한제국 말의 이름난 시인이자 절개 높은 선비였던 매천 황현이 생을 마감한 곳이다. 이곳에서 황현은 동학농민혁명을 처음부터 끝까지 자세하게 기록한《오하기문》을 남겼다. 그 서두는 이렇다.

> 아아! 화변禍變이 온다는 것이 어찌 우연한 일이겠는가? 나라가 잘 다스려지고 어지러워지는 것은 운수가 있고, 일이 막히거나 태평스러운 것도 때로는

운조루

운조루는 낙안군수 유이주가 부귀와 영화가 샘물처럼 마르지 않는다는 명당자리에 지은 집이다.

서로 뒤바뀐다. 이것은 비록 시운時運이나 기화氣化가 한결같이 정해진 것이어서 바꿀 수 없는 것이라고 하지만, 또한 사람들 일의 잘잘못에 기인하기도 하는 것이니, 대개 오랫동안 쌓이고 쌓인 형태가 그렇게 만드는 것이요, 하루아침이나 하룻저녁에 갑자기 이루어지는 것은 아니다.

황현은 철종 6년(1855) 전라남도 광양에서 몰락한 시골 선비 황시묵과 풍천 노씨의 2남 3녀 중 장남으로 태어났다. 어려서부터 총명하여 보는 사람들을 놀라게 했다고 한다. 열네 살 때 붓을 잡고 글을 쓰면 바람이 일어서 광양의 황신동黃神童이라고 불렀으며, 그에 대한 소문이 호남 전역에 널리 퍼졌다.

행동이 단정했고 음성이 맑았으며 불의를 보면 참지 못하는 매천은 스물여덟에 과거를 보고 장원으로 뽑혔으나 시골 출신이라 하여 차석이 되었다. 그 사실을 알고 곧바로 고향으로 되돌아온 그는 초야에 묻혀 고금의 서적이나 읽으려 했으나, 아버지의 뜻에 따라 서른네 살에 생원회시에 응시하여 장원급제했다.

그 무렵 기울어가는 나라 조선은 일본의 우세한 힘 앞에 강화도조약을 체결할 수밖에 없었고, 조정은 대원군과 민비 세력이 첨예하게 맞서고 있었다. 수구와 개화의 갈등, 미국·영국·청나라 등 구미열강의 각축장이 되어가는 가운데 갑신정변, 한성조약이 맺어졌고 영국 함선이 거문도를 점령했다. 한양의 친구들은 그런 상황 속에서도 매천이 책을 읽고 쓰는 데에만 온 정열을 다 쏟자 "나라가 위급한데도 은둔 생활만 하고 있느냐" 하며 다그쳤다. 그러나 매천은 "자네들은 어찌하여 귀신 나라 미친놈

속에 나를 끌어들여 함께 귀신이나 미친놈으로 만들려 하는가?" 하면서 그들의 요청을 받아들이지 않았다. 죽을 때까지 이 마을을 떠나지 않았던 매천은 후세 사람들을 위해 기록한《매천야록》,《오하기문》 등의 저술에서 풍전등화의 위기에 놓인 조선의 실정을 낱낱이 서술했다. 을사조약이 체결되었다는 소식을 전해들은 매천은 여러 날 식음을 전폐하고 통곡했으며 애국지사를 애도하는 '오애시五哀時'를 지었다.

1910년 8월, 조선이 국권을 빼앗기자 매천은 중대한 결단을 내렸다. 그는 '절명시絶命詩' 4수와 유언으로 '유자제서遺子弟書'를 써서 "국가가 선비를 기른 지 500년에 나라가 망하는 날을 당하여 한 사람도 죽는 사람이 없다면 어찌 통탄스러운 일이 아니겠느냐. 너희들은 과히 슬퍼하지 마라"라는 말을 남긴 후 아편을 먹고 자결했다. 그의 나이 쉰여섯 살이었다. 매천 황현이 쓴 '절명시' 4수 중 세 번째 절이다.

새와 짐승도 슬피 울고 바다와 산도 찡그리니
무궁화꽃 삼천리는 이미 망해버렸네
가을 등잔에 책을 덮고 천고의 일 생각하니
인간의 글자 아는 사람 되기 어렵구나

아무도 책임을 지지 않으려 하는 시대에 책임을 지고 순절한 매천 황현의 숨결이 지리산 자락에 남아 잘못 살아가는 후세 사람들을 오늘도 질타하고 있다. 1955년에 매천 황현의 후손과 지방 유림들이 이곳 월곡마을에 선생의 위패를 모신 사당 매천사(문화재자료 제37호)를 세웠다.

섬진강 물 맑은 유곡나루에

남원 일대를 흐르는 요천이 곡성 부근에서 섬진강에 합류하고, 섬진강을 따라 내려가면 지금의 구례읍 계산리에서 곡성면 죽곡면 하한리로 건너가는 유곡나루가 있었다. 유곡나루는 이곳이 옛날부터 느릅나무가 많아서 유곡마을이라고 불렀던 데서 유래된 이름이다. 시인 곽재구는 '유곡나루'라는 시에서 1960~1970년대 우리네 삶이 어려웠던 시절을 다음과 같이 표현했다.

육만 엥이란다
후쿠오카에서 비행기 타고 전세버스 타고
부산 거쳐 순천 지나 섬진강 물 맑은 유곡나루
아이스박스 들고 허리 차는 고무장화 신고
은어잡이 나온 일본 관광객들
삼박사일 풀코스에 육만 엥이란다
초가지붕 위로 피어오르는 아침 햇살
선선하게 터지는 박꽃넝쿨 바라보며
니빠나 모노 데스네 니빠나 모노 데스네
가스불에 은어 소금구이 살살 혀 굴리면서
신간선 왕복 기차 값이면 조선 관광 다 끝난단다

육만 엥이란다 낚시대 접고 고무장화 벗고

섬진강

남원의 요천이 금지와 곡성 부근에서 섬진강으로 합류하고, 섬진강을 따라 내려가는 곡성군 압록 아래 부근에 유곡나루가 있다.

순천 특급 호텔 사우나에서 몸 풀고 나면
긴 밤 내내 미끈한 풋가시내들 서비스 볼 만한데
나이 예순 일본 관광객들 칙사 대접받고
아이스박스 가득 등살 푸른 섬진강
맑은 물 값이 육만 엥이란다

시에 나오는 것처럼 그 시절 일본인들은 신칸센 왕복 기차 값인 6만 엔만 있으면 3박 4일 한국으로 기생관광을 올 수 있었다고 한다. 정태춘은 이 시를 원작으로 노래 〈나 살던 고향〉을 만들면서 곽재구에게 양해를 구하고 "나의 살던 고향은 꽃피는 산골, 좆 돼 부렀네"를 추가했다.

구례의 남쪽에는 광양만이 있다.

광양의 진산 백계산과 옥룡사지

광양만에 자리한 광양의 백제 때 이름은 마로현馬老縣이었다. 신라 때 희양晞陽으로 바뀌었다가 고려 초에 지금의 이름이 되었다.

조선 전기 문신 정인지는 광양을 두고 "세월이 도중에 저무니 산천이 위에서 나뉘네. 연기 낀 마을에 푸른 대 많고, 가을 들에 누런 구름 누런 곡식 자욱하네. 술잔 잡으니 마음 오히려 장해지고, 글을 보니 눈이 어두워지려 하네. 난간에 의지하여 때로 혼자 서 있으니, 귀밑의 털 희어지는 것을 스스로 탄식하네"라고 했고, 조선 중기 문신 이발은 "하늘이 개니 산은 달을 토하고, 바다가 어두우니 물이 구름에 연했네"라는 시를 남겼다.

세종 때 문신 신영손의 시에 "땅이 남쪽 바다에 닿았다"라고 기록된 광양의 진산은 백계산白雞山이다. 《동국여지승람》에는 백계산을 두고 "산머리에 바위가 있고 바위 위에 샘이 있으며 샘 밑에서 흰 구름이 때로 일어난다. 무릇 비는 것이 있으면 문득 효험이 있고 재계齋戒하는 것을 삼가지 않으면 샘이 마른다"라고 했는데, 신라 말기에 도선국사가 이 산의 지세가 왕성함을 보고 이곳에 머무르며 옥룡사를 창건하고 35년간 이 절에 머물면서 수백 명의 제자를 양성했다.

전설에 의하면 옥룡사가 지어진 자리에는 큰 연못이 있었다. 이 연못에는 아홉 마리의 용이 살면서 사람들을 괴롭혔다. 이에 도선국사가 용을 몰아냈는데 유독 백룡만이 말을 듣지 않자, 지팡이로 용의 눈을 멀게 하고 연못의 물을 끓게 하여 쫓아낸 뒤 숯으로 절터를 닦아 세웠다고 한다.

고종 15년(1878)에 화재로 폐사된 옥룡사지(사적 제407호)에는 도선국사와 수제자인 통진대사의 비와 탑이 세워져 있었으나 일제강점기에 모두 없어져버렸다. 최근 발굴을 통해 건물터와 명문비조각 90여 점을 찾았고, 도선국사의 것으로 생각되는 유골과 관을 발견했다.

절터 주위에는 옥룡사 동백나무 숲(천연기념물 제489호)이 있는데 이는 절을 세울 때 지세가 약한 것을 보완하려고 조성한 것이라고 전해진다. 수령이 100년 이상 된 7000여 그루의 동백나무가 절터 주변에 군락을 형성하고 있어 보존 가치가 크다.

광양 사람들은 치밀하고 빈틈없기로 유명한데, 그렇게 된 연유가 재미있다.

옛날 광양의 한 사람이 순천에서부터 광양까지 벼룩 몇만 마리를 풀숲으로만 몰고 30리 길을 왔는데, 광양에서 벼룩을 세어보니 한 마리도 빠뜨리지 않고 몰고 왔더라고 한다. 그뿐만이 아니다. 광양 사람들은 타향에 가서도 잘 뭉치기로 소문이 났고, 광양 여자 또한 부지런하고 야무져서 한때 남도의 총각들 사이에는 '광양 큰 애기한테는 두말 않고 장가가겠다'는 말이 있기도 했다.

광양만으로 흘러드는 섬진강

진안·임실·순창·남원·곡성 등지의 여러 산봉우리에서 흘러나온 물줄기를 받아들인 섬진강은 곡성군 오곡면 압록에서 보성강과 합류하여 본격적인 위용을 갖춘 뒤, 경남 하동군 화개면 탑리에서 화개나루를 만들고, 여기서부터 경남과 전남의 도계를 이루며 광양시 광양만으로 흘러든다.

《신증동국여지승람》에는 섬진강의 발원지를 중대산 또는 마이산으로 보았고, 《택리지》에도 역시 마이산이라고 기록되어 있다. 이긍익이 지은 《연려실기술》〈지리전고〉에는 이렇게 실려 있다.

> 광양의 섬진강은 근원이 진안의 중대中臺 마이산에서 나와서 합하여 임실의 오원천烏原川이 되고, 서쪽으로 꺾어져 남쪽으로 흘러 운암雲巖 가단可端을 지나 태인의 운주산 물과 합하여 순창의 적성진이 되는데 이것을 '화연花淵'이라고도 한다. 이 물은 또 저탄猪灘이 되고, 또 동쪽으로 흘러서 남원의 연탄

섬진강 발원지 데미샘

섬진강의 발원지는 진안군 백운면 신암리에 있는 데미샘으로 알려져 있다.
사진은 섬진강 발원샘인 데미샘의 표지석.

淵灘이 되며, 또 순자진鶉子津이 된다. 다시 옥과에 이르러 방제천이 되며, 곡성에 들어가서 압록진鴨綠津이 되고, 구례에 이르러 잔수진潺水津과 합하였다. 잔수진은 근원이 동복同福 서석瑞石 동쪽에서 나와 현縣 남쪽 달천이 되고, 남쪽으로 흘러 보성 북쪽에 이르러서 죽천이 되는데, 이것을 또 정자천亭子川이라고도 한다. 다시 동북으로 흘러 순천의 낙수진洛水津이 되며, 잔수진에 이르러 순자강과 합하여 남쪽으로 흐르다가 화개 서쪽 경계에 이르러 용왕연龍王淵이 되는데, 여기는 조수가 들어오는 곳이다. 또 광양 남쪽 60리에 이르러 섬진강이 되는데, 그 동쪽 언덕은 곧 하동의 악양岳陽으로서 동남쪽으로 흘러 바다로 들어간다. 고려 때에는 이 물이 배류 3대강(중앙을 등지고 흐르는 강. 즉 낙동강, 금강, 섬진강)의 하나라 하였고, 이름을 두치강斗峙江이라 하였다.

1918년 일제가 만든 《조선지지자료朝鮮地誌資料》는 섬진강이 전북 진안군 우곡리 부귀산에서 발원하여 경남 하동 갈도까지 본류 길이가 212.3킬로미터라고 기록했는데, 부귀산은 진안읍 북서쪽에 있는 정곡리 뒷산이다. 이후 건설부에서 만든 《하천편람河川便覽》이나 수자원공사에서 만든 《전국하천조사서》도 이 발원지 개념을 그대로 쓰고 있다.

그러나 현재까지 여러 각도로 계측한 결과 진안군 백운면 신암리 팔공산에 있는 데미샘을 섬진강 발원지로 보고 표지석을 세웠다. 섬진강은 남쪽으로 방향을 잡아 68개의 제1지류와 129개의 제2지류 그리고 53개의 제3지류 및 15개의 제4지류를 받아들이면서 흐르다가 광양시 진월면 망덕포구에 이르러 남해로 흘러들어간다.

봄의 전령 청매실 익어가는 섬진나루

섬진강을 가운데 두고 경상도의 하동 땅과 마주보는 광양시 다압면은 봄의 전령인 매화와 매실로 소문이 자자한 청매실 농장과 섬진나루가 있는 곳이다. 길이가 28킬로미터로 나라 안에서 가장 긴 면이며, 이곳에 있던 섬진나루에 섬진강의 유래가 서려 있다.

섬진강의 단군 조선 때 이름은 모래내 또는 모래가람이었다고 한다. 그 이후에도 모래가 자꾸 쌓여 다사강이라 했고, 지금도 하동 부근에는 모래가 많다. 고려 초에는 두치강이라고 부르다가 고려 말인 1385년에 섬진강으로 고쳤다. 그 후 중상류 지역에 민둥산이 많아 여름이면 홍수가 나서 붉은 흙탕물투성이라 적강이라는 별명이 생기기도 했다.

섬진강의 섬은 두꺼비 '섬蟾' 자다. 그 이유는 고려 때 어느 한여름 장마철에 두꺼비가 줄을 지어 몰려들었는데 얼마나 많았는지 늘어선 길이가 자그마치 10리에 달했기 때문이라고 한다. 또 다른 얘기로는 고려 우왕 때 왜구가 이 지역에 침입하자 금 두꺼비들이 몰려들어 시끄럽게 울어대니 왜구가 불길함을 느껴 물러났다고 하며, 이때부터 사람들은 모래가 많다는 뜻의 다사강 또는 대사강이라는 이름 대신 섬진강이라고 불렀다는 것이다.

섬진강은 삼국시대 전에는 백제와 가야의 싸움터였고, 삼국시대에는 백제와 신라가 섬진강 물목을 경계로 삼았기에 역시 치열한 싸움터였다. 그 뒤 고려 때에는 왜구가 섬진강 물길을 거슬러 올라와 침략했고, 조선시대에도 역시 임진왜란 때 수많은 왜군이 이곳 섬진강을 거슬러 올라왔었다.

고종 6년(1869)과 고종 26년(1889) 두 번에 걸쳐 광양민란이 일어났고, 동학농민혁명 당시에는 영호 대접주 김인배가 이끄는 동학농민군 3000~4000여 명이 숨져간 곳이 바로 백운산 자락의 섬진강이었다. 그 뒤 한국전쟁 전후에 공산주의를 신봉했던 김선우가 들어가 피아간에 피를 흘렸다. 백운산은 마이산, 무등산, 조계산을 우뚝 세운 호남정맥이 마지막 힘을 다해 일으켜 세운 해발 1218미터의 명산이다. '살아 있는 식물 생태 보고서'로 불릴 만큼 나무숲이 울창하게 우거져 있는 백운산은 고로쇠 약수와 밤으로 이름이 높다.

섬진강 하구인 광양시 진월면 망덕리의 망덕산에는 조정에 나가 천자를 받드는 천자봉조형 명당이 있다고 알려져 사람들의 발길이 끊이지 않는다. 그 산자락의 망덕나루는 섬진강과 바다가 잇닿는 곳이며, 매년 9월이 일대에서는 전어 축제가 개최된다.

망덕나루에서 보이는 배알도 너머에 광양제철소가 있다.

7

무등산을 바라보다

담양·광주·화순

대나무가 많은 담양

담양군은 백제 때에는 추자혜군이었고, 삼국통일 후 신라 때 추성군으로 고쳤으며, 고려 때부터 지금의 이름으로 불렸다. 1908년에 옥과군의 일부를 합하고 1914년에 창평군을 흡수하여 오늘에 이르렀다. 추월산·금성산·병풍산 등이 솟아 있고, 영산강이 이곳에서 발원하며, 호남정맥은 광주 무등산으로 이어지고 그 아래를 극락강이 흐른다.

고려 후기 문신 강호문康好文의 시에 담양은 "사람을 보내고 맞는 관로管路는 시내 옆으로 나 있는데, 고을은 피폐하고 인민은 쇠잔하여 부역이 많도다. 싸늘한 비와 거친 연기 속에 몇몇 집이 희미한데, 시내 건너 베 짜는 북소리 나니 사람 사는 집이 있도다"라고 나온다.

담양의 진산인 추월산(전남기념물 제4호)은 용면과 전북 순창군 복흥면의 경계에 있으며, 해발 729미터의 그리 높지 않은 산이나 경관이 아름답고, 역사유적도 간직하고 있어 산 전체가 문화재로 지정되어 있다. 기암괴석과 깎아지른 석벽이 많고 계절마다 변화가 뚜렷하며, 담양읍내에서 바라보면 대머리 남자가 누워 있는 듯 보인다. 고려 때 보조국사가 창건했다는 보리암(문화재자료 제19호)이 상봉인 추월봉 아래에 걸린 듯 서 있다. 《신증동국여지승람》에는 추월산 석담에 얽힌 전설이 실려 있다.

추월산 동쪽에 두 개의 석담石潭이 있다. 그 아래에 큰 바위가 있고 그 바위에 굴이 있어서, 물을 공중으로 뿜어 올렸다가 떨어뜨려 커다란 못을 형성하고 있는데, 이것을 '용연분소'라고 일컫는다. 전설에 의하면, 이 바위의 굴은 용이 뚫은 것이라 하며, 용이 꿈틀거리며 지나간 흔적이 지금도 바위 위에 남아 있다. 옛날에 한 안렴사安廉使(고려시대 지방 관직명)가 여기에 왔다가, 용의 모습을 보고 싶다고 했더니, 용이 그 머리를 나타냈는데 안렴사와 서기書記가 용의 눈을 보고 놀라서 기절해 죽었다. 그래서 그 아래쪽에 안렴사와 서기의 묘가 있다.

예부터 담양은 대나무가 많아 죽향竹鄕이라고 불렸다. 조선 후기 실학자 서유구徐有榘의 《임원경제지林園經濟志》에는 "호남인들은 대를 종이같이 다듬어서 청색과 홍색 등 여러 가지 물을 들여 옷상자 등으로 썼다", "그 옷상자는 호남의 담양이 가장 뛰어났다"라고 기록되어 있을 만큼 담양은 죽세품으로도 유명하다. 오늘날 사람들이 담양 하면 떠올리는 장면은 죽녹원의 대숲이다. 2003년 담양군 향교리에 조성된 죽녹원은 16만 제곱미터의 울창한 대숲이 펼쳐져 있으며, 매년 80만 명이 찾는 인기가 높은 관광지이다.

죽녹원

담양의 대표적인 관광명소인 죽녹원에는 죽림욕을 즐길 수 있는 총 2.2킬로미터의 산책로가 조성되어 있다.

금성산성과 강항

추월산의 건너편 금성면 금성리에는 금성산성(사적 제353호)이 있다. 담양군 용면 산성리와 전북 순창군 팔덕면 서흥리의 경계에 있는 산성산의 능선에 쌓은 산성이다. 《신증동국여지승람》에는 "금성산에 고성古城이 있는데, 둘레는 1804자이며 안에는 시내가 한 곳 있다"라고 기록되어 있는데, 금성산에서 산성산으로 이름이 바뀐 것은 산성이 있기 때문으로 보인다.

이곳에 산성을 쌓은 이유는 가파른 암벽과 심한 경사로 인해 동서남북 4개의 통로를 제외하고는 출입이 불가능하고, 주위에 높은 산이 없어 외부에서는 성안의 상황을 알 수 없어 외적의 침입으로부터 방어하기 좋은 입지 조건을 갖추었기 때문이다.

금성산성의 외성은 2킬로미터, 내성은 700미터쯤 되며, 북문은 순창 강천사剛泉寺 계곡으로 연결된다. 확실한 축조 연대는 알 수 없으나《세종실록지리지》의 기록으로 보아 삼국시대에 이미 성이 있었고 고려시대에 다시 쌓은 것으로 추정되며, 조선 태종 9년(1409)에 고쳐 쌓은 후 광해군 2년(1610)에 보수공사를 하면서 내성도 함께 만들었다. 광해군 14년(1622)에는 내성 안에 관청을 건립하고 효종 4년(1653)에 성 위의 작은 담을 수리하면서, 견고한 병영기지로 규모를 갖추었다.

금성산성을 조선시대에는 담양부·송창부, 창평현·옥과현·동북현의 2부 3현이 관할했으며, 병사 600~800명이 상주했다고 한다. 난이 발생하면 보통의 경우 병사들과 양반 그리고 관속들만이 성안으로 들어가 피했지만, 이 성은 7000여 명이 상주할 수 있을 만큼 규모가 컸기 때문에 평민들도 들어가 난을 피했다고 한다.

정유재란 때 일본에 포로로 잡혀갔던 강항姜沆은 억류되어 있던 동안 임금에게 일본의 정세를 적어 보낸 〈적중봉소賊中封疏〉에 "정유년 싸움에 적들이 호남의 여러 성들을 보고 저게 성이냐고 비웃지 않는 자가 없었습니다. 그러나 담양의 금성金城과 나주의 금성錦城을 보고는 조선 사람들이 한사코 지켰더라면 우리가 함락하지 못했을 것이라고 말하더이다. 이 얘기는 전쟁에 따라갔던 왜인 통역에게서 들었습니다"라고 기록했는데, 그의 말처럼 금성산성은 그 모양이 사뭇 난공불락의 요새라고 할 수 있다.

영광에서 태어난 강항의 호는 수은睡隱, 사숙재私淑齋다. 선조 30년(1597)에 휴가를 얻어 고향에 내려와 있던 중 정유재란이 일어나자 호조참판 이광정의 종사관으로 군량미를 수송하는 임무를 맡았다. 아군의 전세가 불리해져 남원이 함락되자 고향으로 내려와 순찰사 종사관 김상준과 함께 격문을 돌려 수백 명의 의병을 모았으나, 영광이 함락되자 가족들을 거느리고 바닷길로 탈출하려다 포로가 되어 일본으로 압송되었다.

강항이 일본에 포로로 있으면서 자신이 가르친 일본인 제자들의 도움을 받아 일본의 지리와 군사시설 등을 속속들이 적어서 조선에 알린 글을 모아 만든 책이 《간양록看羊錄》이다. 원래 강항은 이 책의 이름을 죄인이라는 뜻에서 '건거록巾車錄'이라 했는데, 효종 7년(1656) 가을에 이 책을 간행할 때 그의 제자들이 간양록으로 고쳤다고 한다. '간양'이란 흉노에 사신으로 갔다가 포로로 잡혔던 중국 전한의 정치가 소무蘇武의 충절을 뜻하는 것으로, 강항의 애국 충절을 그것에 견주어 말한 것이다.

《간양록》에는 적지에서 임금에게 올린 〈적중봉소〉와 함께 포로 생활의 참상이 기록되어 있으며, 이후 전란에 대비하여 국내에서 행해야 할 정책까지 쓰여 있다. 또한 당시 일본의 지도인 '왜국팔도육십육주도倭國八道六十六州圖'를 수록하고, 일본의 정세나 풍속을 기록하여 이후 조선의 사대부들이 일본을 이해하는 데 도움을 받았다. 하지만 이 책은 일제강점기에 분서焚書의 화를 입어 현재 희귀본으로 남아 있다.

1980년대에 MBC에서 강항의 일대기를 그린 역사드라마 〈간양록〉이 방영되었는데, 다음은 동명의 주제가 중 한 구절이다.

> 이국 땅 삼경이면 밤마다 찬 서리고
> 어버이 한숨 쉬는 새벽달일세
> 마음은 바람 따라 고향으로 가는데
> 선영 뒷산에 잡초는 누가 뜯으리
> 피눈물로 한 줄 한 줄 간양록을 적으니
> 임 그린 뜻 바다 되어 하늘에 닿을세라

강항의 심정이 담긴 이 노래는 작가 신봉승이 노랫말을 짓고, 조용필이 곡을 엮어 불렀다.

유희춘·정철 등 빼어난 인물이 많았던 창평

담양군의 남부에 위치한 창평면은 조선시대까지 독립된 현이었으나 1914년에 담양군에 속하는 면이 되었다. 《여지도서》에는 창평현에 대해 "남쪽으로는 무등산 자락이 뻗어 나와 있고, 북쪽은 용구산과 통하고 있다. 풍속이 검소·순박하며 인정이 두텁고, 유교의 바른 의리를 숭상한다"고 기록되어 있다. 호남고속도로와 고창담양고속도로가 지나고 있어 창평을 중심으로 광주·고창·장성 등지와 연결되는 도로망이 발달했다.

이 지역 사람들은 '담양 사람이 좀 고집스럽고 보수적이라면, 창평 사람들은 진취적인 성품을 갖고 있다'는 말을 하는데, 예로부터 담양에는 큰 지주가 많았고, 창평에는 굵직한 인물이 숱하게 배출되었다고 알려져 있다. 그중 한 사람이 조선 중기 학자인 미암眉巖 유희춘柳希春이다.

유희춘의 본관은 선산善山이고, 자는 인중仁仲, 호는 미암이며, 부인은 시인 송덕봉이다. 처음에는 최산두에게 배웠고, 뒤에 김안국을 사사한 그는 중종 33년(1538) 별시문과에 급제했다. 중종 39년(1544) 사가독서賜暇讀書한 뒤 수찬·정언 등을 지냈다. 명종 1년(1546)에 대윤大尹과 소윤小尹의 알력이 원인이 되어 을사사화가 일어나자 파직되어 귀향했다. 명종 2년(1547) 양재역 벽서사건에 연루되어 제주도로 유배되었다가 함경북도 종성으로 옮겨 그곳에서 19년 동안 유배 생활을 하게 되었다. 하지만 이황과의 서신 교환으로 주자학에 대한 토론을 계속했으며, 이 지방 유생들을 교육하기도 했다.

선조 원년(1567)에 삼정승의 상소로 석방되어 지제교·대사성·부제학 · 전라도관찰사 · 예조참판 · 이조참판 등을 지내고 낙향했다. 시강원 설서로 세자(후의 인종)의 학문을 도왔고, 선조 초에는 경연관으로 경사經史를 강론했다. 유희춘에게 배운 선조는 항상 "내가 공부를 하게 된 것은 희춘에게 힘입은 바가 크다"라고 말했다. 유희춘은 성격이 소탈하여 집안은 전혀 돌볼 줄 몰랐으나, 사람들과 세상 이야기를 할 때나 학문, 정치의 도리에 대해 말할 때면 남들이 도저히 생각하지 못한 투철한 소견과 해박한 지식을 드러내었으므로 사람들이 그를 어려워했다.

유희춘은 선조 10년(1577) 5월 세상과 작별하기 전까지 11년에 걸쳐 매일같이 한문으로 기록한 친필일기인 《미암일기 眉巖日記》를 남겼다. 그의 일기에는 개인의 일상부터 국정까지 당시의 정치 · 경제 · 사회풍속 등이 상세하게 기록되어 있어 임진왜란으로 선조 25년(1592) 이전의 《승정원일기》가 모두 불타 없어져 《선조실록》을 편찬할 때 첫 10년간의 사료로 사용되었을 만큼 조선시대 개인일기 중 가장 방대하다. 담양군 대덕면 장산리에는 《미암일기》 및 미암집목판(보물 제260호)이 그의 후손들에 의해 보존각에서 보관되고 있다.

한편 창평은 근현대사가 배출한 인물들의 보고이기도 하다. 을사늑약(1905) 이후 벼슬을 그만두고 고향인 담양 창평으로 내려온 춘강春崗 고정주高鼎柱는 호남 최초의 신학문의 요람인 영학숙英學塾과 창평초등학교의 전신인 창흥의숙昌興義塾을 건립하여 인재양성에 전력을 다했다. 여기서 배운 사람들이 고려대학교 총장을 지낸 인촌 김성수와 초대 대법원장을 지낸 가인 김병로 그리고 언론인 고하 송진우 등이다. 창평면 삼천리에는 고정주가 낙향하여 이 지역 한말 민족운동의 근원지가 된 춘강고정주고택(전남민속문화재 제42호)이 있다.

창평면 일대에는 춘강고정주고택 외에도 몇 채의 문화재급 전통주택과 한옥마을의 돌담길 등 전통문화가 많이 남아 있다. 전통과 생태가 잘 보존되어 있는 창평면은 2007년 12월 1일 '치타슬로Cittaslow 국제연맹'으로부터 슬로시티로 인정받아 슬로라이프를 체험하고자 하는 사람들의 발길이 이어지고 있다.

사미인곡의 탄생지

조선시대에는 창평현에 속해 있던 고서면 원강리는 가사문학의 대가 송강松江 정철이 〈사미인곡思美人曲〉을 쓴 곳이자 후손들이 그를 기리기 위해 송강정松江亭(전남기념물 제1호)을 세운 곳이다.

서울 출생인 정철은 유복한 가정에서 태어났으나 명종 즉위 후 발생한 을사사화에 부친과 형이 연루되면서 가세가 기울어 당시 전라도 창평으로 낙향하여 약 10여 년을 지냈다. 그러나 이 시기에 그는 기대승이나 김인후, 유희춘 등을 만나 학문을 배웠고, 이이나 성혼 등과 교류하면서 자신의 이름을 알리기 시작했다.

명종 17년(1562) 과거에 급제하며 관료생활을 시작했으나 주목받지 못하다 선조 즉위 후 이조좌랑을 시작으로 다시 관직생활을 시작했다. 서인에 속해 있던 정철은 선조 7년(1584)에 대사헌이 되었으나, 동인의 탄핵을 받아 다음해에 창평으로 내려와 4년 동안 초막을 짓고 은거생활을 했다.

그는 이 초막을 죽록정竹綠亭이라고 이름 짓고 이곳에 머물면서 〈사미인곡〉과 〈속미인곡〉을 비롯하여 많은 시가를 지었다.

이 몸 삼기실 제 님을 조차 삼기시니
한생 연분緣分이며 하날 모랄 일이런가
나 하나 졈어 잇고 님 하나 날 괴시니
이 마음 이 사랑 견졸 대 노여업다

〈사미인곡〉의 첫 구절이다. 당쟁에 휘말려 지방에 내려와 살면서도 임금을 사모하는 심경을 남편과 이별하고 사는 부인의 심사에 비유한 글에는 선비의 충정이 배어난다.

영조 46년(1770)에 후손들이 죽록정을 중수하여 송강정이라 했다. 송강정은 정면 2칸·측면 3칸 규모의 팔작지붕 건물이며, 앞에는 '송강정'이라는 현판이, 옆에는 '죽록정'이라는 현판이 걸려 있다.

담양군의 남쪽에는 전라남도의 중심 도시인 광주광역시가 자리잡고 있다.

광주, 그 영원한 도시

호남 오십 고을 중에서 경치는 내 고향을 꼽는다네
산은 높은 누각과 멀리 대하였고 연못엔 좋은 달빛 잠겼더라

담양 송강정

가사문학의 대가 송강 정철이 〈사미인곡〉을 쓴 담양 고서면 원강리에는
그의 후손들이 정철을 기리기 위해 세운 송강정이 있다.

대숲 깊은데 뜰은 고요하고 꽃 가까우니 술잔도 향기롭구나

물건마다 시홍을 돋우니 어찌 봄날이 긴 줄을 알랴

조선 초기 문신인 성임成任이 찬탄한 아름다운 고을 광주는 백제 때 무진주 혹은 노지라 했으며, 신라 경덕왕 16년(757)에 무주로 고쳐 현 전라남도 지역의 중심 치소로 삼았다. 진성여왕 6년(892)에 견훤이 이곳을 근거로 스스로를 왕으로 칭하다가 전주로 옮겨가서 후백제를 세웠다. 고려 태조 23년(940)에 광주로 이름을 고쳤으나 이후 숱한 변천을 겪었다. 조선 문종 1년(1451)에 광주목이 되었으나 성종 12년(1481)에 판관 우윤공禹允功이 부민이 쏜 화살에 맞는 사건이 일어나 광산현으로 강등되었다. 강등이 되면서 이름까지 바뀐 것은 태종 때 도명·읍명 등을 개칭하면서 목 이외의 고을에서는 '주州' 자 대신 '산山'이나 '천川'으로 대체하게 했기 때문이다. 광산이라는 지명은 광산군으로 남아 있다 1988년 광산군이 광주직할시 광산구로 편입되면서 자치구가 되었다. 광주는 1995년 1월 1일 직할시의 명칭이 광역시로 변경되었다.

조선 초기 유학자 신숙주의 〈희경루기喜慶樓記〉에 "광주는 서쪽으로 나주와 통하고 풍토와 기후가 넓고 시원하여 예로부터 경치가 이름난 마을이 많고, 또 높은 벼슬을 지낸 사람도 많았다"라고 기록되어 있는 광주시는 인구수로는 남한 도시 중 다섯 번째이며, 부산과 더불어 한반도의 남쪽을 지탱하는 중요한 구실을 한다. 그러나 광주가 원래부터 전라도에서 가장 중심을 이루는 큰 도시는 아니었다. 전라감영이 있던 전주와 나주의 머리글자를 따서 '전라도'라는 이름을 지은 데서도 알 수 있듯이, 조

선 말기까지는 수운이 편리하고 그 언저리에 넓은 농토가 있는 나주가 전라남도 지역을 대표했다. 고종 33년(1896)에 전국 십삼도제가 실시되면서 전라남도청을 광주로 옮겼는데, 그전까지만 해도 광주는 나주의 행정 그늘에 묻혀 있었다.

광주가 나주에 밀린 이유를 두고 나주는 고려 태조의 처가가 있는 곳으로 태조가 나라를 세우는 데에 도움을 받았던 지방인 데 반해, 광주는 한때 후백제의 견훤이 자리한 도읍이었기 때문이라는 설도 있다.

광산의 진산인 무등산은 우뚝하여
해동에서 이름을 날리네
옛날에는 좌막을 지냈는데
오늘날 또다시 풍화를 살피도다
밤이 차니 벌레가 자리에서 시끄럽고
구름이 걷히니 달이 하늘에서 가득하구나
객창에 근심으로 잠 못 이루니
이별의 한이 더욱 겹치고 겹치누나

《신증동국여지승람》에 실린 조선 전기 문신 고태필高台弼의 시에도 나오듯이, 광주의 진산인 무등산은 《세종실록지리지》에 "무등산 꼭대기에 줄바위 수십 개가 있는데, 삐죽하게 선 것이 높이가 100여 자나 된다. 그 산이 오래 가물다가 비가 오려고 하거나 장마가 개려고 할 때에는 우레 같은 소리가 자주 나는데 수십 리 밖까지 들린다"라고 나오며, 광주는

"땅이 메마르다"라고도 기록되어 있다. 조선시대에 이르러서 광주는 나주 못지않은 큰 고을이 되었다. 정조 13년(1789)에 실시한 호구조사에 따르면 나주 인구는 5638명이었고, 광주 인구는 그에 버금가는 5525명이었다.

고려 때 문장가인 김극기의 시에 광주는 "모든 봉우리가 거듭 겹쳐 있고, 모든 골짜기는 구불구불하다"라고 나오고, 고려 말 학자 이집李集의 문집 《둔촌잡영遁村雜詠》에는 "광주는 남부 지방의 가장 웅장한 진영이며, 옛날의 풍류가 지금까지도 남아 즐기고 있다"라는 대목이 등장한다.

문화의 도시이자 저항의 도시

김상헌이 "글 읽는 소리가 성대하니 유학을 숭상하는 기풍이다. 뛰어난 인재와 훌륭한 선비들이 명분과 행실을 힘써 닦는다"라고 노래한 광주가 전라도의 중심 도시로 자리잡게 된 것은 그리 오래전 일이 아니다. 조선을 강점한 일본이 대륙 침공과 자원 반출을 위해 광주 대신 항구 도시인 목포를 더 많이 개발하고 이용했기 때문이다. 호남선이 광주를 비켜 송정리(현 광주시 광산구 송정동)를 거쳐 목포로 이어졌고, 목포가 1910년에 이미 부로 승격한 데 비해 광주는 1935년에야 비로소 부가 되었다.

광주는 광복 후 전라남도에서 가장 큰 도시가 되었고, 도청 소재지답게 행정과 상업이 제구실을 하기 시작했다. 한국전쟁 때 육군 훈련 부대가 상무동의 상무대에 자리한 뒤로 광주는 전라남도의 행정, 상업, 교육

무등산

무등산은 어느 방향에서 바라보든 그저 하나의 봉우리로 이루어진 듯하지만 올라가서 내려다보면 사방으로 가지를 뻗은 큰 골짜기들이 여러 갈래로 나 있다. 사진은 무등산의 설경.

의 확고부동한 중심지로 자리잡았다. 광주가 호남 지역을 대표하는 도시가 된 것은 인구 규모뿐 아니라 호남의 문화를 지켜가는 데에도 큰 몫을 하고 있기 때문이다. 특히 광주는 전라감영이 있었던 전주와 더불어 호남 지방의 문화를 지켜가는 중심축을 이루고 있으며, 느긋하고 구성진 전라도의 노랫가락에서 짐작되듯 독특한 지방 문화의 풍류를 찾아볼 수 있는 곳이고, 그래서 문화 수도로의 도약을 꿈꾸고 있는 중이다.

한편 광주의 역사에서 빼놓을 수 없는 것이 불의에 맞서 일어서는 저항 정신이다. 고종 31년(1894)에 일어났던 동학농민혁명에 4000여 명의 광주 사람이 참여했고, 국권피탈 후 항일활동기에는 1919년 3·1운동에 적극적으로 참여했다. 그러한 저항 정신이 1929년에 일어난 광주학생항일운동에서 유감없이 발휘되었다.

1929년 6월 26일 광주고보 학생들이 수업을 거부하고 하교하는 사태가 일어난 날, 통학 열차가 운암역을 통과할 때 일본인 중학생이 "한국인은 야만스럽다"라고 한 말이 도화선이 되어 일본인 중학생들과 광주고보 학생들의 충돌 사건이 일어났다. 이 사건으로 인하여 광주 지역의 학생들 간에 대일 감정이 극도로 악화되어 있던 1929년 10월 30일 오후 5시 반, 광주발 통학 열차가 나주에 도착하여 학생들이 집찰구를 걸어 나올 때의 일이다. 일본인 학생 몇 명이 광주여고보 학생인 박기옥·이금자·이광춘 등의 댕기머리를 잡아당기면서 모욕적인 발언과 조롱을 했다.

그때 역에서 나오던 박기옥의 사촌동생이며 광주고보 학생인 박준채 등이 격분하여 그들과 격돌하면서 광주학생항일운동이 발발했다. 사태는 11월 1일 광주역 사건으로 급진전되었고 광주학생항일운동은 시가전 양상을 띠고 확대되었다. 일본 경찰은 조선인 학생들에게만 책임을 지워 잡아들였으므로 이에 광주의 학생들이 모두 일어나 잡혀간 학생들의 석방과 더불어 민족 차별 철폐, 약소민족 해방, 제국주의 타도를 외치며 시위를 벌였다.

광주학생항일운동은 3·1운동 이후 최대의 민족 항쟁이라고 할 수 있었다. 학생운동은 전국으로 번져 나가 시위운동에 참가한 학생이 전국에 걸쳐 194개 학교 5만 4000여 명에 이르렀고, 퇴학 처분된 학생이 582명, 무기정학 2330명, 검거 1642명이었다.

민주화의 성지 광주

광주의 역사에서 1980년 5월에 일어난 5·18광주민주화운동만큼 엄청난 사건은 없었을 듯하다. 남조선민족해방전선사건으로 오랫동안 수감되어 있다가 출옥 후 작고한 김남주 시인이 그의 시 '학살 1'에서 당시의 상황을 다음과 같이 노래했다.

> 오월 어느 날이었다
> 80년 오월 어느 날이었다
> 광주 80년 오월 어느 날 밤이었다
>
> 밤 12시 나는 보았다
> 경찰이 전투경찰로 교체되는 것을

밤 12시 나는 보았다
전투경찰이 군인으로 대체되는 것을
밤 12시 나는 보았다
미국 민간인들이 도시를 빠져나가는 것을
밤 12시 나는 보았다
도시로 들어오는 모든 차량들이 차단되는 것을

아 얼마나 음산한 밤 12시였던가
아 얼마나 계획적인 밤 12시였던가

(…)

아 게르니카의 학살도 이렇게는 처참하지는 않았으리
아 악마의 음모도 이렇게는 치밀하지는 못했으리

김남주 시인이 피울음처럼 토해낸 시 속의 광주를, 김준태 시인은 "아 아! 광주여 이 나라의 십자가여"라고 노래했다. 인구 70만 명의 도시가 온통 항쟁에 휘말렸고 그 충격이 온 나라의 정치와 사회를 소용돌이치게 한 점에서 광주는 말할 것도 없고 이 나라 전체 역사에서도 드물었던 거대한 사건이었다.

동구 광산동에는 5·18광주민주화운동 당시 시민군이 계엄군에 맞서 최후 항전을 벌였던 전라남도청 구 본관(등록문화재 제16호)이 있다. 1930년에 건립되어 70년 이상 전라남도의 행정적 중심이 된 곳이자 5·18광주 민주화운동의 산현장인 이 건물은 2008년 문화체육관광부가 국립아시아 문화전당을 짓기 위해 착공에 들어갔으나 5·18 관련 단체들이 공동대책위를 만들어 철거 저지 농성을 벌인 끝에 '민주화의 성지'로서 현재까지 보존되고 있다. 현재 전라남도청은 전라남도 무안군 삼향읍 남악리로 이전했다.

아픈 역사를 간직한 광주에서 너릿재를 넘으면 화순에 이른다.

풍속이 화순한 고을

마을 연기 한 가닥 성긴 울타리에 연했는데
곳곳의 꽃 숲에 콩새가 우네
동네 길 어둡지 않아 소가 홀로 가고
강 구름 장차 비가 오려나 제비가 낮게 나네
풍속이 소박하고 간략하니 종래부터 후했고
산이 순수한 정기를 감췄으니 발설하기 더디네

세조 때 사람 허종許琮이 화순을 두고 읊은 시다.

화순 지역은 조선시대 화순현, 능주목, 동북현 지역이었다. 《삼국사기》 지리지에는 "능성군은 본래 백제의 이릉부리군으로 경덕왕이 개칭하여 지금도 그대로 부른다. 이 군에 속한 영현이 둘이다. 부리현은 본래 백제의 파부리군으로 경덕왕이 개칭하였는데 지금의 복성현이다. 여미현은 본래 백제의 잉리아현으로 경덕왕이 개칭하였는데 지금의 화순현이다" 라고 기록되어 있어 현재의 지명을 유추할 수 있다. 화순, 능주, 동복은 통합과 분리가 반복되다가 고종 33년(1896)에 전라남도 화순군이 되었다.

화순군 능주면 남정리에는 조선 중종 때 이곳에 유배 온 조광조趙光祖의 자취가 남아 있다. 조광조는 조선의 대표적 개혁사상가로 당시 사람들은 그를 일컬어 광자狂者 또는 화태禍胎(재앙을 낳는 사람)라고 불렀다. 그것은 적당히 머리 조아리고 요령껏 사는 사람들이 판을 치는 세상에서는 원칙에 철저하고 앎과 행함을 일치시키려 하는 사람을 용납하지 않기 때문인데, 그러니 조광조의 앞선 실천이 도리어 화를 가져오는 미친 짓으로 보였을 것이다.

실천주의자였던 조광조는 평안북도로 귀양을 간 김굉필金宏弼에게서 열일곱 살의 어린 나이에 성리학을 배웠다. 그는 성리학만이 당시의 만연된 사회 모순을 해결하고 새 시대를 이끌어갈 수 있는 이념이라고 확신했다. 중종의 절대적인 신임을 받던 조광조는 30대의 젊은 나이로 사정司正의 최고 책임자인 대사헌에 오르면서 개혁의 강도를 한층 더 높였다. 그러나 중종반정으로 책봉된 공신들 중 하자가 있는 사람들을 공신 명단에서 삭제하는 것이 훈구척신파의 반발을 불러일으켰고, 개혁의 동반자였던 중종의 사림 견제 심리까지 더하여 기묘사화가 일어나게 되었다. 결국 조광조의 개혁 정치는 실패로 돌아갔다.

훗날 이이는 《석담일기石潭日記》에서 "자질과 재주가 뛰어났음에도 학문이 부족한 상태에서 정치 일선에 나아가 개혁을 급진적으로 추진하다가 결국 실패하고 말았다"라고 조광조를 평가했다. 중종 14년(1519) 11월에 능주로 유배된 조광조는 그해 12월 20일 적소에서 죽음을 예감한 듯 "신하 한두 사람 죽이지 못한대서야 임금이라고 할 수가 있겠는가"라며 도무지 알 수 없는 말을 뇌까렸고, 곧바로 사사賜死의 명을 받았다. 그때 그의 나이 서른여덟이었다. 다음은 조광조가 죽기 전에 남긴 시다.

임금을 어버이같이 사랑하였고
나랏일을 내 집 일같이 근심하였네
밝은 해가 아랫 세상을 굽어보니
충정을 밝게 비추리라

조광조가 죽은 후 선조 대에 와서야 영의정에 추증되어 문묘에 배향되었다. 그가 유배를 왔던 능주에는 현종 8년(1667) 4월 능주목사를 지내던 민여조가 조광조의 능주 귀양살이를 추모하기 위하여 정암조광조선생적려유허비(전남기념물 제41호)를 세웠다. 비의 앞면에는 '정암조선생적려유허추모비'라고 새겼고, 뒷면에는 조광조의 유배 내력이 적혀 있다. 비문은 송시열이 짓고 글씨는 송준길이 썼다.

천불천탑이 있었다는 운주사와 고인돌 유적지

도선국사가 하룻밤 사이에 천불천탑千佛千塔을 세웠다는 전설을 간

운주사 석불

운주사에는 천불천탑이 있었다고 하는데 지금은 석불 100여 구와 석탑 21기만이 남아 있다. 사진은 운주사 석불.

화순 효산리와 대신리 지석묘군

화순군 효산리 모산마을에서 춘양면 대신리로 넘어가는 보성재 양쪽 계곡 지역에
청동기시대의 고인돌 596기가 분포되어 있다.

직한 운주사지(사적 제312호)는 화순군 도암면 대초리의 나지막한 야산 분지에 있는 고려시대의 절터이다.

도선이 우리나라의 지형을 배로 보고, 배의 중간에 해당하는 호남은 영남보다 산이 적어 배가 한쪽으로 기울 것이라고 염려해 이곳에 하루낮 하룻밤 사이에 도력道力으로 천불천탑을 조성했다고 한다. 이 전설을 뒷받침이나 하듯이 절에서 멀지 않은 춘양면에는 돛대봉이라는 산이 있다. 돛대봉에 돛을 달고 운주사에서 노를 젓는 형세라고 한다. 그러나 운주사와 도선국사가 연관이 있다는 것은 어떤 문헌에도 나오지 않는다.

절의 창건 연대는 알려지지 않았으나 고려 중기에서 말기까지 매우 번창했던 사찰로 보이며, 15세기 후반에 중건되었다가 정유재란으로 폐찰되었다. 운주사雲住寺는 '구름이 머무는 곳'이라는 뜻을 지니고 있는데, '배를 움직인다'는 뜻의 운주사運舟寺로 불리기도 한다.

운주사는 석불과 석탑이 여기저기 자리하고 있는 특이한 사찰이다. 《신증동국여지승람》에 의하면 과거 운주사에 천불천탑이 있었다고 하는데 지금은 석불 100여 구와 석탑 21기만이 남아 있다. 석불상은 10미터에 이르는 거불에서 수십 센티미터 크기의 소불까지 여러 종류가 산과 들에 흩어져 있고, 석탑 21기 또한 산이나 들 여기저기에 즐비하게 서 있다. 이 가운데 운주사 구층석탑(보물 제796호), 운주사 석조불감(보물 제797호), 운주사 원형다층석탑(보물 제798호)은 고려시대에 만들어진 대표적인 문화재이다.

현재 운주사에는 대웅전과 지장전·법성료·범종각·객실·요사채가 있으며, 비구니들의 수도처로 이용되고 있다.

화순 지역 도곡면 효산리와 춘양면 대신리에는 화순 고인돌 유적지가 지석천을 따라 야트막하게 이어진 언덕의 능선에 총 596기의 고인돌(지석묘支石墓)이 흩어져 있다. 1995년 12월 목포대학교 이영문 교수에 의해 발견되어 학계에 보고된 고인돌 유적은 주로 탁자식 고인돌이며 보존 상태도 좋다. 이곳에서는 고인돌뿐 아니라 갖가지 양식의 무덤이 확인되었고 청동기 장신구류와 석기류, 토기류 등의 유물도 나왔다. 또한 덮개돌을 캐내던 채석장이 산기슭 곳곳에 보존되어 있을 뿐 아니라 채석하다 중단된 석재 등이 그대로 남아 있어 고인돌 축조 과정에 대한 일련의 과정을 살펴볼 수 있다.

화순 효산리와 대신리 지석묘군(사적 제410호)은 고창과 강화도의 고인돌 유적과 함께 유네스코 세계문화유산에 등재되었다.

붉고 푸른 숲 사이의 쌍봉사

화순군의 대표적인 하천인 지석천은 화순군 이양면에서 발원하여 나주시 금천면에서 영산강으로 흘러든다. 지석천의 발원지 부근에 있는 쌍봉사(전남기념물 제247호)는 《신증동국여지승람》에는 "중조산에 있다"라고 기록되어 있다. 고려 때 문신 김극기는 쌍봉사에 와서 다음의 시를 남겼다.

단청한 집이 붉고 푸른 숲 사이에 서로 비치니
지경의 한가한 모습 속된 안목으로 예전에 보지 못하던 것일세

학은 푸른 고궁에 날아서 지둔(남북조 시대의 승려)을 하직하고
물고기 금빛 못에 놀면서 혜관에게 감사하네
어지러운 봉우리는 옥잠같이 난간에 이르러 빼어났고
놀란 여울은 구슬 패물처럼 뜰에 떨어지는 소리로세
말하다가 갑자기 조계 물을 보니
일만 길 하늘에 연해 노여운 물결 일어나네

쌍봉사는 신라 경문왕 때 철감선사가 이곳의 산수가 수려함을 보고 창건했다고 알려졌다. 그러나 전남 곡성의 태안사에 있는 적인선사탑에 신라 신무왕 원년(839)에 적인선사 혜철이 당나라에서 돌아온 후 쌍봉사에서 하안거 夏安居(승려들이 여름 동안 한곳에 머물면서 수도하는 일)를 지냈다고 적혀 있다. 따라서 쌍봉사는 신무왕 원년(839) 이전에 창건되었으며, 여러 기록으로 보아 철감선사가 주석駐錫하던 시기에 사세가 크게 일어났을 것으로 추정된다. 그래서 그런지는 몰라도 쌍봉사는 철감선사의 호인 쌍봉雙峯에서 비롯된 것이고, 선사가 입적한 뒤에 세운 철감선사탑(국보 제57호)과 철감선사탑비(보물 제170호)와 같은 유적이 남아 있다.

철감선사탑은 팔각으로 이뤄져 있으며, 대부분 잘 남아 있으나 아쉽게도 꼭대기의 머리장식은 없어진 상태다. 탑의 무게를 지탱하고 있는 기단基壇은 밑돌·가운데돌·윗돌의 세 부분으로 갖춰져 있으며, 특히 밑돌과 윗돌의 장식이 눈에 띄게 화려하다. 통일신라시대뿐 아니라 우리나라 전 시대에 걸쳐 첫손에 꼽히는 철감선사탑 옆에 있는 철감선사탑비는 같은 시기에 만들어진 것으로 보이며 비신은 없어지고 귀부와 이수만이 남아

쌍봉사 대웅전

신라 경문왕 때 철감선사 도윤이 산수의 수려함을 보고 창건한 쌍봉사에는 국보인 철감선사탑과 여러 점의 문화유산이 남아 있다. 사진은 쌍봉사 대웅전.

있다. 전체적인 조각 수법이 뛰어나며 특히 귀부의 조각 기법은 매우 훌륭한 경지에 이르렀다고 할 수 있다.

그 밖에 법주사 팔상전과 함께 우리나라 목탑의 원형을 추정할 수 있는 귀중한 목조 건물인 대웅전은 보물 제163호로 지정되어 있지만, 1984년 화재로 소실되어 새로 지은 것이라 아쉽기만 하다. 다행히도 대웅전 안에 모셔진 목조삼존불상(전남유형문화재 제251호)은 화를 입지 않았다.

김삿갓의 마지막을 지켜본 동복

화순군 동복면 구암리는 구름처럼 떠돌았던 김병연金炳淵, 즉 김삿갓이 이곳의 절경에 반해서 그의 고향인 경기도 양주 땅을 버리고 일생을 마감한 곳이다.

김삿갓의 조부는 홍경래洪景來의 난이 일어났을 때 선천방어사로 있던 김익순金益淳이었다. 홍경래의 난이 일어나자 항복한 김익순은 홍경래의 난이 진압된 뒤 모반죄로 처형되고 말았고, 그러한 사실을 알게 되면서 김삿갓의 유랑은 시작되었다. 이 나라에 그의 발길이 닿지 않은 곳이 없었고, 그때마다 그는 시를 지었다. 다음은 이중적인 표현이 일품인 '이십수하二十樹下'라는 시다.

二十樹下三十客 스무나무 아래 서러운 나그네가
四十家中五十食 망할 놈의 집안에서 쉰 밥을 먹네

人間豈有七十事 인간 세상에 어찌 이런 일이 있으랴
不如歸家三十食 차라리 집으로 돌아가 선 밥을 먹으리라

그의 시에는 평생을 떠돌아다니며 받았던 수모와 비애가 절로 묻어나는데, 그는 또 다음과 같은 시를 짓기도 했다.

만사는 늘 정해져 있거늘
뜬 구름 같은 인생
공연히 스스로만 바쁘구나

천지간을 제 집으로 알고 대자연을 제 정원이라 여기면서 떠돌아다니던 김삿갓을 서울에서 만났던 황오黃五라는 사람은 다음과 같이 그를 평했다.

그는 술을 잘 마시고, 우스갯소리를 좋아하며, 시를 잘 짓고, 취하면 가끔 대성통곡을 하였다. 평생 과거를 보지 않았다니 괴상한 사람이다. 밤이 깊어 나를 발길로 건드리면서 금강산 구경을 했느냐고 물었다. 그래서 금강산은 좋은 고장으로 꿈에도 그리워하고 있으나 아직 못 보았다고 하자, 눈을 부라리고 말하기를 "나는 해마다 금강산 구경을 하네. 봄에도 가고 가을에도 가고"라고 답하였다.

김삿갓은 철종 14년(1863) 3월 29일 아름다운 전라도 동복 땅에서 한

많은 생을 마감했다. 이 소식을 전해들은 그의 아들 익균이 천릿길을 달려와 아버지의 시신을 메고 돌아가 강원도 영월군 하동면 와석리의 싸리골에 묻었다.

8

수지니, 날지니 쉬어 넘는 고개

장성 · 영광 · 함평

바람도 쉬어 넘는 장성 갈재

'봄 백양, 가을 내장'이라 할 만큼 자연경관이 빼어난 장성군은 백제 때에는 고시이현이었고, 신라가 삼국을 통일한 후 경덕왕 때 갑성군으로 개칭되었으며, 고려 때 지금의 이름을 얻었다.

장성군은 단풍으로 유명한 내장산국립공원을 중심으로 백암산·백양사·장성호 등 많은 관광자원을 보유하고 있다 보니 이곳에서 시를 읊은 선비들이 많았는데, 조선 전기 문신 조종생趙從生은 "산이 둘러 있고 물이 굽이쳐 스스로 하늘을 이루었네"라 했고, 노숙동盧叔仝은 "한 조각 용천은 푸른 비단을 끌고, 천 길 대악은 푸른 하늘에 솟았네"라고 노래했다. 또한 장성은 산세가 험해 《신증동국여지승람》에 "고갯길이 호젓하고 험해서 도적이 떼 지어 다니며 대낮에 사람을 죽이고 약탈함으로 나그네가 지나다니지 못하기 때문에 중종 15년(1520)에 보방수堡防守를 두어 위령군보葦嶺軍堡를 쌓았다"고 기록되어 있기도 하다.

전라북도와 도계를 이루는 장성의 북쪽은 백양산이 내장산과 안팎을 이루고 있으며, 입암산이나 방장산 같은 해발 600~700미터가 넘는 큰 산들이 마치 긴 성처럼 군을 둘러싸고 있다. 정읍에서 장성으로 넘어가는 고개 갈재를 기점으로 해서 산맥이 두 갈래로 나뉘어 장성군의 동쪽과 서쪽으로 쭉 뻗어 내린다. 입암산을 상봉으로 해서 뻗어 내린 한 줄기는 담양군과 맞붙은 동쪽 지역에 해발 822미터의 병풍산, 602미터의 불태산 같은 꽤 험한 산을 세워놓았으며, 방장산을 상봉으로 해서 뻗어 내린 또 다른 한 줄기는 영광군과 맞붙은 서쪽 지역에 고성산, 태청산, 문수산 같은 해발 500미터가 넘는 산들을 줄지어 늘어놓았다.

《대동지지》에 "갈치葛峙는 서쪽으로 70리, 정읍으로 들어가는 길"이라고 기록된 갈재는 남도 사람들이 서울로 갈 때 꼭 넘어야 하는 고개로 해발 276미터에 지나지 않지만 제법 험한 고개로 노령蘆嶺이라고도 한다. 영조 때 문신 이정보李鼎輔는 이 고개를 넘으며 다음의 시를 읊었다.

> 바람도 쉬어 넘는 고개
> 구름이라도 쉬어 넘는 고개
> 산진山陣 수진水陣 해동청 보라매도
> 다 쉬어 넘는 고봉 장성령 고개
> 그 넘어 임이 왔다 하면
> (나는) 아니 한 번도 쉬어 넘어가리라

갈재는 하늘에 떠 있는 구름마저 쉬어 넘을 만큼 산세가 험했을 뿐 아니라 위험한 길이다 보니 많은 이야기들이 전해 내려온다.

백양사

장성군은 단풍으로 유명한 내장산국립공원을 중심으로 백암산·백양사·장성호 등 많은 관광자원을 보유하고 있다. 사진은 백양사 전경.

갈애바위의 전설

갈재 바로 아래에 지금은 호남고속도로가 지나는 호남터널이 있고, 바로 아래 왼쪽 산 능선을 바라보면 윗부분에 마치 사람의 눈썹과 콧마루처럼 선이 파인 바위가 보인다. 미인바위 또는 갈애바위라고 하는 이 바위는 전설을 간직하고 있다.

호남 지역의 남북을 연결하는 갈재는 도보로 이동하던 시절부터 교통의 요충지였다. 조선시대에는 부임하는 관리도 넘고 봇짐장수도 넘고 귀양 가는 죄인도 넘고 과거 보러 가는 선비도 넘던 길목이었다. 오가는 길손들이 쉬어 가던 갈재의 주막집에는 갈애라 불리는 딸이 있었다.

갈애의 어머니는 뒷산 미인바위를 둘러싼 영롱한 구름 속에서 예쁜 처녀가 나와 치마 속으로 들어오는 꿈을 꾸고는 딸을 낳았는데, 그 때문인지 갈애는 미인으로 자라났다. 숱한 선비들이 갈애에게 넋을 잃었고 장성현감까지 갈애에게 홀려 공사를 돌보지 않고 공금까지 탕진했다. 나라에서는 이 일을 바로잡기 위해 장성으로 어사를 보냈지만, 그 어사마저 갈애와 사랑에 빠지고 말았다. 이에 조정에서는 선전관을 보내 어사와 갈애를 처벌하게 했다. 장성에 도착한 선전관은 어사와 갈애가 자는 방에 뛰어들어 어사의 목을 베고서 갈애의 얼굴을 내리쳤다. 그때 갑자기 음산한 바람이 일고 공중에서 여인의 울음소리가 나더니 자리에 핏자국만 남긴 채 갈애는 사라져버렸다. 그 후로 미인바위의 오른쪽이 칼에 맞은 듯 찌그러졌다고 한다.

이 바위에 얽힌 또 하나의 전설은 갈이라는 기생에 대한 것이다.

조선 초에 갈이라는 기생이 살았는데, 그녀는 아름답고 총명했으나 출

갈재

갈재는 정읍에서 장성으로 들어오려면 반드시 넘어야 하는 고개이며, 이 고개를 기점으로 산맥이 두 갈래로 나뉘어 장성군의 동쪽과 서쪽으로 쭉 뻗어 내린다.

생이 미천하여 기생이 될 수밖에 없었다. 갈이는 매일 미인바위 앞에서 빼어난 미모로 지나가는 선비들을 현혹했다. 그러던 어느 날 이곳을 지나던 선비 하나가 갈이를 보고 요사스러운 계집은 없어져야 한다면서 그녀를 칼로 내리쳤다. 그 뒤 미인바위는 갈이바위로 불리게 되었다고 한다.

장성군에는 갈재 말고도 험한 산들이 만들어놓은 고개가 많다. 풍수지리상으로 볼 때는 이러한 장성의 지형이 용 두 마리가 고을을 감싸고 있는 것 같다고도 하고, '좌청룡 우백호'의 지세라고 말하기도 한다. 그런가 하면 이곳의 빼어난 경관에 취한 암행어사 박문수가 산수가 좋기로는 '첫째가 장성, 둘째가 장흥'이라고 했다는 말도 전해온다. 그래서 장성 사람 중에는 이곳에서 굵직한 인물들이 많이 나온 것이 명당이 많기 때문이라고 믿는 사람들이 있다.

유림의 고을 장성의 필암서원

호남에서 유림의 4대 고을을 꼽는다면 광나장창光羅長昌이라고 하여 광주, 나주, 장성, 창평(현 담양군 창평면)을 말한다. 선비가 많고 학문이 성했던 장성에는 선비정신의 맥을 잇는 필암서원·고산서원·봉암서원 등이 곳곳에 남아 있다. 그중 장성군 황룡면 필암리에 있는 필암서원이 가장 유명하다.

필암서원(사적 제242호)은 선조 23년(1590)에 하서 김인후金麟厚를 추모하기 위해 지어졌다. 조선 중기 문신 김인후는 태극도설이라는 독자적

갈애바위

전라북도에서 전라남도로 넘어가는 호남터널을 지나자마자 산 능선을 바라보면 윗부분에 마치 사람의 눈썹과 콧마루처럼 선이 파인 갈애바위가 보인다.

인 학설을 내세웠던 빼어난 성리학자였을 뿐만 아니라 성균관의 대성전에 이 나라 18현인 중 전라도 사람으로는 유일하게 속해 있어 전라도, 특히 장성 사람들에게 큰 긍지를 갖게 하는 인물이다.

어려서부터 시를 잘 지었던 김인후는 10세 때 김안국에게 《소학小學》을 배웠고, 중종 23년(1528)에 성균관에 입학하여 수학했고, 중종 26년(1531) 성균관 사마시에 오른 뒤 이황 등과 함께 학문을 닦았다. 홍문관 부수찬을 지내는 등 벼슬길에 나아가기도 했으나 을사사화가 일어나자 병을 핑계로 고향으로 돌아와 성리학을 연구하며 평생을 보냈다. 학문에서는 특히 성誠·경敬을 중히 여겼고 천문·지리·의약·산수·율력 등에도 조예가 깊었다. 그의 집 앞은 인근 고을에서 배움을 청하러 온 선비들로 문전성시를 이루었는데, 그 가운데는 송강 정철도 있었다.

그리 높지 않은 유민산이 뒤를 감싸고 있는 가운데 평지에 자리잡은 필암서원은 공부하는 곳을 앞쪽에, 제사 지내는 곳을 뒤쪽에 배치한 전학후묘前學後廟의 형태로서, 휴식처가 되는 확연루를 시작으로 수업을 받는 청절당, 그 뒤에 학생들이 생활하는 공간인 동재와 서재가 자리잡고 있다. 그리고 그 북쪽으로는 문과 담으로 별도의 공간을 만들어 사당을 두고 제사를 지냈다.

청절당에는 조선 후기 문신 윤봉구尹鳳九가 쓴 '필암서원' 현판이, 확연루에는 우암 송시열이 쓴 현판이 걸려있다. 옛 규모를 잘 간직하고 있는 필암서원에는 노비보, 원장선생안, 집강안, 원적, 봉심록, 서원성책 등 인조 2년(1624)부터 1900년경까지의 문적 일괄(보물 제587호)과 인종이 김인후에게 하사했다는 묵죽도, 하서유묵 등 60여 건의 자료가 남아 있다.

필암서원

필암서원은 전라도 사람으로는 유일하게 성균관 대성전에 모셔진 18현인 중 한 명인 김인후를 추모하기 위해 지어졌다.

청산도 절로절로 녹수綠水도 절로절로,
산山 절로 수水 절로 산수山水 간에 나도 절로,
이 중에 절로 자란 몸이 늙기도 절로 하리라

자연의 섭리 속에서 자연의 일부가 되어 살아가는 사람들의 삶의 모습을 자연에 빗대어 노래한 김인후를 모신 필암서원은 대원군의 서원철폐령에도 훼철毁撤되지 않았으며, 일제강점기나 한국전쟁 때에도 피해를 면했다.

동학농민군이 대승을 거둔 황룡촌전투

장성군 황룡면 장산리에는 고종 31년(1894)에 영광을 거쳐 나주를 지나 정읍으로 향하던 동학농민군과 관군 사이에 황룡촌전투가 벌어졌던 장성 황룡 전적(사적 제406호)이 있다.

동학농민군을 진압하는 사령관(양호초토사)으로 임명된 홍계훈洪啓薰이 영광에 머물고 있을 때 함평현감 권풍식이 동학농민군이 장성나루로 이동 중임을 알려왔다. 홍계훈은 종사관 이효응과 배은환이 농민군을 뒤쫓게 했고 대관 이학승 부대를 장성 방면으로 진출시켰다. 동학농민군은 나주목사 민종렬과 홍계훈에게 글을 띄웠다. 관군의 각성을 촉구하며 도망치든지 죽음을 택하든지 양단간에 결정하라는 동학농민군의 글은 홍계훈의 마음을 불편하게 만들었을 것이다.

관군이 영광에 가까이 왔다는 소문이 들리자 농민군 수뇌부는 관군을 분산시킬 목적으로 본진 4000명은 장성으로, 나머지는 나주로 진격시켰다. 농민군은 샛길로 해서 4월 27일 장성에 도착하여 황룡강가 월선봉 아래에서 점심을 먹고 있었다. 그때 홍계훈의 선봉영관 이학승이 이끄는 관군 300여 명(《전봉준공초》에는 700여 명으로 나와 있음)이 농민군을 발견했다. 순간 이학승은 '싸우지 말고 동정만 지켜보라'는 홍계훈의 지시를 잊어버렸다. 이날 홍계훈의 군사 170명은 신촌 뒤쪽 장성군 삼계면 사창리에 둔진하고 있었고, 조정에서 보낸 증원군 800명은 법성포에 도착했다.

수많은 농민군의 위세에 놀란 이학승은 당황한 나머지 대포를 쏘며 공격했다. 금세 수십 명의 농민군들이 쓰러졌다. 황룡촌의 장터 싸움은 이렇게 시작되었다. 농민군은 월평 삼봉으로 잠시 후퇴했다가 전열을 가다듬은 후 학이 날개를 펼친 듯한 형세로 관군을 에워쌌다. 그러고는 장흥접주 이방언이 만들었다고도 하고, 장성접주 이춘영이 만들었다고도 하는 장태 수십여 개를 굴리며 돌진하여 관군을 궤멸했다. 원래 장태는 대나무 타원형의 큰 항아리 모양으로 엮은 닭장인데, 이것을 변형하여 그 안에 볏짚을 넣고 그 바깥으로는 칼을 꽂아 방어와 공격을 동시에 하는 무기로 만들었다. 오합지졸의 무리라고 조소받던 동학농민군이 신무기를 이용하여 조선의 최정예 부대를 상대로 대승을 거둔 것이다.

관군은 신현고개로 후퇴했으나 신촌 부락 뒷동산에서 최후의 항전을 벌였던 이학승은 부하 5명과 함께 전사했고, 원군조차 없는 상황에서 관군들은 앞다투어 퇴각하여 전투는 농민군의 일방적인 승리로 끝났다. 관군 측 기록인 《양호초토등록》에는 당시의 상황이 이렇게 기록되어 있다.

출진 병정들이 당황하여 와서 고하기를, 아군(경군)이 겨우 장성 월평에 닿은지라 차차 서로 접근하여 일장 사살하고 쿠르프포 한 방을 쏘았더니 그들 무리 중 맞아 죽은 자가 수백이라. 그들 무리 1만여 명이 죽음을 무릅쓰고 앞으로 돌격하여 30리 길을 쫓아왔다. 그들은 많고 우리는 적은지라 아군이 자빠지며 창황히 진으로 돌아왔으나 그들이 쫓아오고 있을 때 대관 이학승이 앞장서 칼을 들고 싸우다가 병정 5명과 더불어 목숨을 잃으니 참담하고 놀랄 일이다. 쿠르프포 1문, 기관총 1문 및 탄환 얼마도 잃었으니 또한 심히 분개함이라.

황룡촌전투는 농민군과 정식 훈련을 받은 정규군인 관군이 벌인 최초의 접전이었으며, 동학농민군은 이 전투에서 대승을 거둠으로써 북쪽의 전주성까지 이르게 되었다.

편백나무 대군락지인 축령산

장성군 서삼면과 전북 고창군 고수면의 경계를 이루는 축령산에는 삼나무, 편백나무, 측백나무가 숲을 이룬 장성편백치유의숲이 있다. 이 숲은 '한국의 조림왕'이라 불리는 임종국 씨가 조성한 국내 최대 조림지다. 그는 1956년 무렵부터 축령산 자락에 나무를 심기 시작해 1987년 눈 감기 전까지 숲을 가꿨다. 장성편백치유의숲은 2000년에 '보전해야 할 아름다운 숲'으로 선정되었고, 그런 연유로 지금은 산림청에서 사들여 관리하고 있다.

장성편백치유의숲

축령산에는 삼나무, 편백나무, 측백나무가 숲을 이룬 국내 최대 조림지인 장성편백치유의숲이 있다. 사진은 편백나무 숲의 모습.

축령산의 아름다운 숲길이 끝나는 곳에는 취서사라는 절이 있었다는 기록이 《신증동국여지승람》에 남아 있다.

취서사鷲棲寺는 취령산에 있는데, 석탑과 석종이 있다. 송나라 때에 중 운묵雲默이 있었는데, 중국에 외유하였고, 글씨를 잘 써서 세상에 이름이 있었다. 그가 죽자 제자가 탑과 종을 세워서 유해를 안치하였다.

취령산의 이름이 언제부터 축령산으로 바뀌었는지는 알 길이 없으며, 1927년 간행된 《장성읍지》에 "동암·대원사·두솔암 등의 부속암자가 오래전부터 있었다. 상선암·가섭암·백련암·원적사·망월암 등은 폐사되었다"라는 기록이 나오는 것으로 보아 일제강점기에 이미 절이 폐사된 것으로 보인다. 취서사지에는 민가 한 채가 세워져 있고, 주초석 등 몇 가지 유물이 남아 있어 절이 있었다는 사실을 짐작하게 한다.

장성군 북일면 박산리의 냇가에는 고려 고종 때 문신인 서능徐稜 선생의 효심을 기리는 서능정려비(전남유형문화재 제162호)가 있다. 정려비란 충신·효자·열녀 등의 언행과 정신을 기리기 위하여 나라에서 그들이 살던 마을의 입구에 세우는 것이다.

서능에 대해 《신증동국여지승람》에 실린 내용을 보자.

서능은 고려 때 사람인데, 벼슬을 하지 않고 어머니를 봉양하였다. 어머니가 목에 종기가 나서, 서능이 의원을 청하자 와서 보고 "살아 있는 개구리를 얻지 못하면 목숨을 건질 수 없다" 하였다. 서능이, "때가 섣달이니, 어떻게 살아 있는 개구리를 구할 수 있겠는가, 어머니의 병환은 어쩔 수 없구나" 하고, 슬피 울었다. 얼마 후에 의원이 "산 개구리가 없더라도 약을 만들어보자" 하여, 나무 아래에서 약을 달이는데, 갑자기 약탕관 안으로 떨어지는 물건이 있어서 보니, 곧 살아 있는 개구리였다. 의원이 놀라서, "아들의 효성이 하늘을 감동시켜 하늘이 바로 내려준 것이니, 어머니의 병은 반드시 나을 것이다" 하고, 약에 합하여 종기가 난 곳에 붙이니 곧 나았다.

서능정려비의 비문은 조선 중기에 서인의 실력자였던 동춘당同春堂 송준길宋浚吉이 썼다고 하는데, 석재의 질이 좋지 않아서인지 알아보기가 힘들다.

법성포의 영광굴비

장성군의 서쪽에 위치한 영광을 일컬어 옥당골이라고 부른다. '아들을 낳아 원님으로 보내려면 남쪽의 옥당골이나 북쪽의 안악골로 보내라'라는 옛말에 나오는 옥당골은 지금의 영광이고, 안악골은 지금의 황해도 안악군 일대를 일컫는다. 이런 말이 나오게 된 이유는 조선시대에 정이품 당상관의 자제들이 벼슬길에 오른 뒤에 처음으로 부임하는 곳이 이 군이었기 때문이고, 들이 넓을뿐더러 바다가 가까워 제법 여유 있는 고을이었기 때문이기도 하다.

영광의 백제 때 이름은 무시이군이었고, 신라 때 무령군이라 고쳤으며,

고려 초에 지금의 이름으로 바뀌었다. 《신증동국여지승람》에는 세종 때 문신 신영손辛永孫이 영광의 형승에 대해 "일곱 섬이 아득히 눈 아래 비껴 있고, 세 봉우리 우뚝 처마 앞에 솟았네"라고 노래한 시가 수록되어 있으며, 세조 때 정승을 지낸 신숙주는 "산세는 두루 둘러 바다를 베게 했는데, 만여 집의 밥 짓는 연기는 태평한 시대일세"라고 노래했다.

영광군 법성면 법성리에는 예로부터 호남지방을 드나드는 배들의 관문이었던 법성포가 있다. 법성포는 백제에 불교를 전해준 인도 승려 마라난타가 우리나라에 들어올 때 처음 발을 들여놓은 포구이기도 하다. 다음은 《택리지》에 실린 법성포에 대한 글이다.

> 영광 법성포는 밀물 때가 되면 포구 바로 앞까지 물이 돌아서 호수와 산이 아름답고, 민가의 집들이 빗살처럼 촘촘하여 사람들이 작은 서호西湖라고 부른다. 바다에 가까운 여러 고을은 모두 여기에다 창고를 설치하고 세미稅米를 거두었다가 배로 실어 나르는 장소로 삼았다.

이곳 법성포는 영광굴비의 산지로도 유명한데 말린 조기를 뜻하는 굴비라는 말은 고려 때 문벌귀족인 이자겸李資謙과 관련이 있다.

이자겸은 딸을 예종에게 시집보내 권력을 잡았는데, 예종이 죽자 다른 딸을 왕이 된 외손자(인종)에게 시집보냈다. 인종이 즉위한 후에도 이자겸이 전횡을 일삼자 인종과 신진세력의 이해관계가 일치하여 이자겸을 제거하는 계획이 추진되었다. 이를 알게 된 이자겸은 스스로 왕이 되려고 난을 일으켰다가 부하 척준경拓俊京의 배반으로 실패하고 법성포로 귀양을 왔다. 이곳에서 소금에 절여 해풍에 말린 조기를 맛본 이자겸은 감탄하여 임금에게 조기를 보내면서 '정주굴비 靜州屈非'라고 적었다고 한다. 정주靜州는 영광의 별호이고, 굴비屈非는 '뜻은 굽히지 않았다'는 뜻이다. 이때부터 영광에서 말린 조기를 영광굴비라고 부르게 되었다.

나라 안에서 영광굴비를 최고로 치는 것은 이곳에서는 이른 철의 사리 때 통통히 알이 밴 조기를 잡아서 말리기 때문이다. 조기를 소금물로 씻은 다음 사흘에 걸쳐 절이는데 그때 맨 밑에다 가마니를 깔고 그 위에 조기, 소금, 조기의 순서로 차곡차곡 쟁여놓은 다음 맨 위에 다시 가마니를 덮어놓고 묶는다. 이때 소금은 하얗고 고운 것을 써야 한다. 이렇게 사흘 동안 절여두었다가 알맞게 절여지면 다섯 마리씩 엮어서 걸대에 걸어놓고 2주일쯤 햇볕에 말린 뒤 통보리 속에 묻어서 저장한다. 이것이 예전이 지역에서 만들었던 '오사리 굴비'인데 이 굴비가 사라진 지는 이미 오래되었다.

법성포는 고려시대부터 나주 영산포와 더불어 호남지방의 세곡을 갈무리하는 조창의 기능을 했다. 그러나 영산포 조창은 뱃길이 멀고 험하여 배가 뒤집히는 사고가 잦아 중종 7년(1512)에 법성포로 옮겼다. 그때부터 법성포에는 광주, 옥과, 동복, 남평, 창평, 곡성, 화순, 순창, 담양, 정읍을 비롯한 전라도 일대 12개 고을의 토지세인 전세田稅가 들어왔다. 동헌을 비롯한 관아 건물 15채가 들어섰고, 배가 20척에서 50척까지, 전선이 22척, 수군 1700여 명이 머물렀다.

전라도 제일의 포구였던 법성포에 고깃배 선단이 들어오면 법성포 외양에 있던 목냉기에서는 바다 위에서 열리는 생선 시장 파시波市가 열렸다. 충청도와 전라도 일대의 어물상들이 떼 지어 몰려와 북새통을 이루었고 가을 세곡을 받을 때는 큰 도회지를 연상케 했다. 그러나 이제 이런 법성포는 회상 속에나 등장할 뿐이고, 화려했던 당시 모습은 뱃노래에만 남아 있다.

도온 시일러 가세에에
돈 실러으어 가으세에에
여영광에 버법성포에라 돈 시일러 가

칠산바다에 조기가 떼 지어 몰려들어 삼태기로 건질 만큼 많이 잡혔던 법성포는 수심이 얕아진 뒤로 가뭄에 콩 나듯 드문드문 조기가 나타나고, 육로가 발달하고 철길이 생겨나면서 포구로서의 기능은 쇠퇴하고 말았다. 파시 때마다 흥청거리던 법성포의 영광은 언제 다시 올 것인지 기약이 없다. 이제는 법성포 앞바다에서 예전처럼 조기가 잡히지 않지만 법성포에는 전국에서 실려 온 조기들이 걸려 있다. 그 조기들이 수백 년 동안 전해져 내려온 건조 기술과 염장 기법으로 굴비로 만들어져 영광굴비의 명성을 이어가고 있다.

법성포 일대에서는 조선 중종 때부터 단오 무렵 지역 주민에 의해 법성포단오제(국가무형문화재 제123호)가 열렸다. 특히 뱃사람들의 안전을 기원하는 용왕제, 부녀자들을 중심으로 즐겼던 선유船遊놀이를 비롯해 숲쟁이(섭성포 숲)에서 벌어지는 예인들의 경연행사는 법성포단오제의 지역성과 전통성을 잘 간직하고 있다는 평가를 받고 있다.

법성포와 영광굴비

전라도 제일의 포구였던 법성포는 이제는 전국에서 실려 온 조기를 수백 년 전해 내려온 건조 기술과 염장 기법으로 굴비를 만드는 곳으로 더 유명하다.

원불교 창시자 박중빈의 고향 영광

법성포 건너편에 있는 영광군 백수읍 길용리는 원불교의 창시자인 박중빈朴重彬이 태를 묻은 곳이다. 호가 소태산少太山인 박중빈의 어릴 적 이름은 진섭이고, 청년 시절에는 처화라 불렸다. 농부인 아버지 박성삼과 어머니 유정천의 4남 1녀 중 셋째 아들로 태어났다. 그가 원불교를 창립한 이후에는 제자들이 소태산 대종사大宗師라 불렀다.

일곱 살 때부터 우주와 인생의 근본 이치에 대한 의심을 품기 시작했던 그는 20년 가까이 구도 생활을 했다. 처음에는 산신을 만나려고 기도했고 다시 도사를 만나기 위해 고행을 계속했다. 산신이나 도사를 모두 만날 수 없게 되자 '내 이 일을 장차 어찌할꼬?' 하는 깊은 생각에 잠겨 입정삼매入定三昧에 빠지기도 했다. 스물여섯 살이 되던 1916년 4월 28일 이른 새벽에 동녘 하늘이 밝아오는 것을 보고 드디어 우주와 인생의 근본 진리를 확연히 깨치게 되었다. 그리하여 소태산은 스승의 지도 없이 스스로 깨친 진리의 경지를 "만유가 한 체성이며 만법이 한 근원이로다. 이 가운데 불생불멸의 진리와 인과응보의 이치가 서로 바탕으로 하여 뚜렷한 기틀을 지었도다"라고 표현했으며, 또한 진리를 깨친 기쁨을 "맑은 바람 솔솔 불어 밝은 달이 두둥실 떠오르니 우주의 삼라만상이 저절로 밝게 드러나도다[淸風月上時 萬像自然明]"라고 했다.

진리를 깨친 지 몇 달 후 40여 명의 신자를 얻은 소태산은 교단 창립의 터전을 닦았고, 지금의 원광대학교가 있는 익산시 신용동으로 총부를 옮긴 것은 1924년이었다. 익산에서 '불법연구회'란 임시 교명을 선포하고 교화 사업을 시작한 그는 약 20년에 걸쳐 이곳 총부에 주재하며 생활 종교를 전파했다.

소태산은 원불교의 창시자인 동시에 사회개혁가, 농촌운동가로서 많은 활동을 했다. 그는 항상 겸손했다. "내가 재능으로는 남다른 손재주 하나 없고 아는 것으로는 보통 학식도 충분하지 못하거늘, 나같이 재능 없고 학식 없는 사람을 그대들은 무엇을 보아 믿고 따르는가" 하면서 그는 1941년에 "유有는 무無로, 무는 유로 돌고 돌아 지극하면 유와 무가 구공俱空이나 구공 역시 구족具足이라" 하는 전법게송傳法偈頌을 발표했다. 1943년 6월 1일 쉰세 살의 나이에 원불교 중앙총부에서 열반했다.

백제에 불교가 처음 전해질 때 지어진 불갑사

영광군 불갑면과 함평군 해보면 경계에 있는 불갑산 자락에는 불갑사가 있다. 불갑사는 우리나라에 최초로 불교를 전파한 인도의 승려 마라난타가 법성포로 상륙한 후 이곳에 와서 백제 침류왕 원년(384)에 창건했다. 도갑사, 봉갑사, 불갑사의 3갑사를 창건한 마라난타가 세 사찰 중 제일 처음 지은 불법도량이라는 점을 반영하여 절 이름을 불갑사라 했다는 설이 전해온다. 대웅전 용마루에 반듯이 탑을 얹어놓은 마라난타의 사찰 건축양식이 그 후 중창 시에도 그대로 이어진 것으로 추정된다.

조선 중기 문신 강항이 쓴 〈불갑사중수기佛甲寺重修記〉와 영조 때 진사 이만석李萬錫이 쓴 〈불갑사고적기佛甲寺古蹟記〉를 보면 이 절은 고려 충렬왕 3년(1277)에 도승 진각국사가 중창했다. 그때의 규모는 전각 100여 칸에 승방 70여 개소, 요사 400여 칸이나 되었으며, 수백 명의 스님이 앉을 수 있는 승방이 있었다고 한다. 그러나 정유재란 때 전부 소실되고 전일암만 남아 있던 것을 몇 번에 걸쳐 중수했고, 영조 40년(1764)과 1909년에 부분 보수하여 오늘에 이르렀다.

지금의 불갑사는 대웅전, 팔상전, 칠성각, 명부전, 요사채를 비롯해 건물 15채가 있어 그 규모가 작지 않다. 18세기 이전에 세운 것으로 보이는 불갑사 대웅전(보물 제830호)은 정면 3칸, 측면 3칸의 팔작지붕에 다포계 건물의 매우 화려한 양식을 보여준다. 대웅전에서 가장 두드러지는 것은 문살 모양이다. 정면과 측면 모두 가운데 칸의 문을 연꽃무늬와 국화무늬로 수려하게 조각하고, 좌우 칸에는 소슬 빗살무늬로 처리하여 분위기가 매우 화사하다. 승려 수이는 이 문살의 아름다움에 대해 다음과 같이 노래했다.

> 일곱 가지 동백나무를 헌함 앞에 심었는데
> 곧은 줄기 3층은 몇백 년이 되었나
> 눈雪 속의 붉은빛에 옛일이 생각나고
> 마른 덩굴 그림은 뒷사람 위해 전하네

불갑사 대웅전의 문살은 내소사 대웅전의 아름다운 문살을 연상시키지만, 그와는 또 다른 아름다움으로 바쁜 길손들을 사로잡는다.

불갑사를 품에 안은 불갑산은 영광에 있는 크고 작은 산 중에 제일 높은 산이라 하여 모악산으로 불렸는데, 산 중턱에 불갑사가 세워지면서 불갑산이라고 불리기 시작했다. 영광의 진산으로 호남정맥이 입암산에서 서남지맥을 뻗어 방장산, 문수산을 일으켜 세우고 달리다가 우뚝 솟은 산이다. 영광읍에서 약 10킬로미터 지점에 있는 불갑산은 멀리서 보면 늙은 쥐가 밭을 향해 내려오는 형세를 닮았다고 한다.

김시습이 "바다를 곁하여 성곽을 열었으니, 인가는 물에 가까운 마을이네, 숲은 쓸쓸한 절 길을 덮었고, 꽃은 동헌 문에 짙었네. 보리 물결은 바람 앞에 부르럽고, 시냇물은 비 온 뒤에 흐리구나. 호남에 봄이 드니, 멀리 노는 나그네 마음 괴롭히네"라고 노래한 영광군의 동쪽으로 장성군이 있다.

칠산바다 아랫자락의 함평

영광 법성포 앞바다는 칠산도(일곱 개의 섬)가 있어 이 일대의 바다를 칠산바다라고 한다. 《동국여지승람》에서 "해마다 봄에 상선이 사방에서 모여들어 그물을 던져 고기를 잡아 판매하는데 서울 저자와 같이 떠드는 소리가 가득하다"라고 표현했듯이, 1960년대만 해도 홍농면 칠곡리(현 홍농읍 칠곡리)에는 1킬로미터가 넘게 늘어선 돛단배와 만선을 기원하며 올리던 수산제, 쌀로 빚어 만든 법성포 토주 등이 뒤범벅되어 흥청거렸으나 지금은 그러한 자취를 찾을 길이 없다. 《택리지》에도 "옛날에는 깊었으나 최근에 와서는 모래 등이 쌓여 점점 얕아져서 썰물 때엔 물 깊이가 겨우 무릎이 빠질 정도다. 강 한복판의 물길만이 강줄기와 같아서 배들은 이곳으로 다닌다"라고 기록되어 있는 것을 보면 영조 26년(1750) 무렵부터 칠산바다가 제 역할을 하지 못하기 시작한 것으로 보인다.

칠산바다 바로 아랫자락에 함평군이 있다. 서해바다인 함평만을 서쪽에 끼고 있는 함평군은 북쪽으로 모악산, 불갑산, 군유산 등이 있고 박봉산, 고산봉 등의 나지막한 산들이 솟아 있는 이곳에 월야평야와 학다리평야가 펼쳐져 있으며 함평천, 고막천 등이 흐른다. 함평군은 본래 두 지역으로 나뉘어 있었으나 조선 태종 9년(1409)에 함풍현과 모평현이 합쳐져 함평현이 되었다. 《세종실록지리지》에 따르면 당시 함평현의 호수는 315호, 인구는 남자가 1608인이었으며, 대굴포(현 학교면 곡창리)에 전라우수영이 설치되어 있었다고 한다. 이 우수영이 세종 22년(1440)에 해남으로 옮겨갈 때까지 함평은 전라도 수군의 중심지였다.

"함평 천지 늙은 몸이 광주 고향을 바라보니"로 시작되는 판소리 단가 〈호남가〉의 첫머리에 등장하는 함평을 조선 전기 문신 조계생趙啓生은 "샘 맑고 대나무 길고 바다와 산은 깊은데, 성 곁의 인가는 숲에 반쯤 가렸네"라고 했고, 조선 후기 문신인 김유金楺는 "어지러운 봉우리 부른 곳에 해운이 짙고, 가을빛 멀리 푸르러 저녁 숲에 붙었네"라고 노래했다.

함평에는 관정루觀政樓라는 누각이 있었다. 이 누각은 세종 24년(1442)에 함평현감 김계보金季甫가 지금의 구기산 앞에 지었다. 《신증동국여지승람》에는 조선 전기 문신 정인지의 〈관정루기〉가 실려 있으며, 다음은 그중 한 대목이다.

함평의 고을됨이 산세는 길게 잇달아 북에서 왔는데, 솔과 대가 울창하고, 넓은 들이 멀리 뻗어 남쪽이 되었고, 내川의 흐름이 관개하기 좋고, 멀리 바라보면 잇달은 봉우리와 겹친 산이 구름 연기 자욱한 안개 사이에 감추었다가 비치고, 나왔다가 들어가고 하여 가을 달과 봄바람에 기상이 천만 가지다. 예전엔 사람은 사람대로 경치는 경치대로 있었는데, 지금은 모두 헌함과 기둥, 책상 앞에 다 모였다. 이 누각에 오르는 사람이면 누구든 그 쇄락한 정신과 널찍한 도량과 활달한 기상과 한가로운 흥취를 굽어보고 우러러보는 사이에 서 있지 않겠는가.

함평군 대동면 향교리에는 지어진 연대는 확실하지 않으나 정유재란으로 불타 없어진 것을 선조 32년(1599)에 초가집으로 다시 지었다가 인조 3년(1625)에 현 위치로 옮긴 함평향교가 있다. 현재는 대성전·명륜당·동재·서재·내삼문 등의 건물이 남아 있다.

또한 함평향교 인근 옛날 도로변에는 팽나무 10그루, 느티나무 15그루, 개서어나무 52그루, 푸조나무·곰솔·회화나무·개잎갈나무가 각 1그루씩 자라고 있다. 이곳에 줄나무가 심어지게 된 것은 풍수지리학상 함평면 수산봉이 불의 기운을 품고 있어 그 재앙을 막기 위함이었다는 설이 있다. 이 줄나무의 정식 명칭은 함평 향교리 느티나무·팽나무·개서어나무 숲이며, 천연기념물 제108호로 지정되어 있다. 이 나무들의 수령樹齡은 대략 400살쯤으로 추정되며, 함평향교와 함께 함평의 오래된 역사를 알려주고 있다.

인접한 무안과 더불어 전국에 널리 알려진 양파 재배 단지이면서 고구

마의 산지인 함평은 쌀이 좋기로도 유명하다. '함평 쌀밥을 먹은 사람은 상여가 더 무겁다'거나 '손불면 일대에서 나온 쌀은 경기도 이천 쌀과 안 바꾼다'는 말은 함평쌀이 그만큼 우수하다는 것을 입증하는데, 1906년에 발행된 《함평군지》에 따르면 이 지방에서 나는 햅쌀·보리·밀 등은 왕실에 진상되었다고 한다.

함평군과 나주시 경계 사이를 흐르는 고막천에는 우리나라에서 보기 드문 돌로 만든 다리가 있다. 똑다리 또는 떡다리라고 불리는 고막천 석교(보물 제1372호)는 고려 원종 14년(1273) 무안 법천사의 도승 고막대사가 도술로 이 다리를 놓았다는 전설이 있다. 마치 나무를 베어내듯 자유롭게 돌을 자르고 짜 맞춘 솜씨가 돋보이는 이 다리는 물이 잘 넘치는 고막천의 물살을 700년 동안이나 버틸 정도로 견고하게 만들어졌으나 일제강점기에 엉성하게 보수하여 본래의 품격을 잃었다고 한다.

한편 함평은 지방자치단체의 축제 중 가장 성공적이라는 나비 축제와 가을에 용천사 일대에 피는 상사화 축제로 성가를 올리고 있다.

함평 고막천 석교

마치 나무를 베어내듯 자유롭게 돌을 자르고 짜 맞춘 솜씨가 돋보이는 고막천 석교는 700년 동안이나 버틸 정도로 견고하게 만들어졌다.

9

영산강 유역의 고을

나주 · 무안 · 목포 · 신안 · 영암

고을의 판세가 한양과 흡사하다

전라도가 전주와 나주를 합친 말인 데서 알 수 있듯이 전주 다음으로 큰 고을이었던 나주는 백제 때에는 발라군이었으며, 신라가 삼국을 통일한 후 통의군으로 고쳤다가 경덕왕 때 금산군으로 개칭했다. 후백제의 영역이던 이곳을 고려 왕건이 빼앗은 뒤 지금의 이름인 나주라 칭했다. 나주는 조선 말기까지 거의 변화 없이 남부의 중심지 역할을 했으나 고종 32년(1895)에 지방제도 개혁으로 광주에 관찰부가 설치됨으로써 전라남도의 행정중심지 기능이 광주로 넘어갔고, 목포의 성장으로 나주의 기능이 약화되었다. 1981년 나주읍과 영산포읍을 합하여 금성시로 승격되었으며, 1985년 나주시로 개칭되었다.

나주는 고려 태조 왕건과 인연이 깊은 것으로 알려져 있는데, 후고구려를 세운 궁예의 부하였던 왕건은 수군을 이끌고 서해안을 돌아 당시 금산군이었던 나주에 들어온다. 그 무렵 후백제의 중심지는 전주였고 왕건은 나주에서 지방 토호였던 오다련의 딸을 아내로 맞는다. 일종의 정략결혼으로 그는 나라 곳곳에서 토호의 딸 28명과 혼인을 맺었다. 훗날 오다련의 딸이 장화왕후가 되고, 오다련에게서 난 아들이 왕건의 뒤를 이은 혜종이다.

후백제의 견훤은 대수롭지 않게 여겼던 왕건에게 힘들여 세운 나라를 내주고 만다. 이성계를 도와 조선을 건국한 혁명가 정도전鄭道傳은 고려 말에 나주로 귀양살이를 오게 되는데, 이때 나주읍성 동문에 올라 '나주 주민들에게 드리는 글'을 읽었다고 한다. 다음은 그중 한 대목이다.

> 우리 태조가 삼한을 평정할 적에 온 나라가 차례차례 평정되었으나 오직 후백제만이 그 지역이 험하고 멀어 믿고 복종하지 않았는데, 나주 사람은 반역과 순종을 밝히 알아 솔선해서 귀순하였다. 태조가 후백제를 취하는 데에 나주 사람의 힘이 컸다 하겠다.

또한 나주 사람들에 대해 정도전은 "사람들이 순박하여 다른 생각이 없이 농업에 힘씀을 업으로 한다"라고 했고, 고려 말 조선 초 문신 이예李藝는 "가게를 벌여놓고 물건을 사고판다. 백성들의 풍속이 순박하다"라고 했다. 《택리지》에는 "나주는 노령 아래 있는 한 도회인데 북쪽에는 금성산이 있고 남쪽으로는 영산강에 임했다. 고을 관아의 판세가 한양과 흡사하여 예부터 높은 벼슬을 지낸 사람이 많다"라고 기록되어 있다. 조선 초기 학자였던 서거정이 《동국여지승람》에서 "나주는 전라도에서 가장 커서 땅이 넓고 만물이 번성한다. 또한 벼가 많이 나고 바닷가라서 물산이 풍부하며 전라도의 조세가 모이는 곳이라 상인들이 이곳저곳에서 몰

정도전선생유배지

이성계와 함께 조선을 건국한 정도전은 고려 말에 나주로 유배를 왔었다.
나주시 다시면 운봉리에는 정도전의 유배지가 남아 있다.

려든다"라고 한 것처럼 나주는 끝없이 펼쳐진 평야의 중심지에 있다.

그렇다면 이곳 나주에서 거두어들인 세곡이 서울까지 가는 데는 얼마나 걸렸을까? 《여지도서》에는 이렇게 실려 있다.

한 해의 농사가 풍년인가 흉년인가의 여부에 따라 그 양이 더러 줄어들기도 하고 늘어나기도 한다. 2월에 해창海倉에서 거두어들인다. 3월에 짐을 꾸려 출발하여 나주 영산포에서 충청도 원산진 앞바다, 경기 김포 앞바다를 거쳐 서강에 이르는데, 스무 날 가는 거리다.

《경세유표經世遺表》에 조선 후기 토지 결수가 2만 8000결로 전국 제일이었던 나주는 전라남도 관찰부가 광주로 옮겨가면서 오랫동안 누려왔던 전라도의 중심 도시 구실을 광주에 양보하게 되었다.

집강소를 설치하지 못했던 나주

동학농민혁명 당시 나주에는 농민군의 발길이 세 번 닿았다. 황토현전투에서 크게 이긴 농민군이 고창, 영광, 함평을 거쳐 장성과 나주로 나뉘어 진출한 것이 그 첫 번째다. 당시만 해도 나주에서 농민군과 관군의 뚜렷한 접전은 없었다. 전주성을 점령한 농민군이 전주화약을 맺고 전라도 53군현에 집강소를 설치하고부터 나주는 농민군과의 혈전을 예고하고 있었다. 그때 나주와 남원, 운봉 세 곳만이 집강소 설치를 끝까지 반대했다. 이에 남원성은 곧바로 김개남 부대가, 운봉은 김봉득이 내려가 점령했고, 오직 한 곳 나주만이 남았다. 그러나 나주에까지 집강소가 설치되었다고 믿었던 오지영은 1940년에 간행한 《동학사》에서 집강소가 확대되어가는 과정을 다음과 같이 기록했다.

> 이로부터 전라도 53주는 한 고을도 빠짐없이 모두 다 집강소가 설립되어 민간의 서정을 집행하게 되었다. 하지만 12가지 폐정개혁안을 실행하는 데는 어려움이 많았다. 한편으로는 관리의 문부文簿를 검열하며, 한편으로는 인민의 소장訴狀을 처리하며, 한편으로는 전도傳道를 힘쓰며, 한편으로는 관민官民간에 남은 군기와 마필을 거두어들이고 집강소의 호위군을 세우고 만일에 경계하였다. 이때에 전라도에는 청소년까지도 거의 모두 도道에 들어 접을 조직하게 되었다. 이러한 기세를 따라 부랑자들이 한데 섞여 들어온 것도 물론 많았으며, 그로 인하여 온갖 부도불법한 일이 많이 생긴 것도 면치 못할 일이었다.
>
> 이로부터 세상 사람의 동학군 비평은 자못 분분하였다. 동학군들은 귀천빈부의 차별이 없다느니, 적서노주嫡庶奴主의 구별이 없다느니, 내외존비內外尊卑의 차별이 없다느니, 동학군은 국가의 역적이요, 유도儒道의 난적이요, 부자의 강적이요, 양반의 구적仇賊이요, 동학군의 눈 아래에는 정부도 없다고 하는 등 전라도 동학군의 기세는 날로 성하여 동으로 경상도가 흔들리고, 북으로 충청도, 강원도, 경기도, 황해도, 평안도까지 뻗쳐 들어가는 모양을 보고 조선에는 장차 큰 변란이 일어나고 말리라고 수군거렸다.

그때 나주에는 '잘났다 오중문, 글 잘한다 오중문, 쌈 잘한다 오중문'

이라고 하여 나주 사람들에게는 오중문으로 널리 알려졌던 오권선이 접주로 활약하고 있었다. 그럼에도 나주목사 민종렬이 거느린 나주성이 끄떡하지 않자 태인접주 최경선이 3000여 명을 거느리고 이곳에 진출한 것이 그 두 번째다.

최경선은 오권선과 합작하여 나주성을 공격했으나 실패하고 말았다. 그 소식을 듣고 전봉준은 8월 14일 아무런 무기도 지니지 않은 채 나주성으로 와서 동문으로 들어갔다. 전봉준은 관아에 들어가 나주목사 민종렬을 설득했다.

전라감사 김학진과의 합의하에 전라도 전 지역에 집강소를 설치하고 폐정 개혁을 단행하고 있으니 나주목사도 협조해달라고 했으나 민종렬은 끝까지 거부했다. 협상이 결렬되자 민보군民保軍(양반과 부호 세력 및 향리들이 조직한 군대)은 전봉준이 성 밖으로 벗어나기만 하면 포를 쏘아 죽이려 했다. 이때 전봉준은 같이 온 부하 10여 명과 자신의 옷을 벗어서 주며 "이것은 나를 따라다니는 사람들의 옷인데, 몇 개월째 더위와 장마 속에 먼 길을 다니느라 땀과 때가 너무 끼었다. 바라건대, 당신들이 사람을 시켜서 빨아놓고 기다려달라. 우리가 영암을 다녀오는 데 사나흘 걸릴 것이니, 그때 다시 만나면 옷을 갈아입게 해달라"라고 했다.

그 말에 민보군은 전봉준이 다시 올 적에 죽여도 늦지 않을 거라 생각하여 성문을 열어주었다. 그러나 전봉준 일행은 다시 오지 않았다. 그 전봉준이 동학농민혁명이 끝난 후에야 순창 피노리에서 잡혀 나주를 거쳐 서울로 압송되어 갔으니, 이 무슨 운명의 장난인가.

세 번째는 9월 2차 봉기 후 전봉준이 거느린 농민군이 삼례, 논산, 공주로 올라가고 김개남 부대는 남원, 청주로 갔을 때였다. 그때 손화중과 최경선 부대는 일본군의 나주 해안 상륙에 대비하여 이곳에 머물렀다. 그러나 동학농민군은 우금치전투가 패배로 막을 내리고 만 11월 말에 광주로 후퇴하여 해산하고 말았다.

나주의 진산인 금성산은 높이 451미터이며, 호남정맥 입암산에서 시작하여 방장산, 문수산을 거쳐 영광 태청산에서 곁가지를 타고 내려오다가 우뚝 솟아 있다. 금성산에는 네 개의 봉우리가 있는데 남쪽은 다복봉多福峯, 서쪽은 오도봉悟道峯, 동쪽은 노적봉露積峯, 북쪽은 정녕봉定寧峯이 주봉이다.

나주 시내를 에워싼 정녕봉에 오르면 나주평야와 영산강이 굽이도는 모습이 한 폭의 아름다운 산수화로 다가온다. 하지만 이곳 나주와 무안, 영암은 불과 몇십 년 전까지만 해도 매년 장마 때마다 홍수가 극심했던 지역이다. 1981년에 영산호가 완공되기 전에는 넓게 펼쳐진 다시평야, 나주평야를 비롯한 영산강가의 논밭들이 수해를 입기 일쑤였다. 오죽했으면 이 지역 사람들이 '광산 큰애기 오줌만 싸도 물이 넘친다'고 아우성을 쳤을까. 나주평야는 특히 가운데를 흐르는 영산강이 감조하천인 데다 하상河床이 높기 때문에 거의 매년 범람과 침수가 반복되었다. 관개시설이 불량하여 영산강은 가뭄의 피해가 더욱 큰 곳이었으나 영산강 유역 종합개발사업으로 하구에 하구언을 축조하고 중상류에 댐을 막아 그 피해가 줄어들게 되었다.

전남평야의 중심에 위치한 나주에서는 주민의 대다수가 농업에 종사하는 까닭에 〈나주들노래〉와 같은 농요가 특히 발달했다. 들노래는 논일의 단계마다 달라지는데 다음은 세 벌 김매기를 할 때 부르는 〈뜰모리〉의 앞부분이다.

바람 불고 해서리 올 줄을 알면
어리사 어떤 부인이서 따러를 갈게
저리사 어떤 부인이 허허
무슨 소린 줄 내 몰라
어리사 저리사 허 저리사…

곡창지대가 펼쳐진 영산강가에서 바라보면 광주의 무등산과 영암의 월출산이 엎드리면 코 닿을 정도의 지척에 자리하고 있다.

한편 날씨가 좋은 날에는 바다 건너 제주의 한라산이 보인다는 금성산에 대해 이중환은 한양의 삼각산과 비슷하다고 하면서 "금성산을 등에 지고 남쪽은 영산강에 맞닿은" 나주읍의 지세가 한양과 닮았다고 해서 '작은 서울'이라는 뜻의 소경小京이라고 불린다고 했다.

금성산에는 축조 연대는 명확하지 않으나 삼국시대에 지어진 것으로 보이는 금성산고성이 있다. 둘레가 2946척이고, 높이가 12척으로 동쪽을 제외한 서·남·북면이 모두 험한 산비탈을 이루고 있고, 오직 동쪽만이 넓고 평탄하게 트여 있었다고 한다. 고려 현종 원년(1010)에 거란이 쳐들어와 현종이 이곳으로 피난을 와서 10여 일을 머물다가 거란군이 패하여 물러가자 환도했다는 기록이 있으나 현재는 대부분 시가지가 되면서 파괴되어 축조공법이나 규모 등을 알 수 없다.

나주 금성산

나주는 진산인 금성산의 모양이 삼각산과 비슷하고 영산강을 끼고 있는 시가지의 지세가 한강과 남산이 어우러진 서울과 비슷하다 하여 소경이라고도 했다. 사진은 논밭 뒤로 보이는 금성산.

또한《신증동국여지승람》에는 금성산에 금성산신을 모시는 다섯 개의 사당이 있어 봄가을로 제사를 지냈다고 적혀 있다. 다음은 어느 사당의 누각에서 김시습이 읊은 시다.

옛 사당이 빈 산속에 있는데
봄바람에 초목 향기 아름답도다
안개구름은 웅장한 기운을 보태고
우레와 비는 위엄을 돕는다
장구와 북은 한 해가 평안하기를 기원하고
돼지 다리는 지은 농사 풍년 들기를 비는도다
늙은이들은 취해서 부축을 받아 돌아가는데
막걸리는 제상에 흥건하도다

김시습의 시를 통해 전라도 사람들의 마음 깊이 자리잡은 믿음과 복을 비는 풍습을 엿볼 수 있다.

율정점에서 눈물로 헤어진 정약전과 정약용

금성산 아래에는 정약전丁若銓, 정약용 형제의 슬픈 사연이 서린 율정점栗亭店(지금의 나주시 대호동 부근)이라는 주막이 있었다. 순조 1년(1801) 두 형제는 황사영 백서帛書(비단에 쓴 글) 사건으로 각각 흑산도와 강진으로 유배길에 올랐다. 그들은 11월 21일 나주 율정 삼거리에 도착했는데, 11월 22일 차가운 아침에 정약전은 흑산도로, 정약용은 강진으로 떠나며 함께 눈물을 흘렸는데, 율정점에서 헤어진 형제는 살아생전 다시는 만나지 못했다.

다음은 다산 정약용이 강진으로 떠나기 전 율정점에서 남긴 글이다.

> 띠로 이은 가게 집 새벽 등잔불의 푸르스름함이 꺼지려 해서
> 잠자리에서 일어나 샛별을 바라보니 이별할 일 참담하기만 하다.
> 그리운 정 가슴에 품은 채 묵묵히 두 사람 할 말을 잃어
> 억지로 말을 꺼내니 목이 메어 오열만 터지는구나…

처음 정약전은 흑산도로 들어갈 때 본섬의 입구 격인 우이도에서 살다가 흑산도로 들어가 살았다. 그 뒤 순조 14년(1814)에 다산의 유배가 풀릴 것이라는 소식을 듣고 동생이 찾아오리라 믿고 다시 우이도로 나가 3년을 살았지만 끝끝내 오지 않는 동생을 그리다가 세상을 하직했다는 설이 있다.

한편 정약전은 강진으로 간 정약용과 달리 학문에 몰두하기보다 섬 주민들과 더 어울려 지냈던 모양이다.

> 공(정약전)이 바다 가운데 들어온 때부터는 더욱 술을 많이 마셨는데, 상스러운 어부들이나 천한 사람들과 패거리가 되어 친하게 지내며 다시는 귀한 신분으로서 교만 같은 것을 부리지 않았다. 그런 연유로 더욱 섬사람들이 기뻐하고 싸우기까지 하면서 자기 집에만 있어 주기를 원하였다.

정약용이 정약전을 추모하며 쓴 '선중씨묘지명先仲氏墓誌銘'에 나오는 내용이다. 그러나 정약전도 나름대로 학문에 정진해서 《자산어보玆山魚譜》를 비롯한 몇 편의 글을 남겼는데, 그중의 하나가 조선시대의 소나무 정책에 대해 쓴 《송정사의松政私議》다. 정약전이 생각한 송금松禁 정책에 대한 대안은 벌채를 금지하지 말고 나무 심는 것을 장려하자는 것으로, 오늘날의 식목 정책과 크게 다르지 않다.

사람마다 소나무를 기를 수 있다면 준엄한 법과 무거운 형벌이 기다리는 소나무를 무엇 때문에 힘들여 훔치려고 들겠는가. 개인 소유의 산으로 묵혀두어 황폐하게 된 것은 나무를 길러 스스로 사용하게 하고, 봉산封山으로 나무 심기를 그만두어 버려진 것은 나무를 길러서 스스로 사용하게 허락한다. 그리고 몇십 길의 산으로 나무가 없는 경우는 그 주인에게 죄를 가한다. 그와 다르게 천 그루의 소나무를 심어서 초가집의 기둥과 들보감으로 사용할 수 있을 정도로 기른 자에게는 품계를 주고 포상을 한다. (…)

무릇 주인 없는 산을 찾아서 한 마을에서 힘을 합쳐 가지고 1년이나 2년 동안 소나무를 길러 울창하게 숲을 이루어놓았으면 나무의 크기에 따라 그 마을에 대해 1년이나 2년 동안 세금을 감면해준다. (…) 이런 정책을 시행한 지 수십 년이 지나면 온 나라 산은 숲을 이루게 될 것이며, 공산의 나무를 백성이 범하는 일이 저절로 사라질 것이다.

그 당시로서는 파격적인 소나무 정책을 주창한 그는 순조 16년(1816) 6월 6일 흑산도에서 병들어 죽고 말았다. 다음은 정약전이 죽은 지 2년 뒤 귀양이 풀려 다시 율점을 지나게 된 다산이 저승사람이 되어 먼저 이곳을 지났을 형을 생각하며 읊은 시다.

살아서는 증오한 율정점이여!
문 앞에는 갈림길이 놓여 있었네
본래가 한 뿌리에서 태어났건만
흩날려 떨어져간 꽃잎 같다오

나주시 반남면 자미산 일대에 있는 나주 반남 고분군(사적 제513호)은 백제가 영산강 유역에 진출하기 전 자리잡고 있던 마한 토착세력의 무덤으로 추정된다. 그러나 《후한서後漢書》〈동이열전東夷列傳〉'한조漢朝'에 "마한은 (삼한 중의 하나) 서쪽에 있는데(…) 남쪽은 왜倭와 접해 있다. 진한은 동쪽에 있다. (…) 변진(변한)은 진한의 남쪽에 있는데, 역시 12국이 있으며, 그 남쪽은 왜에 접해 있다"라고 기록된 것을 보면, 왜는 현재의 나주 일대에 근거해 백제와 신라를 영향력 아래에 두고 고구려의 남하 정책에 맞섰던 강력한 정치 집단의 하나였을 것으로 추정된다. 그 뒤 왜는 고구려의 남하 정책으로 그 세력이 약화되었고, 결국 5세기쯤 일본열도로 이주해간 것으로 보고 있다. 그래서 그런지 나주 반남 고분군은 한반도 내에서는 그와 같은 유례를 찾아볼 수가 없으며, 일본의 천황릉으로 추정되는 고분군들과 흡사하다.

복암리 고분군이 있는 나주의 회진현(현 나주시 다시면)으로 유배되어 왔던 정도전의 《소재동기消災洞記》를 보면 이 지역이 잘 소개되어 있다.

도전이 소재동 황연의 집에 세 들어 있었다. 그 동리는 곧 나주에 속한 부곡部曲 거평居平의 땅인데, 소재라는 절이 있어 동리 이름도 소재동이라 한다. 동리를 둘러싼 것은 모두 산인데, 동북쪽에는 중첩한 산봉우리와 고개가 서로 잇닿았으며, 서남쪽의 여러 봉우리는 낮고 작아서 멀리 바라볼 수가 있었다.

그 남쪽에는 들판이 편편한데 숲속으로 연기가 일어나는 곳에 초가집 10여 호가 있으니 바로 회진현이다. 산수가 유명한데 금성산은 단중端重하고 기위奇偉하여 동북쪽에 위치하고 있어 나주의 진산이다. 또 월출산은 맑고 빼어나 우뚝하여 동북쪽을 막아섰는데 영암군과의 경계다. 금강錦江(영산강)은 나주 동남쪽을 경유하여 회진현 남쪽을 지나 바다로 들어간다. 소재동은 바다까지 수십 리나 된다. 산의 남기嵐氣와 바다의 장기瘴氣는 사람의 살에 닿으면 병이 무시로 발생한다. 아침저녁 어둠과 밝음에 기상이 천만 가지로 변하는 것이 또한 구경할 만하다. 마을 안에 다른 초목은 없고 오직 누런 띠와 긴 대竹가 소나무나 녹나무에 섞여 있다. 민가에서 문과 울타리는 가끔 대로 나무를 대용하니, 그 소쇄蕭洒하고 청한淸寒한 것은 멀리 온 사람으로도 또한 즐겨 안거安居할 만하다. (…) 나는 겨울에 갖옷 한 벌, 여름에 갈옷 한 벌로써 일찍 자고 늦게 일어나며, 기거동작에 구속되지 않았고 음식도 마음대로 먹었다. 그리하여 두세 학자들과 강론하다가는 개울을 따라 산골짜기를 오르내리는데, 피곤하면 휴식하고 흥이 나면 걷고 경치가 아름다운 곳을 만나면 이리저리 구경하며 휘파람을 불고 시를 읊느라고 돌아갈 줄 몰랐다. 어떤 때는 농사꾼이나 시골 늙은이를 만나 싸리 포기를 깔고 앉아서 서로 위로하기를 오랜 친구처럼 하였다.

영산강은 어디로 흘러가는가

전라남도 담양군 월산면 용흥리 병풍산 자락에서 발원한 영산강은 나주와 영산포에서 제법 큰 강이 되어 함평, 무안, 영암, 목포 등지를 흘러 서해로 흘러드는 하천이다. 영산강은 길이 138킬로미터애 유역 면적 3371제곱킬로미터로, 유역 면적이 전라남도 총 면적의 약 29퍼센트를 차지한다. 우리나라 서남부 핵심 지역을 흐르는 영산강은 한강, 낙동강, 금강과 함께 우리나라의 4대강에 속한다.

나주의 중앙을 흐르는 영산강에 대해 고려 후기 문신 목은 이색李穡은 "금성에 춘색이 일러서 강 언덕에 매화가 지려 하는도다"라고 노래했고, 조선 후기 문신 윤진尹搢은 "바다에 가깝고 산으로 둘러싸인 옛 금주錦州, 앞마을 곳곳에 어주魚舟(자그마한 낚싯배)를 내놓았구나. 한때는 장사꾼이 오월吳越(중국) 지방과 통했었거니, 사람들은 물고기와 새우를 얻어 주루酒樓로 들어가도다"라고 노래했다.

나주 영산포에서 목포까지의 뱃길은 48킬로미터에 이른다. 이 구간은 전라남도의 서남부인 나주, 무안, 영암, 해남군과 다도해 섬들과의 수운水運에 이용되었다. 고려시대부터 영산포에 조창이 설치되었으므로 전라도 남부의 쌀은 이곳을 통해 다른 지방으로 수송되었다. 최근까지도 소기선小汽船이 내왕하여 영산포에 등대가 있었으나, 육상 교통의 발달과 하상河上의 변동으로 현재는 운행되지 않는다. 통일신라 때 나주의 옛 이름이 금성이었기 때문에 영산강을 금천錦川 또는 금강錦江이라 했고 나루터는 금강진錦江津이라 했으나, 신안군 영산도 사람들이 왜구를 피하여 나주 근처의 포구에 개척한 영산포의 이름을 따라 영산강으로 바꾸게 되었다.

영산강 유역은 선사시대부터 사람이 거주한 곳으로, 청동기시대의 고인돌과 무문토기들이 나주군에서 발견되었다. 또한 백제시대의 옹관묘 군집이 강 하류인 나주군과 영암군에 산재해 있다. 나주 지역은 강 유역의 기름지고 넓은 들판인 문평, 함평 등지에서 나는 물산과 바다에서 오는 물자 교역의 중심지였으며, 고려 때부터 전라남도 지역의 중심지였다.

영산강 유역은 본류의 사행도蛇行度(뱀처럼 구불구불하게 흐르는 강길)가 다른 주요 하천에 비해 높은 편으로 홍수의 위험성이 컸다. 그러나 나주호, 장성호, 담양호, 광주호 등 대형 농업용 저수지와 하굿둑이 건설되면서 홍수와 가뭄의 피해를 받지 않는 전천후 농업 지역이 되었다. 그 대신 영산강 하굿둑으로 인해 명산 숭어와 장어를 비롯해 영산포까지 올라오던 홍어 등의 특산물들이 자취를 감추고 말았다.

영산강 하류의 무안

고려 때 문장가 김극기는 영산강 하구에 자리한 무안을 지나며 다음의 시를 남겼다.

> 푸른 강 천만 이랑에 외로운 배 떠 있네
> 봉우리 끝에는 붉은 해를 보내고

영산포

영산포는 영산강 하구언이 생기기 전까지 목포항에서 영산강을 따라 내륙까지 연결되는 번화한 포구였다.

바다 밑에서 흰 달 맞이하네
물가에 가득한 모래 서리 같고
공중에 연한 물결 눈인 양
고기잡이 젓대 소리 서너 곡조에
갈대 사이에서 절로 처량하구나

"주민들은 꾸밈이 없어 수수하며 실속 없는 겉치레는 숭상하지 않는다. 농사와 길쌈을 본업으로 삼고 하찮은 기술 따위를 일삼는 경우는 드물다"는 무안의 백제 때 지명은 물아해군이었으며, 신라가 삼국을 통일한 후 지금의 이름으로 고쳤다. 고려 혜종 때 물량군으로 개칭되었다가 고려 성종 때 다시 무안군으로 고쳐 부르게 되었다. 이후 여러 차례 변천을 겪었으며 1969년 도서지방이 신안군으로 분리됨으로써 군의 영역이 줄어들었다.

무안의 진산은 승달산인데, 《신증동국여지승람》에는 산의 이름이 지어진 유래가 다음과 같이 전해온다.

> 원나라 때에 임천사臨川寺의 중 원명圓明이 바다를 건너와서 이 산을 택하여 풀을 엮어서 암자를 만들었는데, 임천에 있던 그의 제자 500명이 원명을 찾아와서 함께 깨달음을 이루었으므로, 승달산僧達山이라 한다.

바로 이 승달산에 호승예불혈胡僧禮佛穴의 명당이 있다고 한다. 이 혈은 승려가 부처님께 예불을 드리는 모습이라고 하는데, "이 혈에 묘를 쓰면 98대에 이르도록 문무백관을 탄생시킬 것이다"라고 신라 말 도승 도선의 비기에 전해온다. 한 세대를 대체로 30년으로 보는데, 98대라면 3000여 년에 이르는 긴 시간이다. 그래서인지 이곳 명당을 찾는 사람들의 발길이 끊임없이 이어졌다. 하지만 오늘날은 '이러한 혈은 개인이 소유할 수 없는 혈이고, 그래서 개인의 욕심으로는 감당할 수 없는 자리라고 볼 수 있다'는 말이 더욱 설득력을 얻는 시대가 아닐까.

승달산에서 멀지 않은 영산강 유역에 '그림자가 잠깐 쉬었다 가는 곳'이라는 뜻의 식영정息營精(문화재자료 제237호)이라는 정자가 있다.

식영정은 나주 출신의 조선 중기 문신 임연任兗이 지은 것이다. 그는 말년에 관직을 버리고 배편으로 영산강을 유람하며 산수를 즐길 만한 곳을 찾던 중 선비가 살 만한 곳을 발견하고, 인조 8년(1630) 영산강 중류인 무안군 몽탄면 이산리 배뫼마을인 비래봉 아래 산 중간을 다듬어 수 칸의 집을 짓고 정착했다. 그리고 영산강을 내려다보는 자리에 정자를 지어 명망 높은 인물들과 자리를 함께하며 세사를 논하고 시를 읊으며 여생을 보냈다고 한다.

식영정에 대해서는 나주목사로 있을 때 이곳에 들렀던 조선 중기 문신 장유張維가 쓴 〈식영당기息營堂記〉에 잘 나와 있다.

> 마침내 언덕을 깎아내고 가시덤불을 제거하여 집 한 채를 마련한 뒤 그곳에 연못도 파놓고 나무도 심는 등 한적하게 살 준비를 대충 꾸려놓았다. 그러고 나서 산허리에 있는 벼랑의 바위 사이에다 높직한 위치에서 멀리 굽어볼 수 있도록 몇 칸짜리 정사精舍를 일으켜 세우고는 한가롭게 유유자적할 장소로 삼

으면서 편액扁額을 내걸기를 식영息營이라 하였다.

1995년 10월 무안 해제면 송석리 도리포 앞바다에서 민간인 잠수사들에 의해 고려청자 등 120여 점의 유물이 인양되었다. 이곳 바다의 깊이는 평균 8~10미터로 바다 밑은 개흙과 모래가 섞인 지형이다. 무안 도리포 해저유물 매장해역(사적 제395호)은 민간인 잠수사들이 유물을 찾아내면서 알려졌으며 총 세 차례 발굴조사를 하여 고려청자 639점을 건졌다.

도리포 앞바다에서 발굴된 유물은 고려 후기 청자의 특징과 연구에 중요한 자료를 제공하며, 문양의 시대적 변천 연구에도 귀중한 자료가 되고 있다. 조선시대 분청사기로 옮겨가는 시발점을 보여주는 유적이다.

한편 무안군 삼향읍 남악리에는 전라남도청이 있다. 광주광역시에 있던 기존의 도청을 옮기기 위해 1999년 1월 9일 신도청소재지 용역을 실시했고, 그 결과 현재의 대지가 선정되었다. 3년의 공사 끝에 2005년 11월 11일 개청식을 열었다. 전라남도청의 뒤에는 오룡산이 있고 앞에는 영산강이 흐르는 배산임수에 위치하고 있고, 남악리는 무안 승달산[佛]-목포 유달산[儒]-영암 선황산[仙]을 이은 삼각형의 중심점에 해당하는 곳이어서 풍수지리상 명당이라고 한다.

조선 초기 문신 권극화權克和의 시에 "땅은 바다 어귀 봉수 가까이 잇닿았고, 성은 산기슭 거친 곳에 잇닿았네"라고 한 무안의 끝자락에는 항구 도시 목포가 있다.

무안 식영정

영산강을 내려다보는 자리에 있는 식영정은 당대 석학들의 토론장이었고 시인묵객들의 시 경연장이었다.

사공의 뱃노래 가물거리면

섬과 바다를 품고 있는 예향의 도시 목포는 노래나 시에 자주 등장한다. "사공의 뱃노래 가물거리면 삼학도 파도 깊이 스며드는데, 부두의 새악시 아롱 젖은 옷자락 이별의 눈물이냐 목포의 설움"으로 시작하는 이난영의 〈목포의 눈물〉은 목포 하면 떠오르는 노래다. 애잔한 가락에 아련한 슬픔이 배어 있는 이 노래는 1935년 〈조선일보〉 향토 신민요 노랫말 공모에서 당선된 문일석의 가사에 작곡가 손목인이 곡을 붙인 것이다. 문병란의 시 '목포'에도 이 고장의 정서가 잘 드러난다.

더 갈 데 없는 사람들이 와서
동백꽃처럼 타오르다
슬프게 시들어버리는 곳
항상 술을 마시고 싶은 곳이다.

잘못 살아온 반생이 생각나고
헤어진 사람이 생각나고
배신과 실패가
갑자기 나를 울고 싶게 만드는 곳
문득 휘파람을 불고 싶은 곳이다.

조선시대까지 무안현에 속해 있던 목포는 연해 지역을 방어하는 역할

목포항

섬과 바다를 품고 있는 예향의 도시 목포는 개항 이후 전라남도 최대의 항구도시로 성장했다.

을 담당했다. 《신증동국여지승람》에 "목포영은 현에서 남쪽으로 68리 떨어져 있다. 나주와 목포가 여기 와서 바다로 들어가는 까닭에 통칭 목포라고 한다"라고 나오며 수군만호 한 명이 배치되었다.

목포는 고종 32년(1895)에 관제개혁으로 인해 무안군에서 분리되었다. 목포만호청이 설치되고, 외국인의 거주와 무역을 허락했다. 청일전쟁이 끝난 고종 34년(1897)에 목포진을 개항하여 목포항이라 부르게 되었으며, 목포는 전라남도 최대의 항구도시로 성장하기 시작했다. 일제강점기인 1914년에 시가지는 목포부가 되고, 주변 지역은 무안군으로 분리되었다. 삼국시대 말부터 이곳을 거쳐 영산강을 거슬러 올라가 나주에 이르렀다는 기록이 나오는데, 지명의 유래는 남쪽 포구라 하여 남포, 맑포, 목포라 부르게 되었다는 설이 있지만, 그보다는 지형이 마치 외나무다리처럼 길고 홀쭉하다고 해서 목포가 되었다는 설이 더 유력하다.

목포가 큰 항구로 자리잡게 된 것은 주위에 섬이 많고 항만 동남쪽에 있는 영암반도의 돌출부와 남서쪽에 가로놓인 고하도가 자연 방파제 역할을 했기 때문이다. 특히 배후의 유달산이 자연 방파제 역할을 하여 목포는 지형상 유리한 위치에 있었다.

후삼국이 자웅을 겨루던 시절에 이곳에서 큰 싸움이 벌어졌다. 고려의 왕건이 군사를 거느리고 나주 포구에 이르렀는데, 후백제의 견훤이 친히 군사를 거느리고 전함戰艦을 벌여놓아 목포에서 영암군 덕진포까지 뱃머리와 꼬리가 서로 잇닿았다. 수군과 육군이 겹겹이 깊고 넓게 배치되어 군대의 기세가 매우 왕성했으므로 여러 장수가 근심하니 왕건이 말하기를, "걱정 마라, 싸움에 이기는 것은 단결에 있는 것이지 수가 많은 데에 있는 것이 아니다"라고 했다. 이윽고 진군하여 공격하자, 적선이 조금 물러나기 시작했다. 그때 바람을 타서 불을 지르자 타 죽고 강물에 빠져 죽은 자가 태반이고, 머리를 베어 모은 것이 500여 급이었으며, 견훤은 작은 배로 도망을 가고 말았다.

목포의 상징, 유달산과 삼학도

노령산맥의 큰 줄기가 무안반도 남단에 이르러 마지막 용솟음을 해 목포의 상징인 유달산이 되었다. 유달산은 예부터 영혼이 거쳐가는 곳이라 하여 영달산이라 불렸다. 그리 높지는 않지만 도심 속에 우뚝 솟아 있어 유달산에 오르면 목포시와 다도해가 한눈에 보인다. 유달산에는 대학루, 달성각, 유선각 등 5개의 정자가 자리하고 있으며, 산 아래에는 이난영의 〈목포의 눈물〉 노래비가 세워져 있다.

노래비에서 500미터 정도만 걸으면 이순신 장군의 뛰어난 전술이 전해오는 노적봉이 있다. 임진왜란 때 이순신 장군은 유달산 앞바다에 있는 왜군이 우리 수군을 정탐할 때 군사가 많은 것처럼 보이게 하려고 노적봉에 이엉을 덮어 군량미로 위장하는 전술을 펼쳤다. 이를 본 왜군은 전의를 상실하여 도망갔다고 한다.

지금은 육지의 일부분이 되었지만, 옛날엔 배를 타고 건너야 하는 섬이었던 삼학도는 조선시대에 목포 만호청이 땔나무를 구하던 곳이었다. 삼학도에는 유달산과의 관계를 말해주는 전설이 남아 있다.

옛날 목포에 무예를 익히려는 한 장사가 있었다. 그는 유달산에서 무예를 익히면서 절벽 같은 암벽을 오르내리기도 하고 바위와 바위 사이를 건너뛰기도 하며 날아가는 새를 화살을 쏘아 떨어뜨리기도 하고 큰 칼로 호랑이의 숨통을 단번에 끊어놓기도 했다.

그런데 그가 무술을 익히고 있는 유달산 아래에는 세 처녀가 살고 있었다. 아침마다 마을에서 올라와 물을 길어갔는데 늠름한 장사의 모습에 연정을 품게 되었고, 장사 역시 처녀들에게 마음이 끌려서 무예를 닦을 수가 없게 되었다. 이러다가 무예 수업을 제대로 마치지 못할 것 같다고 느낀 장사는 세 처녀에게 자신의 심정을 토로했다.

"당신들을 사랑하게 되어 마음이 혼란스러워져 무예를 익힐 수 없으니 무예 수업이 끝날 때까지 멀리 떨어진 섬에 가서 나를 기다려주시오."

이 말을 듣고 다른 섬으로 가서 기다리던 세 처녀는 무사를 기다리다 그리움에 그만 세상을 떠나 세 마리 학으로 환생해서 유달산 주위를 돌며 구슬피 울게 되었다. 그러나 이 사실을 모르는 무사는 세 마리 학을 향해 활시위를 당겼고 안타깝게도 세 마리의 학은 유달산 앞바다에 떨어져 죽게 된다. 그 후 학이 떨어진 자리에 세 개의 바위가 솟아나 섬이 되어 사람들은 그 섬을 세 마리 학의 섬이란 뜻으로 삼학도三鶴島라고 부르게 되었다고 한다.

연인을 그리워하는 한이 솟아나서 섬이 된 삼학도는 1960년대 이후 대·중·소삼학도를 연결한 끝에 매립되어 육지가 되었다. 산업화 과정을 거치면서 크게 훼손되었던 삼학도는 2007년 원형에 가깝게 복원되고 740미터의 수로가 조성돼 바닷물이 채워졌다. 현재는 삼학도공원과 이

유달산 노적봉

유달산에 있는 노적봉에는 이순신 장군이 바위를 짚으로 덮어
군량미처럼 보이게 하여 적군을 물리쳤다는 전설이 전해온다.

난영공원, 김대중노벨평화상기념관 등이 들어서 관광명소이자 시민들의 휴식처로 거듭났다.

목포 앞바다 섬들로 이뤄진 신안

목포 앞바다의 신안군은 안좌도·압해도·비금도·도초도·암태도·증도·장산도·하의도·흑산도·홍도 등 100여 개의 섬으로 이루어져 있다. 이 중 홍도는 섬 전체가 천연기념물 제170호로 지정되어 해마다 많은 관광객이 찾는다. 신안군의 섬들은 조선시대까지는 나주·영광·부안·만경·무안 등에 소속되어 있었다. 고종 33년(1896) 행정구역 개편 때 돌산군·완도군·지도군을 신설하여 서남해안의 섬들을 소속시켰는데, 지금의 신안군에 해당하는 섬들은 대부분 지도군에 속했다. 1914년에 지도군이 폐지되어 무안군에 편입되고, 1969년에 무안군에 소속된 섬 지역을 분리하여 신안군을 신설했다.

흑산도에서는 우리나라 3대 파시 중 하나로 위도, 연평도와 함께 성행했다. 파시는 성어기에 어항에서 열리는 생선시장, 넓은 의미로는 해상에서 열리는 시장뿐 아니라 연안의 시장까지도 포함한다. 파시에서는 어선과 상선 사이에 또는 어업자와 어부들 간에 매매가 이루어지기도 한다. 《세종실록》과 《신증동국여지승람》에는 매년 봄에 열리는 파시의 광경을 묘사한 기록이 있으며, 칠산바다의 칠산도에서도 조기 성어기에 파시가 형성되었다고 기록되어 있다.

우리나라에서 파시가 형성된 곳은 주로 조기의 산란장으로 유명한 대흑산도, 위도, 칠산도, 개야도, 녹도, 고군산군도, 어청도, 연평도 같은 서해안 지역이었다. 조기는 제주도 남서쪽 및 중국의 상해 동남쪽 근해에서 겨울을 지낸 후 2월경에 북상하여 전라남도 영광군의 칠산바다, 옹진군의 연평도 근해, 평안북도의 대화도 근해 등지에서 산란하는데, 이 시기가 3~6월경이다. 파시는 주로 이때 일시적으로 열렸으며, 특히 4월 하순부터 5월 하순까지 형성된 연평도 근해의 조기 어장은 전국 최대 어장으로 파시 또한 유명했다. 파시가 열리면 인근 어촌은 외부에서 어부와 상인들이 모여들어 호황을 누렸으며, 일시적인 촌락이 형성되기도 했다. 거문도·청산도·추자도 등 남해안에는 이 지역에서 많이 잡히는 고등어·멸치 등이 성어기를 이룰 때 파시와 같은 광경을 볼 수 있었다. 그러나 오늘날에는 그동안의 남획으로 인해 서해안으로 회유하는 조기가 적어짐에 따라 파시가 거의 사라졌다.

흑산도는 술꾼들이 즐겨 찾는 홍어와 홍탁, 삼합으로 잘 알려진 곳이다. 홍어 하면 떠올리게 되는 흑산 홍어는 흑산도 근해에서 잡히는 홍어를 말한다. 흑산 홍어는 인천이나 군산에서 잡히는 홍어와 달리 씹으면 생선살 자체가 입에 착 달라붙을 정도로 차지고 맛이 좋다.

홍어를 먹는 방법에는 여러 가지가 있다. 껍질 벗겨 회를 떠서 초고추장이나 겨자를 넣은 간장에 찍어 먹는 홍어 회, 막걸리와 같이 먹는 홍탁, 얇게 썬 삶은 돼지고기에 배추김치와 함께 먹는 삼합, 양념구이, 겨울철 파릇하게 자란 보리 싹과 홍어 애(내장)를 넣어 끓인 보리애국, 입안에서 톡톡 화끈하게 퍼지는 매운맛이 일품인 삭힌 홍어 등이 있다.

흑산도는 중국으로 오가는 배가 도중에 정박했던 곳으로, 순조 1년(1801)에 일어난 신유박해 때 정약전이 유배를 왔던 섬이다. 정약용의 형인 정약전은 어려서부터 김원성·이승훈·이윤하 등과 사귀면서 이익의 학문에 심취했으며, 권철신의 문하에서 배웠다. 정조 7년(1783)에 사마시에 합격했고, 정조 14년(1790)에는 증광문과에 급제해 전적·병조좌랑 등을 역임했다. 당시 서양의 학문과 천주교 등의 사상을 접했던 이벽 등의 남인 인사들과 교유하고, 이들의 영향을 받아 자신도 천주교 신자가 되었다. 신유박해 때 흑산도에 복성재復性齋를 짓고 섬 아이들을 가르치며 저술 활동을 하다가 고향으로 돌아가지 못한 채 유배 16년 만에 흑산도에서 고난에 찬 생을 마감했다.

서학에 깊은 관심을 가졌던 정약전은 그 당시 중국에 와 있던 예수회 신부들이 번역한 유클리드의 《기하원본幾何原本》을 읽고 깊이 탐구했다. 형수의 동생인 이벽의 권유로 《천주실의天主實義》·《칠극七克》 등 천주교 관계 서적을 탐독했다. 흑산도에 유배되어 있을 때 지은 《자산어보》는 흑산도 근해의 수산 생물을 실제로 조사, 채집, 분류하여 종류별로 명칭, 분포, 형태, 습성과 그 이용에 이르기까지 자세히 기록한 것이다. 이 책은 우리나라 최초의 수산학 관계 서적으로 실제 조사에 의한 저술이라는 점에서 그의 학문적 관심이 실학적 성격임을 알 수 있다.

뒤이어 고종 10년(1873)에는 대원군에게 상소를 올렸던 면암 최익현이 이곳으로 유배를 왔다. 고종 13년(1876)에 일본의 강압에 의해 강화도 조약이 맺어진다는 소식을 들은 최익현이 의분을 참지 못하고 반대 상소를 올리자 조정에서 흑산도로 귀양을 보낸 것이다. 그 소식을 들은 섬 주민들

흑산도 앞바다

목포 앞바다 신안군에 속하는 흑산도는 중국으로 오가는 배가 도중에 정박했던 곳으로 신유박해 때 정약용의 형 정약전이 유배를 왔었다. 사진은 흑산도 앞바다의 모습.

은 그가 머물 곳을 미리 정하고 집을 지었다. 이들의 정성에 감동한 최익현은 그 집에 서당을 차리고 제자들을 가르치며 일신당日新堂이라는 당호를 붙였다. 일신당터 뒤에 있는 바위는 위가 평평하여 서너 명이 앉을 수 있는데, 최익현은 이 근처의 풀을 베고 이끼를 걷어내어 그 밑에 흐르는 냇물로 얼굴과 손발을 씻으며 바위에 의두석倚斗石이라는 이름을 붙였다.

흑산도를 주섬으로 하는 신안군 흑산면에는 수려한 단애절벽이 장관을 이루어 남해의 '소해금강'이라고 불리는 홍도가 있고, 신안군 임자면에는 전국 새우 생산량의 절반가량을 생산하는 전장포가 임자도에 있다. 면화, 쌀과 함께 전라남도 삼백三白의 하나로 손꼽히는 신안 소금은 예로부터 이름이 높았다. 그 외 소흑산도라고 불리는 가거도는 '가히 살 만한 곳'이라고 해서 지어진 이름이다.

김환기 화백의 기좌도, 김대중 대통령의 하의도

안좌도는 신안군 14개 읍면의 중앙에 위치한 도서면으로, 간척공사에 의해서 안창도와 기좌도가 연륙되어 하나의 섬이 되면서 안좌도라 칭하게 되었다. 두 섬이 합쳐지기 전 기좌도에서 〈어디서 무엇이 되어 다시 만나랴〉라는 작품으로 유명한 서양화가 김환기가 태어났다. 그는 1964년에 미국으로 건너갔는데, '점 그림'으로 이름난 그를 두고 동향화가인 서세옥은 "이 나라의 서양화 도입기에 남다른 안목으로 모더니즘을 꿋꿋이 추구하면서 한국의 아름다움을 누구보다 잘 이해하여 참신한 기법으로 작품을 표현했으며, 특히 만년에 미국에 체재하면서 도달한 작품 세계는 한국 현대 미술의 정립에 한 획을 그었다"라고 평가했다. 안좌면 읍동리에는 김환기 화백이 태어나 유년기와 청년기에 작품활동을 한 김환기고택(국가민속문화재 제251호)이 남아 있다.

신안군에서 홍도, 흑산도를 제외한 나머지 섬 지역 중 육지와 멀리 떨어져 있는 하의도는 고 김대중 대통령의 고향으로 유명하지만, 농민들의 항쟁으로 유명한 섬이기도 하다.

조선 선조의 맏딸 정명공주와 결혼한 부마 홍주원洪柱元은 혼수품으로 하의 3도(하의도 · 상태도 · 하태도)의 땅 20결에 대해 홍씨 4대손까지 세미를 거둘 권리를 받았다. 그러나 하의도의 땅이 더 개간되자 홍씨 일가는 당초 받은 땅의 6배가 넘는 땅의 소유권을 주장하며 소작료를 받아 챙겼다. 이에 격분한 하의도 주민들은 한양에 올라가 신문고를 두드리는 등 하소연도 해봤지만 허사였다.

이후 땅은 왕실의 재산으로 편입되었고, 일제강점기에는 일본인의 수중에 들어가 1914년에 소작쟁의가 일어났다. 하의도 농민들의 투쟁은 1955년 정부가 일본인 소유로 되어 있던 땅을 평당 200원에 주민들에게 유상분배하면서 마무리되었다. 300년 넘게 농민들이 겪은 수난과 고초의 기록이 하의3도농민운동기념관에 고스란히 전시되어 있다.

한편 하의도의 이웃 섬인 암태도에서도 1923년 일제를 등에 업은 식민지 지주와 소작인들 사이에 쟁의가 일어났다. 수탈과 탄압에 맞섰던 투쟁은 1년여 만에 소작인들의 승리로 끝났고, 전국 각지에서 들불처럼 일어난 소작쟁의의 불씨가 되었다.

영산강 하구에 평야가 발달한 영암

영암군은 남동부는 노령산맥의 영향으로 비교적 높은 산이 많고, 서부는 영산강 하구에 해당하며 평야가 발달했다. 백제 때 월내군이었고 신라가 삼국을 통일한 후 지금의 이름이 되었다.

《신증동국여지승람》에는 영암군의 사람들이 "농업에 전적으로 종사하며, 부지런하고 검소하며 꾸밈이 없다"라고 실려 있다. 고려 때 김췌윤金萃尹은 "땅이 창해 바다와 접하여 장한 경치가 많다"라고 했고, 조선 중기 문신 유관은 영암에 들러 "긴 내가 출렁출렁 성을 안고 흐르네"라고 했다.

호남의 작은 금강산이라 불릴 만큼 산세와 계곡이 아름다운 월출산(전남기념물 제3호)은 영암군 영암읍과 강진군 성전면에 걸쳐 있는 산이다. 국립공원으로 지정된 월출산을 두고 고려 말 문신 김극기는 월출산 정상에 올라 다음과 같이 예찬했다.

> 월출산의 많은 기이한 모습을 실컷 들었거니
> 그늘지며 개고 추위와 더위가 모두 서로 알맞도다
> 푸른 낭떠러지와 자색의 골짜기에는 만 떨기가 솟고,
> 첩첩한 산봉우리는 하늘을 뚫어 웅장하고 기이함을 자랑하누나

월출산은 수많은 기암괴석이 어우러진 모습이 하나의 거대한 수석처럼 보이기도 하고 한 폭의 아름다운 산수화 같기도 하지만, 나무나 풀 한

월출산

월출산은 수많은 기암괴석이 어우러진 모습이 거대한 수석처럼 보이기도 하고 한 폭의 아름다운 산수화 같기도 하지만, 나무나 풀 한 포기 제대로 키울 수 없는 산으로 보이기도 한다.

포기 제대로 키울 수 없는 산으로 보이기도 한다.

지금의 영암군 영암읍과 덕진면 사이 바다에는 조선시대 영암군의 바다로 통하는 문 역할을 한 덕진포가 있었다. 덕진포는 독나루라고도 불렸으며, 그 일대에 있던 덕진교는 영암군의 남쪽에 사는 강진, 해남, 진도 사람들이 영암과 나주를 거쳐 한양으로 갈 때 거쳐야 하는 길목이었다. 또한 덕진교 아래로 흐르는 덕진천은 영암읍 학송 불티재에서 발원하여 덕진교를 지나 옛 갯고랑을 이루어 바다로 흘렀다.

덕진교는《신증동국여지승람》에 실린 조선 전기 문신 서거정의 시에 "덕진에는 물이 얕아도 다리가 아직 있고 도갑에는 비석이 남았는데, 글씨가 반은 없구나. 매화나무 언덕엔 꽃이 눈처럼 흩날리고 죽림의 새 죽순은 용의 새끼가 자라듯 흰머리 외로이 노는 홍치를 저버리니, 누가 호남의 색칠한 그림 착색도着色圖를 보내주랴"라고 한 것으로 미루어, 조선 초에 건설되었음을 짐작할 수 있다. 덕진교는 처음에는 목교였다가 나중에는 석교로 바뀌었으며, 현대에 들어서는 동쪽으로 약 60미터 정도 이동하여 콘크리트 다리로 개축되었다.

도선국사와 왕인박사의 흔적이 남아 있는 구림마을

월출산 서쪽 자락 아래에는 2200년의 오랜 전통을 지닌 구림마을이 있다. 영암군 군서면 동구림리와 서구림리에 걸쳐 있는 이 마을은 많은 역사적 설화와 인물을 배출한 자연 그대로의 문화관광자원이 많은 아름다운 마을이다. 《택리지》에도 "월출산 남쪽에는 월남마을(현 강진궁 성전면 월남리)이 있고, 서쪽에는 구림이라는 큰 마을이 있는데, 둘 다 신라 때부터 명촌이었다"라는 이 마을에 대한 기록이 등장한다.

고려 태조의 탄생을 예언한 풍수지리의 대가 도선국사가 구림마을에서 태어났다. 《신증동국여지승람》에는 도선국사의 탄생 일화가 전해진다.

> 신라 사람 최씨가 있었는데 정원 안에 열린 오이 하나의 길이가 한 자나 넘어 온 집안 식구가 퍽 이상하게 생각했다. 그런데 최씨 집 딸이 몰래 그것을 따 먹었더니, 이상하게 임신이 되어 달이 차서 아들을 낳았다. 그의 부모는 그 애가 사람 관계없이 태어난 것이 미워 대숲에다 내다 버렸다. 두어 주일 만에 딸이 가서 보니 비둘기와 수리가 와서 날개로 덮고 있었다. 돌아와 부모께 고하니, 부모도 가서 보고 이상히 여겨 데려다가 길렀다. 자라자 머리를 깎고 중이 되었는데, 이름을 도선道詵이라 하였다.

도선국사가 태어난 후 이 마을의 이름을 비둘기 구鳩, 수풀 림林을 써서 구림이라고 부르게 되었다고 한다.

구림마을은 삼국시대 일본에 학문을 전파하고 일본왕의 스승이 된 왕인박사의 고향이기도 하다. 군서면 동구림리에는 왕인박사유적(전남기념물 제20호)이 있는데, 이곳에는 왕인박사가 태어난 집터인 성기동과 유허비가 서 있다.

한편 조선시대 구림마을에서는 마을 공동체를 자치적으로 운영하고자 명종 20년(1565)에 구림대동계鳩林大同契를 조직했다. 대동계는 원래 중국에서 유교 윤리를 널리 퍼뜨리기 위해 만들었던 향약을 이황, 이이 같은 유학자들이 우리나라 풍속에 맞게 고치고 그 향약이 들어오기 전부터 민간에 널리 퍼져 있던 계의 기능을 결합하여 만든 것이다. 처음 대동계를 만든 사람은 이 지방의 유학자였던 박규정과 임호 등이었다. 이들은 맨 처음 나막신으로 벼를 거두어들였다가 점차 그것을 불려 계를 시작했는데, 임진왜란과 병자호란 및 일제강점기와 한국전쟁 때에는 쇠퇴의 길도 걸었지만 꾸준히 이어져 오늘에 이르렀다.

계원의 조건은 '구림리에서 사방 20리 안에 살고 있는 사람으로 가문과 학식을 두루 갖추고 품행이 단정한 토반'으로서 '한학을 공부한 유림'이어야 했다. 계원 수는 광복 전까지는 70여 명이었으나 최근에는 이 대동계에 들고 싶어 하는 사람이 늘어나 정원을 80명으로 늘렸다. 요즘에도 자기 가문 사람들이 대동계에 더 들어가기를 바라고, 한번 대동계원이 되면 나이가 들어 죽기 전까지 탈퇴하는 경우가 별로 없다. 나이가 적은 사람보다 많은 사람이 발언권이 더 센 대동계는 음력 1월·3월·6월·9월에 정기적으로 열렸지만 필요에 따라 임시로 열리기도 한다. 모든 문제를 과반수 찬성에 따라 결정하는데 찬성할 때는 흰 바둑알을, 반대할 때는 검은 바둑알을 자루에 넣어서 표시한다. 그러나 계원이 되는 조건이 까다로워 '계급 단체의 성격을 띠고 계원이 아닌 사람들에게는 배타적이며 씨족끼리 서로 대립한다'는 비난을 받기도 했다. 조선시대에 만들어진 규약에는 "그 계원이 잘못을 저지르면 그의 사내종이 대신 볼기를 맞는다"라는 규정이 있기도 했다.

한편 구림마을에는 영산강과 연결되어 배가 드나들었던 포구인 상대

구림마을 앞 벚꽃길

구림마을 앞으로는 인근 지방도까지 약 28킬로미터 길이에 달하는 벚꽃길이 조성되어 있어, 매년 봄이면 벚꽃 축제가 열린다.

포가 있었다. 왕인박사는 이곳에서 《논어論語》 10권과 《천자문千字文》 1권을 보따리에 싸 들고 일본으로 건너갔다고 한다. 또한 당시 상대포는 국제 무역항으로 신라의 학자 최치원이 당나라로 유학을 갈 때 이곳에서 배를 타고 떠났다고 전해진다.

월출산 아래 도선이 머물렀던 도갑사

월출산 아래 군서면 도갑리에는 통일신라 말 도선이 머물렀다고 전해지는 도갑사(문화재자료 제79호)가 있다. 《신증동국여지승람》에 "도갑사는 월출산에 있다. 도선이 일찍이 머물렀던 곳이다. 비석의 글자가 마모되어 읽을 수가 없다. 절 아래 동구洞口에 두 개의 입석이 있는데 하나에는 국장생國長生이라 새겨져 있고, 또 하나에는 황장생皇長生 세 자가 새겨져 있다"라고 실려 있다.

창건 연대는 확실하지는 않으나 도갑사 입구에 고려 선종 7년(1090)에 만들어진 국장생이 있는 것으로 보아, 그 이전에 세워졌고 11세기 후반에 번성한 것으로 추측된다. 그 뒤 세조 3년(1457)에서 10년(1464)에 수미선사가 크게 중수했으며, 여러 차례 수리·복원하여 현재 모습에 이르고 있다.

도갑사 입구에 서 있는 해탈문(국보 제50호)은 이 절에서 가장 오래된 것으로 정면 3칸·측면 2칸 크기이며, 좌우 1칸에는 절 문을 지키는 금강역사상이 서 있고, 가운데 1칸은 통로로 사용하고 있다. 또한 미륵전에

도갑사 해탈문

영암군 월출산에는 신라 말기에 도선국사가 창건한 도갑사라는 사찰이 있다.
사진은 도갑사 입구에 서 있는 모든 번뇌를 벗어버린다는 뜻의 해탈문.

는 몸체와 광배光背가 하나의 돌로 조각되어 있는 도갑사석조여래좌상(보물 제89호)이 있고, 도선국사와 수미선사의 행적을 기록한 높이 517센티미터 규모의 도선국사·수미선사비(보물 제1395호) 등 다양한 문화재가 있다.

한편 월출산의 서쪽 봉우리인 구정봉 정상 가까운 600미터 고지 암벽에는 높이 8.6미터의 월출산 마애여래좌상(국보 제144호)이 있다. 암벽을 깊게 판 후에 높은 부조로 새긴 이 불상은 신라가 삼국을 통일한 뒤에 백제 유민들이 구정봉의 아스라한 바위벽에 기어올라가 쪼아 새겼다는 전설이 전해진다. 옆으로 긴 눈과 꽉 다문 입, 웃음기 없는 근엄한 표정의 마애여래좌상은 안정되고 장중한 인상을 주며, 섬세하고 정교한 조각 기법과 더불어 박진감이 나타난다. 반면 신체에 비하여 비교적 큰 얼굴과 가늘게 표현된 팔 등 불균형한 비례와 경직된 표현으로 인해 통일신라 후기에서 고려 초기에 만들어진 작품으로 짐작된다.

10

남도의 해안을 따라

순천 · 여수 · 보성 · 고흥 · 장흥

산과 물이 기이하고

순천은 백제 때 감평군으로 불렸고 신라가 삼국을 통일한 후 승평군으로 바뀌었다가 고려 말에 지금의 이름이 되었다. 1908년 낙안군(현 순천시 낙안면·외서면과 보성군 벌교읍 일대)이 폐지되면서 낙안읍성을 포함하는 7개 면과 곡성군의 일부 지역이 순천군으로 편입되었으며, 그 후 여러 번의 변천 과정을 거쳐 1949년 순천읍·도사면·해룡면의 일부가 합하여 순천시로 승격되고, 순천군이 승주군으로 개칭되었다. 1995년 지방자치 선거를 앞두고 실시된 전국행정구역 개편으로 순천시와 승주군이 하나로 통합되어 새로운 도농통합시인 순천시가 되었다.

《신증동국여지승람》에서는 순천의 형승에 대해 "산과 물이 기이하고 고와 세상에서 소강남小江南이라고 일컬었다. 한 면은 바다에 접했고 삼 면은 산으로 이어졌다"라고 했으며, 조선 세종 때 조매趙枚는 "남쪽으로 큰 바다에 연했으므로 곧 해적들이 왕래하던 길목이다"라고 했다.

조선 전기 문인 남수문南秀文이 "인구의 많음과 물산의 풍부함이 남쪽 고을에서 제일이 되었다"라고 한 순천은 삼산이수三山二水라고도 불리는데, 삼산이란 무등산의 맥이 이어 내려와 세 봉우리가 된 원산을 말하며, 이수란 순천 시내를 흐르는 동천과 옥천에서 비롯한 말이다. 조선 영조 때 편찬된 《여지도서》에 따르면, 백제 때 순천의 지명을 승평이라고 한 것은 "지형이 낮으며 함몰되어 평평하기 때문일 것"이라고 했다.

순천시 영동 중앙사거리에는 고려 충렬왕 때 이곳에 승평부사로 왔던 최석崔碩의 청렴한 뜻을 기리고자 고을 사람들이 건립한 순천팔마비(전남유형문화재 제76호)가 있는데, 그 유래가 《고려사》에 다음과 같이 기록되어 있다.

승평부에서는 태수가 바뀌어 돌아가면 태수에게는 말 8필을 주고, 부사副使에게는 7필을, 그리고 법조에게는 6필을 주되 마음대로 고르게 하였다. 석碩이 갈려감에 미쳐서도 읍인들이 말을 바치고 좋은 것 고르기를 청하니 석이 웃으며 말하기를 "능히 서울에만 이르면 족할 것이어늘 말을 골라서 무엇하겠는가"라고 하며 집에 돌아간 뒤 그 말들을 되돌려 보내니, 고을 사람들이 받지 않으므로 석이 말하기를 "내가 그대들 고을에 수령으로 가서 말이 망아지를 낳은 것을 데리고 온 것도 이는 나의 탐욕이 된다. 그대들이 지금 받지 않는 것은 아마 내가 탐을 내서 겉으로만 사양하는 줄로 알고 그러는 것이 아니겠는가" 하고 그 망아지까지(모두 9필) 아울러 돌려주니 이로부터 증마贈馬의 폐단이 마침내 끊어졌으므로 고을 사람들이 그 덕을 칭송하여 비석을 세우고 팔마비라 이름하였다.

오랜 세월이 지나 이 팔마비를 바라본 조선 전기 문신 노숙동은 "세월이 오래니 팔마비에 거친 이끼 끼었고, 연자루燕子樓 다리에 물결 출렁이니 떨어진 꽃 흐르네"라는 시를 남겼다.

노숙동의 시에 등장하는 누각 연자루는 팔마비를 지나 순천동천의 조곡교를 건너면 죽도봉공원 한가운데에 서 있다.

연자루의 건립 시기는 알 수 없으나 고려시대에 태수를 지낸 손억孫億이 관기인 호호를 사랑했는데 훗날 관찰사가 되어 다시 순천에 돌아오니 호호는 이미 늙어 있었다는 사연이 전해 내려오는 것으로 보아 고려시대에 지어졌을 것으로 추정된다. 원래 이 누각은 순천의 남쪽 옥천가를 가로지르는 남문다리 옆에 있었는데 일제강점기에 시가지 정비계획을 빌미로 완전히 철거되었던 것을 1978년 현 위치에 복원했다.

지금은 예전의 멋이 사라졌으나 조선시대까지 남원의 광한루 못지 않은 누각으로 소문이 나 많은 선비들이 이곳에 올라 시를 지었다. 고려 때 문신 통판通判 장일張鎰은 "연자루 다락 위엔 서리 달 처량한데/한번 떠난 낭관郎官은 꿈길마저 아득해라/그때의 좌중 손님 늙음은 싫다 마소/다락 위의 예쁜 임도 흰머리 되었다네"라고 노래했고, 조선 전기 문신 서거정도 다음의 시 한 편을 남겼다.

> 누각 밖엔 해마다 제비가 날아드는데
> 누각 안엔 호호가 이미 늙어버렸구려
> 풍류를 즐기던 사람들 지금은 어디 있느뇨
> 한 곡조 비파 소리 석양 속에 울리누나

순천부읍성 안의 객관 동쪽에 있던 누각 선화루에 조선 전기 전라도관찰사를 지낸 성임이 올라 읊은 시가 남아 있다.

절節을 잡고 와서 바다 위의 구역을 순회할 적에
때때로 가장 높은 누각 바람 난간에 의지했네
산이 비 지나간 뒤에 푸르기가 소라 빛이요
물이 성 남쪽을 둘렀으니 푸른 옥이 흐르는 듯
천 리 길손의 근심은 풀 자라듯이 자라나고
백 년 인간사는 구름처럼 부질없네
문서 더미 속에 얼굴빛 늙어지니
허연 수염 쓸쓸하게 또 가을이 왔네

빽빽한 갈대밭과 광활한 갯벌의 순천만

순천이 자랑하는 관광지로 순천만(명승 제41호)이 있다. 순천시에서 남해안으로 돌출한 고흥반도와 여수반도의 사이에 있는 순천만은 160만 평의 빽빽한 갈대밭과 끝이 보이지 않는 690만 평의 광활한 갯벌로 이루어져 있다. 겨울이면 천연기념물인 흑두루미를 비롯하여 노랑부리저어새, 큰고니 등 국제적으로 보호되고 있는 철새들이 순천만을 찾아온다. 순천만에서 발견되는 철새는 230여 종으로 우리나라 전체 조류의 절반가량이나 된다.

순천만 갯벌

순천만은 160만 평의 빽빽한 갈대밭과 끝이 보이지 않는 690만 평의 광활한 갯벌로 이루어져 있다. 사진은 순천만 갯벌의 모습.

철새와 갯벌 생물들이 살기 좋은 자연 조건을 모두 갖춘 순천만은 국내 연안습지 중 처음으로 2006년 람사르협약에 등록되었다. 이란의 람사르에서 채택하여 람사르협약이라고 하는 이 협약의 정확한 명칭은 '물새 서식지로서 국제적으로 중요한 습지에 관한 협약'이다. 순천만은 물새 서식지로서의 중요성을 인정받아 협약에 등록될 수 있었다.

순천만에는 순천만자연생태관, 순천만천문대, 자연의소리체험관, 순천만역사관, 순천문학관 등이 있으며, 이 지역을 기반으로 겨울철새 관찰 프로그램, 갈대축제 등이 진행된다. 2013년에는 이 일대에서 네덜란드·독일·미국·스페인·영국·한국 등 23개국이 참가한 순천만국제정원박람회가 펼쳐졌으며, 박람회 이후 이곳은 순천만국가정원으로 변경되었고 국가정원 1호로 지정되었다.

순천만의 갈대밭은 김승옥의 소설 《무진기행》의 배경지이기도 하다. 무진은 지도에 존재하지 않는 상상의 공간이지만 순천에서 어린 시절을 보낸 작가 김승옥은 '순천만 대대포 앞바다와 갯벌'을 배경으로 소설을 집필했다고 한다. 김승옥은 소설에서 무진의 안개를 다음과 같이 묘사했다.

무진에 명산물이 없는 게 아니다. 나는 그것이 무엇인지 알고 있다. 그것은 안개다. 아침에 잠자리에서 일어나서 밖으로 나오면, 밤사이에 진주해 온 적군들처럼 안개가 무진을 빙 둘러싸고 있는 것이었다. 무진을 둘러싸고 있던 산들도 안개에 의하여 보이지 않는 먼 곳으로 유배당해버리고 없었다. 안개는 마치 이승에 한恨이 있어서 매일 밤 찾아오는 여귀女鬼가 뿜어내놓은 입김과 같았다. 해가 떠오르고, 바람이 바다 쪽에서 방향을 바꾸어 불어오기 전에는 사람들의 힘으로써는 그것을 헤쳐버릴 수가 없었다.

손으로 잡을 수 없으면서도 그것은 뚜렷이 존재했고 사람들을 둘러쌌고 먼 곳에 있는 것으로부터 사람들을 떼어놓았다. 안개, 무진의 안개, 무진의 아침에 사람들이 만나는 안개, 사람들로 하여금 해를, 바람을 간절히 부르게 하는 무진의 안개, 그것이 무진의 명산물이 아닐 수 있을까!

천년사찰 송광사와 선암사

조계산 서쪽 기슭인 순천시 송광면 신평리의 송광사(사적 제506호)는 우리나라 불교 조계종의 본산이며, 조선 초기까지 보조국사 지눌과 진각국사 혜심을 비롯한 국사 16인을 배출한 큰 절이다. 경남 양산의 통도사, 경남 합천의 해인사 그리고 순천의 송광사를 일컬어 삼보사찰三寶寺刹이라고 한다. 통도사에는 부처님의 진신사리가 모셔져 있어 불보사찰佛寶寺刹, 해인사에는 팔만대장경의 경판이 모셔져 있어 법보사찰法寶寺刹, 그리고 송광사는 한국불교의 승맥僧脈을 잇고 있어 승보사찰僧寶寺刹이라고 한다. 전통을 이으려는 듯 이 절에는 깊숙이 틀어박혀 수도에만 몰두하는 스님들이 적지 않다.

송광사는 원래 신라의 혜린스님이 지었던 길상사라는 조그만 암자였는데 보조국사 지눌이 고려 명종 27년(1197)에 중창 불사를 시작하여 신종 7년(1204)에 완성하면서 송광사가 되었다. 한때는 크고 작은 건물이 72채나 딸렸을 만큼 규모가 큰 사찰이었으나 그동안 정유재란, 한국전쟁

송광사 우화각

송광사 경내로 들어가려면 일주문을 지나 왼쪽에 위치한 능허교 위에 놓인 우화각羽化閣을 통과해 계류를 건너야 한다. 계류와 능허교, 우화각이 삼박자를 이루는 풍광은 송광사 최고의 절경이다.

선암사 삼인당

삼인당은 긴 달갈 모양의 연못 안에 섬이 있는 독특한 양식으로 기록에 의하면 신라 경문왕 2년(862)에 도선국사가 만든 것이라고 한다.

등 숱한 전란을 겪으며 옛 건물은 거의 다 불타 없어졌다. 그러나 지속적인 중창 불사로 지금은 옛 위용을 많이 되찾았다.

송광사는 우리나라 사찰 가운데 가장 많은 문화재를 보유하고 있다. 보조국사 지눌이 중국에서 가져왔다고 알려진 목조삼존불감(국보 제42호)과 16인의 진영을 봉안한 국사전(국보 제56호) 등의 국보 4점, 보물 27점 등 다수의 중요문화재와 국사의 부도를 모신 암자가 위치하여 역사적·학술적으로 큰 가치가 있다.

한편 송광사에서 10여 킬로미터에 이르는 아름다운 고갯길 굴목재를 넘어가면 태고종의 본산인 선암사(사적 제507호)가 나온다. 조계산의 동남쪽 기슭 쌍암면 죽학리에 있는 선암사의 입구에는 두 개의 무지개다리가 있다. 둘 중 큰 무지개다리가 우리나라의 무지개다리 중 가장 아름답다는 평을 듣는 승선교(보물 제400호)다.

선암사의 역사는 백제 성왕 7년(529)에 아도화상이 지었던 그 근처의 한 암자에서 시작되었다. 고려 때 대각국사의 힘으로 크게 중창되었다고 알려진 선암사는 일주문, 팔상전, 대웅전, 원통전, 불조전 같은 32채의 건물들도 아름답지만 병풍처럼 둘러쳐진 조계산의 풍광을 보배로 삼고 있다. 고려 명종 때의 문신인 김극기는 다음과 같은 시를 남겼다.

> 적적한 산골 속 절이요, 쓸쓸한 숲 아래 중일세
>
> 마음속 티끌은 온통 씻어 떨어뜨렸고
>
> 지혜의 물은 맑고 용하기도 하네

선암사의 들목에 비껴 선 삼인당三印塘(전남기념물 제46호)은 통일신라시대에 만든 달걀꼴 연못으로 가장자리를 돌로 쌓았으며 가운데에 섬이 있는데, 호남 지역 전통 연못의 원형을 그대로 간직한 것으로 평가받는다. 그런가 하면 이 절의 깊숙한 서고에는 대각국사가 그린 선암사 설계도가 있고, 평생에 걸쳐 방석 만드는 일을 기도처럼 여기며 손일을 하다가 오래전에 세상을 떠난 해봉스님이 삼과 왕골로 엮었다는 해진 방석도 있다. 이 방석은 조형과 무늬가 우리나라 전통 예술에 맞닿아 있으면서도 현대적인 감각을 지녔다는 평가를 받고 있다.

봄이 가장 아름다운 선암사에는 몇백 년 나이를 먹은 매화나무 수십 그루와 영산홍 아홉 그루가 있다. 그래서 해마다 3월 하순에서 4월이면 온 경내가 매화 향기로 그윽하고, 5월이면 동백과 옥잠화, 영산홍 꽃의 그 붉으면서도 빨갛지 않은 빛깔이 답사객의 마음을 사로잡는다. 또한 9월이면 상사화가 절 구석구석에서 피어난다.

금전산과 낙안읍성

기름진 땅에서 온 백성이 평안히 산다는 뜻의 '낙토민안樂土民安'에서 유래한 순천시 낙안면에는 조선시대의 읍성인 순천 낙안읍성(사적 제302호)이 있다. 낙안은 백제 때부터 읍치가 있었다고 하며 고려 말에 왜구의 침입으로 인한 피해가 커져 조선 태조 6년(1397)에 백성을 동원하여 토성을 쌓은 것이 현재 낙안읍성의 전신이다. 이 성은 1908년까지 존속했던 낙안군의 중심지이자 남해안을 지키는 군사요지였다.

조선 전기 문신 이석형李石亨은 낙안군을 다음과 같이 기록했다.

> 낙안은 복잡한 고을이다. 동쪽으로 개운산을 바라보고, 서쪽으로 금오산이 닿아 있으며, 남쪽으로 큰 바다에 임하고, 북쪽에는 금전산이 웅거하고 있다. 땅은 넓고 백성은 많이 살며 한 지방이 평평하게 뻗어 있어 남방의 형승지로는 이곳이 제일이다.

다른 많은 성들이 깎아지른 듯한 절벽이나 산기슭에 자리한 것과 달리 충청도의 해미읍성과 전라도의 낙안읍성은 마치 마을의 한 부분과 같은 곳에 자리를 잡았다. 높이 4미터에 둘레가 1384미터, 긴네모꼴로 쌓은 이 성에는 임경업 장군이 하룻밤에 쌓았다는 전설이 남아 있지만, 이는 인조 4년(1626)에 낙안군수로 부임한 임경업이 성을 고쳐 쌓은 데 대한 주민들의 존경심이 만들어진 야사로 추정된다. 낙안읍성은 큼직한 자연석으로 쌓아서 돌과 돌 사이에 틈은 보이지만 오늘날까지도 끊어진 데 없이 견고하기만 하다.

낙안읍성 안에는 효종 9년(1658)에 세운 대성전·명륜당·낙안향교 등이 잘 남아 있고, 민속자료로 지정된 전통 가옥 아홉 채와 수백 년 된 늙은 나무들이 그늘을 드리운 채 오랜 역사를 증언해주고 있다.

매년 10월에 열리는 낙안읍성의 음식 축제와 관광 개발로 인해 민박을 포함한 각양각색의 상권이 형성되어 옛날의 고즈넉한 풍경은 더 이상 찾아보기 어려워졌다. 그러나 고창의 모양성이나 서산의 해미읍성과 달리 이곳 낙안읍성은 사람들이 살아가는 삶터로 영위되다 보니 죽은 성이 아니라 살아 숨 쉬는 옛 성으로서 과거와 현재를 이어주는 가교로 존재한다.

낙안읍성 동헌의 모퉁이에는 조선 초기에 세워진 빙허루憑虛樓가 있었는데, 조선 전기 문신 손순효孫舜孝가 이 누각의 이름과 기문을 지었다. 다음은 세상의 돌아가는 이치와 마음의 변천을 누각에 빗대 읊은 손순효의 기문 중 일부이다.

대개 누樓는 사람과 비교해 말하면 곧 마음이니, 누는 몸이 거처하는 곳이요, 마음은 몸의 주인이다. 누가 비었으면 능히 만 가지 경치를 용납할 것이요, 마음이 비었으면 능히 여러 가지 선한 것을 용납할 것이다. 옛사람의 시에, 마음이 대竹와 함께 비었다 하였는데, 나 또한 이르기를 "마음이 누각과 함께 비었다" 하노라.

물건은 비록 다를지라도 그 뜻은 한 가지다. 이 누에 앉으면 큰 멧부리는 북쪽을 누르고 푸른 바다는 남쪽에 면해 있고, 무성한 숲과 쭉쭉 뻗은 대가 좌우로 서로 푸르르며 이끼 낀 멧부리와 안개 어린 섬이 멀고 가깝게 서로 바라다보여, 봄이면 화창하고 가을이면 맑고 여름이면 비 오는 경치 좋고 겨울이면 눈 오는 경치 좋다.

한두 사람 뜻 맞는 사람과 더불어 함께 누 위에 앉아 옛일과 지금 일을 얘기하고 웃으면서 건곤을 쳐다보기도 하고 굽어보기도 할 제, 밝은 달은 하늘 복판에 이르고 맑은 바람이 물 위에 불 제, 아이를 불러 술을 내오라 해서 달을 향해 묻고, 휘파람 불면 호호浩浩하고 양양洋洋해서 마치 허공에 의지하고 바람을 타 티끌 밖에 떠서 노는 것 같으니, 저 부귀가 나를 괴롭게 하는 것이나, 빈천이 나를 궁하게 하는 것이나, 옳으니 그르니 헐뜯고 칭찬하는 것이 또 제 어찌 내 가슴속에 끼어들리오.

그러나 빈 것이 한결같은 줄만 알고 그 마땅히 비어야 하는 것과 마땅히 비지 말아야 할 것을 알지 못하면 옳지 못하다. 대개 비었으면서 찬 것처럼 하면 이는 스스로 찬(자만) 것이요, 비어서 남에게 받으면 이는 낮으면서도 남이 넘지 못할 것이니, 맹자의 이른바 '천지 사이에 가득 찼다'는 말과 자사子思의 이른바 '높다랗게 하늘에 닿았다'는 것이 모두 똑같이 빈 데에서 오는 것이니라.

조선 전기에 전라도관찰사를 지냈던 김영유金永濡는 낙안에 들러 다음의 시 한 편을 남겼다.

긴 대는 흐늘흐늘 주막을 감추어 빽빽하고
맑은 내 출렁출렁 성을 안고 흐르네
각角 부는 소리 멀리 조수 소리와 합쳐 웅장하고
아지랑이 기운 까마득히 바다 기운을 연해 뜨네

낙안의 진산으로 성의 북쪽에 위치한 금전산金錢山의 옛 이름은 쇠산이었으나 100여 년 전에야 금전산으로 바뀌었다고 한다. 한자의 뜻을 그대로 번역하면 금으로 된 돈 산이다.

풍수지리를 공부하는 사람들은 금전산의 산세를 이렇게 해석하기도 한다. 금전산 북쪽의 옥녀봉 동쪽 줄기에 오봉산과 제석산이 있고 서쪽에는 백마산이 있는데, 전체적으로 볼 때 옥녀산발형玉女散髮形이다. 풀어

낙안읍성

낙안읍성 안에는 대성전, 명륜당, 낙안향교 등이 잘 남아 있고,
민속자료로 지정된 전통 가옥 아홉 채와 수백 년 된 늙은 나무들이 그늘을 드리운 채
오랜 역사를 증언하고 있다.

말하면 옥녀가 장군에게 투구와 떡을 주려고 화장하기 위해 거울 앞에서 머리를 풀어헤친 형상이다. 그러한 해석을 뒷받침하듯 평촌리 마을 앞에 있는 평촌못은 옥녀의 거울에 해당하는 조건을 완벽하게 갖추었기 때문에 예로부터 낙안에는 다른 지역보다 유난히 미인들이 많이 났다고 한다.

낙안읍성의 뒤편 금전산 중턱에는 여염집처럼 소박한 금강암이 있다. 금강암은 본래 백제 위덕왕 때 창건된 금둔사의 암자였다. 《승주향리지昇州鄕里誌》에 따르면 금둔사는 통일신라시대 때 의상대사가 중건하며, 금강암·문주암 등 30여 개의 암자를 지을 만큼 큰 절이었으나 17세기 무렵 폐사되었다. 이에 금강암은 송광사에 딸린 부속암자가 되어 지금까지 명맥을 유지해오고 있다. 폐사되었던 금둔사는 1984년 지허스님에 의해 복원되었다.

금강암 주위로 큰 바위들이 호위하듯 둘러싸고 있다. 금강암의 오른쪽으로 서 있는 커다란 바위가 원효대요, 왼쪽으로 가파른 낭떠러지를 막아선 바위가 의상대다. 원효대는 동대, 의상대는 서대라고 부르기도 한다. 고려 때 문신 김극기가 시에서 "절은 높고 높은 데 서 있으니 어느 해에 경치 골라 지었던가. 깊이 가니 기이한 지경 끝까지 가고 깨끗이 앉았으니 번거로운 마음 씻어지네. 좋은 차茶는 눈雪을 따라서 삽삽颯颯하게 사람을 스치네"라고 노래했던 것처럼 의상대사가 수도했다는 의상대에서 바라보는 경관은 무어라 형언할 수 없이 아름답다. 하지만 무엇보다 빼어난 것은 눈 아래 펼쳐진 낙안벌판일 것이다.

낙안읍성에서 순천으로 나와 17번 국도를 따라가면 여수에 이른다.

여수의 진남관과 종고산

'아름다운 물'이라는 뜻의 여수麗水는 전라남도 남동쪽 여수반도와 도서로 이루어진 시다. 삼일동 일대에는 세계 1위 규모의 석유화학단지가 조성되어 있고, 수산업이 활발한 호남 남부의 대표적인 항구도시이기도 하다.

《대동지지》에 "동남쪽으로 처음은 60리, 끝은 100리인데, 본래 여수현이다"라고 나오는 여수의 진산은 연등동에 있는 종고산이다. 임진왜란 때 산이 스스로 울어 국난을 알려주었다고 해서 이순신 장군이 종고산이라고 명명했다고 한다.

한산도대첩 하루 전날 밤 아무런 소리도 들리지 않아 무음산無音山이라고 불리는 전라좌수영 뒷산에서 3일 밤 계속하여 종소리 같기도 하고 북소리 같기도 한 이상한 소리가 들렸다. 괴이하게 여긴 사람들은 한산도대첩에서 대승을 거두고 돌아온 장군에게 이 사실을 알렸다. 그러자 장군은 "바다에 맹세했더니 고기들이 감동하고 산에 맹세했더니 초목들이 알았구나" 하며 무음산을 쇠북 '종鍾' 자와 북 '고鼓' 자를 써서 종고산鐘鼓山이라고 이름 지었다고 한다. 또한 종고산 정상에는 보효대報效臺를 짓고 은혜에 보답하는 제사를 올렸다고 한다.

종고산 아래의 군자동·고소동·동고동 일대에 이순신 장군이 임진왜란 때 수군을 지휘했던 전라좌수영성이 있었으며 지금도 성터가 남아 있다. 조선 성종 10년(1479)에 전라좌수영이 창설됨에 따라 전라좌수영성이 축조되고 관내 청사도 세워졌다. 전라좌수영성은 창설 당시에는 둘레가 1.7킬로미터나 되었으며, 진남관 외 78개 동의 건물이 있었다고 한다.

진남관(국보 제304호)은 선조 32년(1599)에 전라좌수영의 객사로 건립된 건물로 임진왜란과 정유재란을 승리로 이끈 수군 중심 기지로서 숙종 44년(1718)에 전라좌수사 이제면李濟冕이 중창한 당시의 면모를 간직하고 있다. 임금이 사용하던 궁을 제외하고 지방에 세워진 목조 건물 중 가장 규모가 큰 진남관은 정면 15칸, 측면 5칸에 건물 면적은 240평에 이른다. 조선시대 내내 이곳에 궐패闕牌(임금을 상징하는 '궐' 자를 새긴 위패)를 모셔놓고 초하루와 보름날에 참배했다고 한다.

진남관 앞에는 일곱 개의 석인상石人像이 서 있었다는데, 지금은 여섯 개가 사라지고 하나만 남아 진남관을 지키고 있다. 바다를 향해 있는 진남관 앞으로 이순신광장이 조성되었으며, 전라좌수영 거북선이 전시되어 있다.

남문에서 망해루와 진남관에 이르는 남북측만이 그대로 유지되어 있던 전라좌수영성은 2015년 복원사업에 착수해 2022년까지 운주헌·결승당 등 동헌 내 건물 여덟 동이 복원될 예정이다.

여수에 남은 이순신 장군의 또 다른 흔적으로는 시전동의 선소유적(사적 제392호)이 있다. 이곳은 고려시대부터 배를 만드는 조선소가 있어서 선소마을로 불렸다. 임진왜란 때 이순신 장군이 전쟁을 승리로 이끌게 한 거북선을 만들었던 이곳은 먼 바다에서 보면 육지처럼 보이고, 가까이에서 봐도 바다인지 호수인지 알아보기 어려워 중요한 해군 군사 방어 지역이었음을 알 수 있다.

이곳에는 거북선을 만들고 수리했던 굴강, 칼과 창을 갈고 닦았던 세검

진남관

여수 진남관은 임진왜란 직후인 선조 32년(1599)에 삼도통제사로 부임한 이시언이 세웠다. 전주 객사처럼 중앙에서 내려온 관리를 영접하던 곳이었다.

정, 수군지휘소였던 선소창, 수군들이 머물렀던 병영막사, 거북선을 매어 두었던 계선주, 칼과 창을 만들던 풀뭇간, 왜군들의 활동을 살피던 망해루, 말과 수군이 훈련하던 망마기마대, 창을 던지고 활을 쏘는 연습장인 궁장사 등 다양한 유물들이 남아 있으며, 이순신 장군의 어머니 변씨 부인을 모셨던 자당기거지가 있다.

이순신 장군은 일본의 침략으로 나라가 백척간두의 위기에 처했을 때 나라를 구했다. 마지막 전쟁으로 전란을 종결지었고 마지막 전쟁에 이르기까지 극도의 전력 열세에도 모든 전쟁에서 승리했다. 그 혼과 기백이 웅혼하게 천지를 진동하는 곳이 종고산이요, 그 산자락에 전라좌수영성이 있었다. 우뚝 솟은 종고산의 종소리, 북소리가 천지를 진동하며 선소船所에서 출발한 거북선이 바다호수를 가른다.

돌산도 항일암과 금오도

여수반도와 돌산도를 잇는 돌산대교를 지나 섬의 끝자락에는 항일암(문화재자료 제40호)이 있다. 돌산도에서 유일한 산인 금오산의 바다와 맞닿은 가파른 언덕에 자리잡은 항일암은 지은 시기를 알 수 없으나 신라시대의 원효대사와 의상대사, 고려시대의 운필거사 등이 이곳에서 수도했다는 전설이 남아 있다. 조선시대에 임진왜란으로 소실되었으나 숙종 39년(1713)부터 숙종 41년(1715)까지 인묵대사가 지금 있는 자리에 다시 지으며 '해를 향한 암자'라는 뜻의 항일암向日庵이라 했다. 현재 전하는 건

© 여수시청

향일암

향일암은 관음기도처로 유명해 1년 내내 전국 각지에서 기도 성취를 위해 신도들이 몰려든다.

물은 모두 1986년에 다시 지은 것들이다. 절 경내에는 대웅전을 비롯하여 관음전·칠성각·취성루·요사채 등이 있다.

예부터 향일암은 관음기도처로 유명해 1년 내내 전국 각지에서 기도 성취를 위해 신도들이 몰려든다. 또한 이곳은 해돋이의 명소로 매년 새해 첫날 향일암일출제가 열린다.

돌산 갓김치에서 미역에 이르기까지 좌판이 벌어진 가파른 진입로를 15분쯤 오르면 일주문을 대신하는 바위문이 나타나고, 두 개의 바위 사이로 한 사람이 겨우 지나갈 만큼 좁다란 기이한 문을 지나면 향일암이 나타난다. 대웅전을 뒤에 두고 바다를 바라보면 바다는 나직하게 넓고, 눈 아래 기암절벽에는 동백나무 숲이 꽃을 피우고, 마을을 더 자세히 보면 거북이 불경을 등에 지고 바다로 헤엄쳐 들어가는 형세가 그대로 눈에 들어온다.

돌산도 신기항에서 배를 타고 25분 정도 가면 여수만 남서쪽의 금오도에 이른다. 금오도의 이름은 섬의 모양이 자라를 닮았다 하여 붙여졌다는 설과 섬에 삼림이 울창해 검게 보인다고 해서 거무섬이라고 부르던 것을 비슷한 한자로 표기하면서 금오도라고 했다는 설이 있다.

조선시대에 금오도에는 궁궐을 짓거나 보수할 때, 임금의 관을 짜거나 판옥선 등 전선戰船을 만드는 재료인 소나무를 기르고 가꾸던 황장봉산黃腸封山이었다. 소나무의 중요성 때문에 민간인의 출입이 통제되기도 했다.

금오도 일대에는 우리나라 남해안에서 찾아보기 힘든 해안단구의 벼랑을 따라 금오도 비렁길이라는 둘레길이 조성되어 있다. '비렁'은 '벼랑'의 여수 지방 사투리로 본래는 주민들이 뗄감과 낚시를 위해 다니던 해안 오솔길이었다. 2012년 금오도 비렁길 1코스를 개장했으며, 해마다 순차적으로 개발해 2018년 현재 5코스까지 개장했다.

영취산 아래의 흥국사

진달래꽃이 아름답기로 소문난 영취산 자락 여수시 중흥동에 흥국사 興國寺(문화재자료 제38호)가 있다. 〈흥국사 사적기〉에 "국가의 부흥과 백성의 안위를 기원하기 위해 경관이 좋은 택지를 택해서 가람을 창설하였다"라고 했으며, 덧붙여서 "이 절이 흥하면 나라가 흥하고 나라가 흥하면 이 절이 흥할 것이다"라고 한 것을 보면 나라의 번영을 기원하며 창건한 사찰임을 알 수 있다.

흥국사는 고려 명종 25년(1195)에 보조국사 지눌이 광주 무등산 규봉암에 있을 때 큰 절을 세울 터를 찾기 위해 날려 보낸 비둘기 세 마리 중 한 마리가 내려앉은 곳에 지은 호국사찰이다. 당시 고려 사회는 무신의 집권으로 혼란에 빠져 있었다. 이 절은 나라의 안정과 융성을 기원하는 기도처로 세워졌기 때문에 불법보다는 호국을 우선시했다. 이 절이 호국사찰임을 입증하는 일화가 전해진다. 고려시대에 한 젊은 학승이 백일기도를 마친 뒤 기도의 회향축원문에 '흥국 기원'은 빠뜨리고 '성불 축원'만을 써넣었다. 그것을 알아챈 이 지방의 향리들은 그 학승을 다른 절로 쫓아냈다고 한다.

그 뒤 조선 명종 14년(1559)에 왜구의 침입으로 폐허가 되었던 흥국사를 법수화상이 중창했다. 임진왜란이 일어나자 기암대사가 이 절의 승려 300여 명을 이끌고 이순신을 도와 왜적을 무찌르는 데 큰 공을 세웠지만 임진왜란 당시 절은 모두 불타버리고 말았다. 이후 인조 2년(1624)에 계특대사가 중건했고, 영조 36년(1760)에 총 건평 624평에 승려 649명이 상주하는 큰 사찰이 된 후 여러 차례 중건을 거쳐 오늘날로 이어지고 있다.

남아 있는 절 건물은 대웅전·팔상전·원통전 등 15채이고, 그 밖에 절 입구에 있는 무지개 모양의 돌다리인 흥국사 홍교(보물 제563호) 등 여러 문화재가 있다. 인조 때 만들어진 이 다리는 길이가 40미터, 높이가 5.5미터, 폭은 11.3미터, 내벽이 3.45미터로, 나라 안에 남아 있는 무지개다리 중 가장 규모가 크다.

흥국사 홍교는 임진왜란이 끝난 뒤 국난에 대비하여 흥국사에 주둔했던 승병에 불안을 느낀 관아에서 지맥을 끊고자 만들었다는 설도 있지만, 그보다는 300명이나 되는 승병이 하는 일 없이 놀며 지내고 있었으므로 그 노동력을 활용하기 위하여 다리를 놓았다는 말이 더욱 설득력이 있다.

아름다운 홍교를 바라보고 매표소를 지나면 승탑 밭에 이른다. 흥국사를 창건한 보조국사와 중창했던 법수화상의 승탑 등 12기의 승탑이 있다. 승탑 밭을 지나 만나는 흥국사 중수사적비(전남유형문화재 제312호)는 숙종 29년(1703)에 당시의 명필이었던 이진휴李震休가 쓴 것이다.

천왕문과 봉황루 그리고 범종각을 지나면 심검당과 적묵당에 에워싸인 흥국사 대웅전(보물 제396호)이 나타난다. 대웅전은 인조 2년(1624)에 계특대사가 절을 고쳐 세울 때 다시 지은 건물로 석가삼존불을 모시고 있는 절의 중심 법당이다.

대웅전은 정면 3칸 · 측면 3칸의 화려한 다포계 팔작지붕 건물로, 앞에서 보면 봉긋한 영취산 봉우리가 용마루 뒤에서 솟아오른 것처럼 보인다. 정면 3칸은 기둥 사이를 같은 간격으로 나누고 각각 사분합의 빗살문을 달아 전부 개방할 수 있게 했다. 이 빗살문은 상부를 구분하여 교창交窓(창문 위에 다른 작은 창)의 모양으로 의장했으므로 문짝의 키가 높으며, 따라서 고주高柱도 높게 잡았다. 대들보 위에는 우물천장이 연꽃밭처럼 화려하게 치장되어 있고, 바닥에는 마루를 깔았다.

대웅전의 후불탱화인 영산회상도(보물 제578호)는 숙종 19년(1693)에 왕의 만수무강과 나라의 평안을 기원하기 위하여 천신과 의천이라는 두 스님이 수년에 걸쳐 그린 것으로 원만한 형태와 고상한 색채가 조화를 이룬 걸작으로 평가받는다.

관세음보살을 모신 흥국사 원통전(전남유형문화재 제45호)은 조선 명종 15년(1560)에 크게 다시 지어졌다가 정유재란 때 소실되어 인조 2년(1624)에 중창되었다. 원통전은 정면 5칸 · 측면 3칸 규모의 건물로, 지붕 처마를 받치면서 장식을 겸하는 공포가 앞쪽과 양쪽에만 있고 건물의 뒷쪽에는 없다. 전체적인 건물 평면 배치는 품品자형인데 중앙 칸을 중심으로 양편에 툇간을 배치했고, 전면에는 따로 기둥을 세워 3칸을 배치하여 전면과 양협 간에 우물마루를 놓았다.

영취산 진달래

영취산은 4월이 되면 진달래가 만개하여, 흥국사 대웅전 뒤의 영취봉과 진달래봉으로 이어지는 능선이 연분홍 물결을 이룬다.

홍국사 원통전

고려 때 보조국사 지눌이 세운 호국사찰인 홍국사의 원통전은 관세음보살을 모신 곳으로, 관세음보살의 자비가 이 땅 어디건 미치지 않는 곳이 없다는 뜻에서 이름 붙여진 전각이다.

여수순천10·19사건의 아픔을 딛고

우리나라 현대사에 '여수순천10·19사건'이라고 명명된 이 사건은 1948년 10월 19일에 일어났다. 그해 4월 제주에서는 '제주도4·3사건'이 일어나 토벌대와 유격대 간의 밀고 밀리는 싸움이 전개되었고, 유격대의 끈질긴 저항에 봉착한 이승만 정부는 계속하여 군 병력을 증파했다. 10월 중순께 군 통수권을 쥐고 있던 군정장관 W. F. 딘 소장은 여수에 주둔 중이던 제14연대 제1대대에 출동 명령을 내려 제주를 진압하라고 했다. 그들에게는 MI 소총과 60밀리 박격포 그리고 수많은 탄약이 지급되었다.

그러나 출동을 준비하던 중위 김지회의 주동으로 10월 19일 남로당 출신 군인 40여 명이 신속히 병기고와 탄약고를 점령하는 동시에 제1대대 장병 전원을 집결시켰다. 제14연대 2개 대대가 합류하면서 장병 수는 5000여 명에 이르렀고, 지창수 상사가 연단에 올라서서 제주 출동 거부와 경찰 타도 그리고 남북통일을 위해 민중의 군대로 행동하자고 호소했다. 이어서 반대하던 하사관 40여 명을 처단한 뒤 경찰서와 관공서 등의 기관을 점령했고, 다음 날인 10월 20일 오전 9시경에는 여수 시내 전체를 장악했다. 이 사건을 전해들은 순천에서는 죽도봉 서쪽에 있는 순천교와 광양 삼거리에 경찰 병력을 배치했으나 세 방향에서 쏟아져 들어오는 민중의 군대를 막기에는 역부족이었다.

당시 순천역 쪽에 2개 중대의 군부대가 주둔 중이었지만 그들은 같은 군인끼리 싸울 수가 없었고, 더구나 상관의 지시를 받지 못했다는 이유를 내세워 순천경찰의 지원을 받지 않았다. 20일 오후 3시경에는 순천까지 접수한 반란군은 곧이어 보성군 벌교읍까지 손아귀에 넣었다.

처음에 봉기군은 눈에 띄는 대로 경찰들을 쏘아 죽였지만 나중에는 한꺼번에 모아 떼로 죽이기도 했다. 사건이 발발한 지 2~3일 만에 경찰관 400여 명과 우익 인사 500여 명이 여수와 순천 일대에서 목숨을 잃었다.

국군은 광주에 전투사령부를 설치한 후 진압 작전을 지도할 특수부대를 파견했으나, 작전을 실질적으로 구상하고 총지휘한 것은 미 군사고문관 제임스 하우스먼 대위와 그 외 7명의 미군 장교였다. 22일에 여수, 순천 지역에 계엄령이 선포되었고 제12연대 연합군에 의해 23일 순천이 점령되었다. 치열한 싸움 끝에 25일에는 여수의 일부가 점령되었으며, 27일 오후에야 진압군은 여수를 완전히 점령할 수 있었다. 여수 시내는 폐허를 방불케 했으며, 희생된 봉기군의 시체가 즐비했다.

진압군에 의해 붙잡힌 5만 명의 순천시민이 순천북초등학교에 강제 집결되었다. 그들은 심사를 받고 타살되거나 총살되었으며, 계엄군과 경찰에 넘겨져 재판을 받았다. 그때 백두산 호랑이로 악명이 높았던 김종원 대대장은 중앙초등학교의 버드나무 밑에서 일본도를 휘둘러 봉기군들을 즉결처분하기도 했다. 그때 학살된 사람이 정부의 축소된 발표에 따르더라도 6000여 명에 이르렀고, 2만 3000여 명이 체포, 투옥되었으며, 6000여 호의 가옥이 방화로 소실되었다.

여수순천10·19사건으로 이렇게 엄청난 희생을 치러서인지 이 지역 사람들은 이후 광주나 목포 사람들과 달리 정치에는 관심이 없다는 듯 조용히 살고 있다. 그러나 제주도4·3사건과 거창양민학살사건을 5·18광주민주화운동같이 특별법 제정을 하기 위해 각계각층의 사람들이 나서고 있고, 그 연장선상에서 동학농민혁명도 특별법 제정을 위해 지역 주민들이 나서고 있음을 보면 여수, 순천 사람들도 언젠가는 한목소리를 내며 특별법 제정을 위해 발 벗고 나설지 모른다.

보성과 벌교 그리고 태백산맥

국내 최대 녹차밭과 조정래의 대하소설 《태백산맥》의 무대로 유명한 보성군은 백제 때 복홀군이었고, 신라 때 지금의 이름으로 바뀌었다. 고종 33년(1896)에 전라남도 보성군이 되었다. 지금은 보성군에 속한 벌교읍은 조선시대에 낙안군 고상면, 남면이었으나 1908년 보성군에 편입되었다가 1915년 고상면과 남면이 병합되어 벌교면이 되었다가 1937년 읍으로 승격되었다.

1922년 이후 경전선 철도역이 생기면서 벌교는 보성의 중심지이자 일제강점기 동안 전남 동부지방의 물산을 일본으로 실어나르는 창구가 되었다. 벌교는 해방 이후 쇠락했으나 여전히 보성군 인구의 30퍼센트 이상을 차지하고 있으며 보성읍보다 인구가 많다.

> 동남쪽은 바다에 닿아 있고, 서북쪽은 험준한 요새이다. 지세가 매우 높아서 물은 차고 바람은 많으니 일찍부터 서리 피해를 입는다.

보성 녹차밭

보성읍 봉산리의 보성 녹차밭은 수려한 자연경관으로 이루어진 150만 평 규모의 차밭이 조성되어 있으며 각종 광고와 드라마, 영화 촬영지로도 유명하다.

《여지도서》에 실린 보성군의 형승이다. 보성군은 협소한 해안지대와 보성강 유역을 제외하고는 대부분이 산지로 되어 있다. 군의 중앙부를 흐르는 보성강은 웅치면 대산리에서 발원하여 보성읍을 지나 보성강저수지와 주암호를 이루어 섬진강에 합류하며, 그 길이는 약 120킬로미터에 이른다.

녹차로 이름난 보성은 국내 최대의 차주산지이자 차산업의 발상지이다. 《세종실록지리지》와 《신증동국여지승람》에 특산물이 차로 기록되어 있을 만큼 보성은 예부터 차나무가 자생하고 있어 녹차를 만들어왔고, 지금도 문덕면 대원사, 벌교 징광사지 주변 등 군 전역에 야생 차나무가 자란다. 그중에서도 보성읍 봉산리의 보성 녹차밭 대한다원은 관광농원으로 개방된 곳으로 수려한 자연경관으로 이루어진 150만 평 규모의 차밭이 조성되어 있어 매년 100만 명 이상이 찾는다. 또한 각종 광고와 드라마, 영화 촬영지로도 유명하다.

대종교를 중창한 나철의 고향 벌교

군의 동남단에 위치한 벌교읍은 국내 수산물 지리적 표시 등록 1호인 벌교꼬막으로 유명하다. '벌교에서 주먹 자랑 말고, 여수에서 돈 자랑 말고, 순천에서 인물 자랑 말라'고 했으나 벌교는 근세에 많은 인물을 배출했다. 한말 의병장 안규홍安圭洪, 독립신문을 창간하고 독립협회를 창설한 서재필徐載弼, 민족종교인 대종교를 중창한 나철이 이 고장 사람이다.

나철은 스물아홉 살에 문과 급제하여 승문원권지부정자로 벼슬길에 올랐고, 서른세 살에 징세서장에 오르지만 곧 사퇴하고, 구국 운동에 뛰어들었다가 실패한 후 민족종교 운동을 시작했다. 1904년 오기호吳基鎬, 이기李沂 등 호남 출신 우국지사들과 유신회維新會를 조직한 나철은 기울어 가는 국권을 세우기 위하여 일본으로 건너갔다. 그는 그곳에서 "동양 평화를 위해 한·청·일 3국은 상호 친선 동맹을 맺고, 한국에 대해서는 선린의 교의로써 부조扶助하자"라는 내용을 일본 정계에 전달하고, 3일간 금식 농성을 했다. 그러던 중 을사조약 체결 소식을 듣고 귀국하여 조약 체결에 협조한 매국노를 저격하려다 실패했다.

한편 을사조약 체결 소식을 듣고 귀국했을 때 서울역 근처에서 백전이라는 노인에게서 후에 대종교의 경전이 된 《삼일신고三一神誥》와 《신사기神事紀》를 전해받았고, 1908년 도쿄의 한 여관에서 두일백이라는 노인을 만나 대종교의 중창에 직접적인 계기가 된 〈단군교포명서〉를 받았다. 그해 12월에는 도쿄의 어느 여관에서 오기호·정훈모 등과 함께 두일백에게 신자의 자격을 얻는 의식인 영계靈戒를 받았다. 정치적 구국 운동에 대한 좌절로 민족종교 운동으로 방향을 돌린 나철은 마침내 1909년 1월 15일 단군대황조신위檀君大皇祖神位를 모시고 제천 의식을 거행한 뒤 단군교를 선포했다. 이날을 대종교에서는 중광절重光節이라고 한다.

그와 함께 활약했던 인물들은 유신회를 비롯한 호남 출신의 지식인층 우국지사들이었다. 그렇기 때문에 일반 서민들이 중심이 된 동학이나 증산교에 비하여 대종교를 양반 종교라고도 한다. 교주인 도사교都司教에 추대된 나철은 밀계와 5대 종지를 발표하여 교리를 정비하고 교단 조직을 개편함으로써 교세 확장에 주력했다. 그러던 중 당시 서울 북부지사교北部支司教를 맡고 있던 정훈모의 친일 행위로 인해 내분과 예상되는 일제 탄압에 대처하기 위해 1910년 8월 교명을 단군교에서 대종교로 개칭했다. 그 뒤 일제의 종교 탄압이 점점 심해지자 국외 교포로 교단을 유지하고자 만주 북간도 삼도구三道溝에 지사를 설립하는 한편, 교리의 체계화에도 힘을 기울여 1911년에 《신리대전神理大全》을 간행했다. 1914년에는 교단 본부를 백두산 북쪽에 있는 청파호 부근으로 이전하고 만주를 무대로 교세 확장에 주력하여 30만 교인을 확보했으나, 일제는 1915년 10월 '종교통제안'을 공포하여 대종교 탄압을 노골화했다. 교단의 존폐 위기에 봉착하게 된 나철은 1916년 8월 15일 구월산의 삼성단에서 일제에 대한 항의 표시로 마흔아홉 살의 나이에 세상을 하직했다. 그가 태어난 벌교읍 칠동리에는 나철선생생가와 홍암나철선생기념관이 있다.

한편 벌교읍 벌교리에는 현재까지 남아 있는 홍교 중에서 가장 규모가 크며, 실제로 사용되고 있는 보성 벌교 홍교(보물 제304호)가 있다. 원래 이 자리에 뗏목을 이은 다리가 있어 벌교筏橋라는 지명이 생겨났다고 하며, 조선 영조 5년(1729)에 선암사의 한 스님이 돌다리로 만들어놓은 것을 영조 13년(1737)에 3칸의 무지개다리로 고쳐 지었다. 1981~1984년에 지금의 모습으로 보수했다.

벌교 홍교는 화려하고 거대한 모습 속에서 단아한 멋을 풍기며, 웅대함과 함께 뛰어난 기술을 엿볼 수 있는 대표적인 작품이다.

보성 벌교 홍교

보성 벌교 홍교는 현재까지 남아 있는 홍교 중에서 가장 규모가 큰 무지개다리로,
화려하고 거대한 모습 속에서 단아한 멋을 풍긴다.

흐린 물과 탁한 물

보성군 문덕면 봉갑리에는 봉갑사라는 큰 절이 있고, 그 절에는 절샘이라고 하는 우물이 있었다. 봉갑사의 스님들이 항상 길어다 마셨다는 이 물은 보성군에서 제일 좋은 물이라고 한다. 보성에 부임한 원님이 보성군에서 가장 좋은 물을 마시기 위해 물을 길어 오라고 해서 무게를 달아보았다. 그때 이 샘의 물이 가장 근수가 많이 나가서 늘 이 물을 길어다 마셨다고 하는데, 황희나 김수증을 비롯한 수많은 선인들은 물을 길어다가 무게를 달아 맑고 깨끗한 물을 마셨다고 한다. 옛사람들의 물 감별법인 셈이다.

송강 정철의 아들인 정홍명鄭弘溟이 지은《기옹만필畸翁漫筆》에 그에 대한 글이 실려 있다.

> 일학 노숙은 불문의 종사이다. 오대산에 입정해 근 50년이나 있다가 세상을 떠났다. 일찍이 말하기를 "젊어서 율곡을 따라 산천 구경을 떠났다. 한 곳을 지나다가 돌구멍에서 나오는 샘물이 있어 사람들이 모여서 물을 마셨다. 율곡도 한 모금 마시고는 '이 물은 둘도 없는 맛이다' 하였다. 하지만 다른 사람들은 조금도 특이한 것을 몰랐다. 율곡이 말하기를 '대저 물은 맑은 것이 좋은데, 맑으면 무게가 무겁다. 흐린 물은 비록 모래와 진흙이 섞였더라도 무게는 맑은 물을 따르지 못한다'" 하였다. 같이 가던 사람들이 다투어 시험해보았다. 과연 그 물의 무게가 다른 물의 두 배나 되었다. 그래서 철학자들은 만물의 이치에 모르는 것이 없음이 다 이러한 것을 알았다.

한편 봉갑리에는 봉갑사 승려들을 먹여 살리기 위해 백사장이라는 마을이 형성되어 있었다. 봉갑사가 생긴 이후의 마을이다 보니 백사장에는 봉갑사 일을 하는 머슴이나 승려들의 옷을 만드는 외지 사람들이 살았다고 한다. 또한 이 마을 앞으로 모래밭이 펼쳐지고 그 밑으로 보성강의 맑은 물줄기가 감돌아 흐르고 있어 '쳐다보니 천봉산, 내려다보니 망일봉, 놀기 좋다 백사장' 같은 노랫가락이 전해오고 있다.

소록도가 있는 고흥군

보성 아래쪽에 고흥군이 있다. 고흥군은 순천만과 득량만 사이에 돌출한 반도와 부속도서로 이루어졌다. 본래 장흥부의 고이부곡이었으며, 고려 충렬왕 때 흥양으로 바뀌었다. 《세종실록지리지》에 "땅이 기름지며 날씨가 따뜻하다"라고 기록된 흥양의 당시 호수는 157호이고 인구가 686명이며, 군정은 시위군이 8명, 진군이 46명, 선군이 59명이었다. 1914년에 지금의 이름인 고흥군으로 바뀌었다.

조선 초기 문신인 안숭선安崇善은 고흥에 대해 "정통正統 10년에 내 사명을 받들고 남주로 가다가 흥양 지경에 들어가니 땅이 큰 바닷가에 있어 기름지다. 그러나 두 개의 내가 고을 한가운데를 가로세로로 흘러 여름철마다 장맛물이 넘쳐서 백성들이 수해를 입어 모두 흩어져 유리流離하니 고을에서 걱정으로 여겼다"라고 했다.

고흥은 반도로 이루어져 아름답기로 소문난 팔영산·운람산·천등산 등의 산과 함께 내나로도·외나로도·소록도·시산도 등의 섬이 있다. 뱀골재를 넘으면 지도상에 사람의 위 같기도 하고 주머니 같기도 한 고흥반도에 접어들고, 고흥의 야트막한 산 너머로 소록도가 보인다. 소록도를 두고 한센병 환자였던 한하운 시인은 '전라도 길—소록도 가는 길에'라는 시를 남겼다. 다음은 그 한 대목이다.

신을 벗으면
버드나무 밑에서 지까다비를 벗으면
발가락이 또 한 개 없다

앞으로 남은 두 개의 발가락이 잘릴 때까지
가도 가도 붉은 전라도 길

고흥군 도양읍 소록리에 속한 소록도는 고흥반도 녹동항에서 남쪽으로 약 600미터 지점에 있다. 남쪽은 거금도와 인접하고, 그 사이에 대화도·상화도·하화도 등 작은 섬이 있다. 지형이 어린 사슴과 비슷하여 소록小鹿이라 했다 한다. 본래는 금산면에 속했으나, 1963년 행정구역 개편에 따라 오마리와 함께 도양읍에 편입되었다.

소록도에는 한센병 환자들이 집단 거주하고 있는데, 그 기원은 대한제국 말 개신교 선교사들이 1910년에 세운 시립나요양원이다. 1916년에는 주민들의 민원에 따라 조선총독부에 의해 소록도 자혜병원으로 정식 개원했다. 일제강점기에는 한센병 환자를 강제 분리, 수용하기 위한 시설

소록도 구라탑

소록도는 한센병 환자를 위한 국립소록도병원이 들어서 있는 섬으로 유명하다.
사진은 '한센병은 낫는다'라는 글귀가 새겨져 있는 구라탑.

로 사용되면서 전국의 한센병 환자들이 강제 수용되기도 했다. 당시 한센병 환자들은 4대 원장 스오 마사히데周防正秀가 환자 처우에 불만을 품은 환자에게 살해될 정도로 가혹한 학대를 받았으며, 강제 노동과 일본식 생활 강요, 불임 시술 등 온갖 인권 침해 속에 살았다. 오늘날 소록도에는 일제강점기에 한센병 환자들의 수용 생활을 보여주는 소록도감금실과 한센병자료관, 소록도갱생원 등의 역사적인 건물과 표지판이 그대로 보존되어 있다.

소록도 병원은 광복 후에도 한센병 환자의 격리 정책을 고수하여 환자들의 자녀들이 강제로 소록도 병원 밖의 학교에서 공부해야 했으나, 이후 한센병에 대한 연구가 진척되고 환자에 대한 사회적 인식이 개선되면서 한센병의 치료, 요양, 한센병 연구 등을 기본 사업으로 하는 시설로 변모했다. 또한 1965년에 부임한 한국인 원장에게서 과일 농사, 가축 사육에 종사하여 자신의 힘으로 살 수 있도록 경제적인 배려를 받았으며, 일부는 소록도 축구단을 결성하여 한센병 환자에 대한 사회적 편견이 완화되도록 노력했다.

섬의 주민은 국립소록도병원의 직원 및 이미 전염력을 상실한 음성 한센병 환자들이 대부분이며, 환자의 대부분은 65세를 넘긴 고령이다. 환자들의 주거 구역은 외부인이 접근할 수 없게 차단되어 있다.

소록도는 삼림과 해변이 잘 보호되어 있어서 정취가 뛰어나며, 관광지는 아니지만 걸어 다니면서 섬 주변을 둘러볼 수 있게 길이 잘 닦여 있다. 2007년 9월 22일 고흥반도와 소록도를 잇는 1160미터의 연륙교인 소록대교가 임시 개통하여 육상 교통로가 열렸다.

이곳을 무대로 이청준은 소설 《당신들의 천국》을 썼는데, 일제강점기 말에서 1970년대까지를 배경으로 삼고 있다. 〈조선일보〉 기자였던 이규태의 소록도 탐사 기사를 바탕으로 하여 재구성한 이 소설은 살아 있는 고전으로 평가받고 있다.

조선 전기 문신 박원형朴元亨이 "솔바람 땅을 뒤엎으니 일천 산이 움직이고 매화, 비 서늘함을 나누어서 한 난간이 낡도다"라는 시를 짓고, "객사에 일 없어 술잔 돌리며 시편을 쓰노라. 붓을 휘둘러 벼루에 의지했네. 읊다가 한번 바라보니 바다 물결 면면이 펄럭이네"라는 시를 남겼던 고흥의 서쪽으로 장흥이 있다.

여인이 치맛자락처럼 부드러운 능선의 억불산

목은 이색의 글에 장흥군은 "옛날에는 낙토樂土라 일컬었고, 백성은 순박하고 일은 간략하다"라고 기록되어 있고, 조선 전기 문신 임종선은 "땅이 큰 바다로 임하였다"라고 했으며, 최경지崔敬止가 "아득히 넓은 바다로 삼면이 물인데, 푸르고 두꺼운 땅에는 얼마나 산이 많은고"라고 노래했다.

유난히 산세가 아름다운 장흥군은 백제 때 마차현이었으며, 신라가 삼국을 통일한 후 오아현으로 개칭했으며, 고려 초에 정안현으로 이름을 바꾸었다. 태종 13년(1413)에 장흥도호부로 승격되어 조선시대 동안 유지되었고, 고종 33년(1896)에 전라남도 장흥군이 되었다.

생육신의 한 사람인 추강秋江 남효원南孝溫은 벼슬을 연연하지 않고 평생을 유랑하다가 장흥을 지나며 다음의 시를 남겼다.

돌아보매 강남 땅 몇 단정 지나왔던가
높고 험한 천관산이 푸른 바다 베고 있네
여섯 밤의 봄꿈은 취한 듯이 아스라하니
필마 타고 어느 해에 반갑게 다시 만날까

장흥군 내에는 탐진강이 흐르며, 하천 유역에 비옥한 평야가 형성되어 있다. 지역 특산물로 표고버섯·한우·키조개가 '장흥삼합'으로 알려져 있다. 이외에 천연 김과 매생이도 유명하다.

장흥읍의 동남쪽에서 장흥 시가지를 바라보고 있는 억불산은 아름다운 산이다. 부드러운 산 능선은 어찌 보면 아름다운 여인이 치맛자락을 펄럭이며 걸어가는 것 같다. 억불산 정상에는 그 옛날 봉수대가 있었다고 하나 지금은 자취를 찾을 수가 없다.

그 정상 아래에 아기를 업은 여자처럼 다소곳이 서 있는 바위가 슬픈 전설이 서린 며느리바위다. 마치 여인의 치맛자락이 동, 서, 북쪽으로 부드럽게 펼쳐지는 듯 보이며 억부산億婦山이라고 불렀다는데, 이 바위에 얽힌 전설은 이러하다.

아주 먼 옛날, 장흥고을에 마음씨 곱고 효성이 지극한 며느리가 시아버지를 모시고 어린 아들과 오순도순 살고 있었다. 그런데 마음이 비단결처럼 고운 며느리와는 정반대로 시아버지는 자린고비보다 더한 구두쇠로 인근에 소문이 자자했다. 노인은 거지가 동냥을 오면 곡식은커녕 매까지 때려서 쫓아냈다. 화가 난 한 거지가 고을 사또에게 그 노인의 나쁜 심성을 일러바치자 사또는 노인을 관아로 불러들였다. 사또가 "네 이놈 듣거라. 너는 동냥을 하러 온 사람을 도와주기는커녕 매를 때리고 못살게 군 일이 있느냐?" 하자, 노인은 "절대로 그런 일이 없습니다" 하고 거짓말했다. 이에 사또는 "앞으로는 절대 그런 일이 없도록 하여라" 하고는 노인을 돌려보냈다. 얼마 후 한 스님이 노인의 집으로 동냥을 왔는데, 노인은 "네 이놈, 여기가 어디라고 얼씬거리느냐, 썩 물러가거라" 하며 똥을 퍼와서 탁발승의 몸에다 끼얹어버렸다. 그러고는 "저기 쌀통에서 쌀을 한 번만 퍼가지고 가라" 하고 들어갔는데, 그 통은 못을 박고 철사로 둘둘 뭉쳐 있어서 한 움큼밖에 꺼낼 수 없게 만들어져 있었다. 이 모습을 본 며느리는 밥과 쌀을 가지고 와서 시아버지 대신 용서를 빌었다. 그러자 탁발승은 "어느 날 어느 시에 천둥번개가 치고 장대 같은 소나기가 쏟아질 것입니다. 그때는 주저 말고 억불산으로 올라가시오. 그리고 어떤 경우에도 뒤를 돌아보면 안 됩니다"라고 했다. 며느리가 무슨 뜻인지 물어보려 하는데 눈 깜짝할 사이에 스님은 사라지고 말았다.

며칠 후 탁발승이 예언한 날이 되자 먹장구름이 하늘을 덮더니 천둥번개가 몰아치고 동이로 물을 퍼붓듯 소나기가 쏟아졌다. 며느리는 탁발승의 말대로 억불산으로 가기 위해 시아버지께 함께 가자고 했으나 구두쇠 노인은 재산이 아까워서 막무가내였다. 며느리는 하는 수 없이 아들만 데리고 산으로 갔는데, 잠시 후 시아버지의 다급한 목소리가 들렸다.

"애야, 며느리야, 나 좀 살려다오."

너무나 애절한 울부짖음에 며느리는 탁발승의 당부를 잊은 채 뒤를 돌아보았다. 그 순간 며느리는 돌로 변하여 바위가 되었고, 아랫마을은 온통 물바다가 되었다. 그 바위를 그때부터 며느리바위라 불렀다. 그리고 그 물난리에 생긴 못〔沼〕을 박씨와 임씨 두 성씨가 살았다고 해서 박림소朴林沼라고 이름 붙였다고 한다. 며느리가 돌로 변할 때 며느리의 수건이 날아간 곳은 수건 '건巾'에 뫼 '산山' 자를 써서 건산리라고 했다. 지금도 탐진강 중류 장흥읍 연산리의 창랑정滄浪亭 앞에는 깊게 팬 못이 남아 있고 건산리라는 마을이 있어 그 옛날의 전설을 생각나게 한다.

억불산에서 뻗어 내린 능선 끝에 작은 고개가 있는데, 말안장 같은 이 고개를 덕림재라고 한다. 여러 길이 뚫리기 전에는 이 고개가 장흥의 남부지방으로 통하는 길이었다. 덕림재에서 떠오르는 보름달과 예양강에서 낚시하는 이들의 호롱불이 한데 어우러지는 풍경이 아름다워 장흥팔경의 하나로 꼽혔으며, 장흥읍내를 흐르는 탐진강에 억불산의 그림자가 거꾸로 비치는 모습은 한 폭의 그림과도 같았다 한다.

억불산의 지척에 보이는 사자산은 길게 뻗어 안양면의 월계골까지 이어진다. 흡사 고개를 들고 먼 산을 바라보는 사자 모양을 한 이 산은 장흥읍내를 지키는 수문장이나 마찬가지였다. 그래서 예로부터 이 고장 사람들은 이 산을 사자산이라 했고, 일제강점기 장흥에 살았던 일본인들은 이 산의 모습에 찬탄을 아끼지 않았다. 그들은 사자산이 일본의 후지산과 닮았다고 하여 장흥후지산이라 부르기도 했다.

사자산을 지나 높게 치솟은 산이 제암산이다. 장흥의 진산답게 웅장한 모습을 자랑한다. 골짜기가 많으며 또 그 골짜기마다 샘이 많다. 장흥 인근의 모든 산들이 이 산을 향하여 기립한 듯하고 또한 모든 산들이 이 산을 바라보고 있는 듯하여 제암帝岩이란 이름이 붙었다고 한다.

그리고 관산읍과 대덕읍을 사이에 두고 솟아오른 산이 천관산이다. 고려 때까지만 해도 나무가 울창하게 우거진 숲속에 천관사·옥림사·보현사 등 89곳의 암자가 있었다고 하는데, 지금은 몇 개의 절터와 석불 몇 기만이 남아 있을 뿐이다.

통일신라시대 구산선문 중 하나인 보림사

유치면 봉덕리의 가지산 남쪽 기슭에 있는 보림사는 통일신라시대 헌안왕의 권유로 보조국사가 터를 잡아 헌안왕 4년(860)에 창건했다. 보조국사가 이곳에서 신라 구산선문 중 최초로 가지산파를 열어 헌강왕 6년(880)에 입적할 때까지 무려 800여 명의 제자들이 여기에 머물렀다고 한다. 보조국사 입적 후에 헌강왕이 절 이름을 내려주어 보림사가 되었다. 조선 세조 때 발간된 〈신라국 무주 가지산 보림사 사적기〉에는 보림사의 창건 설화가 다음과 같이 적혀 있다.

> 신라의 명승 원표대덕이 인도 보림사, 중국 보림사를 거쳐 참선 중 한반도에 서기가 어리는 것을 보았다. 그는 신라로 돌아와 전국의 산세를 살피며 절 지을 곳을 찾았다. 어느 날 유치면 가지산에서 참선을 하고 있는데 선녀가 나타나더니 자기가 살고 있는 못에 용 아홉 마리가 판을 치고 있으므로 살기 힘들

다고 호소해왔다. 원표대덕이 부적을 못에 던졌더니 다른 용은 다 나가고 유독 백룡만이 끈질기게 버텼다. 원표대덕이 더욱 열심히 주문을 외웠더니 마침내 백룡도 못에서 나와 남쪽으로 가다가 꼬리를 쳐서 산기슭을 잘라놓고 하늘로 올라갔다. 이때 용꼬리에 맞아 파인 자리가 용소(용문소)가 되었으며 원래의 못 자리를 메워 절을 지었다. 보림사 주위에는 용과 관련된 지명이 많다.

고려시대는 원응국사와 공민왕의 왕사인 태고 보우국사가 주석하여 선종을 진작시킨 큰 절이었고, 그 후 여러 차례 중창과 중수를 거치며 웅장한 규모를 자랑하던 보림사는 1950년 한국전쟁 당시, 일주문과 천왕문을 빼고 20여 동의 건물이 모두 불타버렸다. 전쟁 이후 조금씩 복원되어 현재는 대적광전, 대웅전, 새로 지은 방각과 요사조사전, 삼성각, 명부전, 주지실, 암자 등이 복원되었다.

보림사에서 처음 보게 되는 일주문은 지붕 아래에 포작이 여러 겹 중첩되어 화려하다. 이 절 천왕문은 좌우 칸에 대단히 큰 사천왕상 4구와 금강역사상 2구가 모셔져 있으며, 가운데 칸은 출입구로 쓰인다. 목조사천왕상(보물 제1254호)은 목각 사천왕상은 가운데 가장 크며 오래된 것이다. 이외에도 보림사에는 남북삼층석탑 및 석등(국보 제44호), 철조비로자나불좌상(국보 제117호), 보림사동승탑(보물 제155호), 보림사서부도(보물 제156호), 보조선사탑(보물 제157호), 보조선사탑비(보물 제158호) 등이 있다.

보림사 남북삼층석탑 및 석등

보림사 대적광전 앞에는 석탑 2기가 동서로 마주서 있고 그 사이에 석등 1기가 서 있다. 이 셋을 묶어서 남북삼층석탑 및 석등이라고 하며, 통일신라시대 유적임에도 온전한 모습을 유지하고 있다.

소설가 이청준의 고향 장흥

이곳 장흥에서 한국문학사에 족적을 남길 많은 문인들이 나고 자랐다. 한승원, 송기숙, 이승우, 그리고 이청준이 이곳 장흥에 태를 묻었다.

그중 소설가 이청준은 장흥군 대덕면(현 회진면)의 진목리에서 태어났다. 그가 회진이라는 작은 포구에서 국민학교를 다니던 무렵의 몇 년간 그의 가족들이 차례로 죽어갔다. 그의 나이 여섯 살이 되던 해 세 살 난 아우의 죽음과 결핵으로 죽어간 맏형, 그리고 아버지의 죽음은 온 가족들과 그에게 지울 수 없는 큰 충격을 남겨놓았다. 그때부터 그는 형의 정신적인 유물이었던 책과 노트를 통해서 죽은 사람과의 영적 교류를 시작했다. 한줌의 재로 변해버린 형의 육신이 어린 이청준의 마음속에서 훌륭하게 재생되었으며 그로 인하여 그의 빛나는 문학이 사람들에게 전해지게 된 것이다.

이청준은 그의 작품 〈눈길〉에서 가난과 어머니와 그 흰 백색의 눈[雪]을 아름답게 묘사했고, 〈선학동 나그네〉, 〈당신들의 천국〉, 〈잔인한 도시〉. 〈서편제〉 등 수많은 작품 속에서 그는 권력과 언어의 문제 정치와 사회의 문제 그리고 한의 문제를 집요하게 천착해왔다.

이청준 선생을 두고 심정섭은 실명소설 〈이청준〉에서 다음과 같이 평했다.

> 그는 꿈꾸기를 좋아하면서도 늘 깨어 있다. 꿈을 꾸는 자기 자신과 그 꿈의 내용과 꿈을 꾸게 만드는 현실을 요모조모 따져보아야 하는 까닭에 그는 깨어

있는 꿈을 꾸는 것이다. 그런가 하면 비몽사몽간에 그는 음모 꾸미기를 좋아한다. 음모라고 하면 컴컴한 구석이 연상되지만 그가 주로 생각해서 만들어내는 일은 저녁을 집에서 먹을 것인가, 밖에서 먹을 것인가, 주말에는 남한산성이라도 한번 올라가볼 것인가, 누구를 꾀어내어 술이라도 빼앗아 먹을 것인가 하는 하찮은 일이다. 그러느라고 머리카락이 은빛이 되었다고 한다.

수많은 사람들에게 문학적 영감을 전해준 그는 삶을 마감하고서야 그가 어린 시절을 보낸 고향에 돌아와 남해바다를 바라보고 있으니.

11

다도해 주변 고을

강진 · 완도 · 해남 · 진도

조선시대 전라도 병영이던 강진

강진군 일대는 백제 때 도무군과 동음현이 있었던 곳이다. 신라가 삼국을 통일한 이후 도무군을 양무군으로, 동음현은 탐진현으로 개칭하고 탐진현은 양무군의 영현이 되었다. 고려 때 양무군은 도강현으로 바뀌었고, 조선 초에 군현제를 개편하면서 도강현과 탐진현을 합하고 각각의 글자를 따서 강진이라는 이름이 만들어졌다.

강진은 오늘날 '남도 답사 1번지'라는 이름으로 해남과 더불어 사람들이 즐겨 찾는 곳이다. 《세종실록지리지》에 "땅이 기름진 것이 3분의 1이 되며, 풍속이 고기잡이를 좋아한다"라고 기록된 강진은 예로부터 어족자원이 풍부하기로 유명하다. 또한 강진 갯벌에는 진흙과 모래와 자갈이 적당히 섞여 있어 '강진 원님 대합 자랑하듯 한다'는 말이 있을 만큼 어패류가 서식하는 데 최적의 환경이다. 지금도 강진은 바지락, 꼬막, 김, 토하, 매생이 산지로 유명하다.

태종 17년(1417)에 전라도 병영을 두었는데, 초대 병마절도사 마천목 장군이 병영성을 축조하여 조선왕조 500년간 전라도와 제주도를 포함한 53주 6진을 총괄한 육군의 총지휘부였다. 지금의 병영면 성동리에는 전라병영성(사적 제397호)이 있는데, 성곽 내 육군 지휘부 시절의 건물이나 유적은 소실되고 성곽의 일부만 남아 있다.

전라병영성 주변에는 병영성이 있던 데서 유래된 병영마을이 있었다. 백성들이 사는 마을에는 높이가 2미터나 되는 담을 쌓아 올렸는데, 이는 병마절도사나 군관들이 말을 타고 순시할 때 담이 낮으면 말 위에서 집 안이 훤히 들여다보일 것을 염려해서일 것으로 짐작된다. 강진 병영마을의 돌담길 중 병영면 삼인리에 위치한 강진 한골목 옛 담장(등록문화재 제264호)은 문화재로 지정되었다. 이 담장은 일반적인 방식과 달리 돌과 흙을 15도씩 엇갈려 일종의 빗살무늬 형식으로 쌓았는데 이는 네덜란드에서 온 하멜 일행이 효종 7년(1656)부터 7년간 이곳에 머무는 동안 그들로부터 습득한 것으로 전해진다.

이곳 강진에는 강진읍의 지형과 관련된 '연지전설蓮池傳說'이 내려온다. 약 350년 전 강진에 부임한 역대 현감들은 아전의 횡포로 인하여 소신 있는 행정을 펼 수 없어, 현감 자리가 비어 있을 때가 있을 정도였다. 효종 4년(1653)에 신유申瀏가 현감으로 부임했는데, 그는 아전의 횡포가 강진의 지세 때문이라는 것을 알게 되었다. 강진의 지세는 누워 있는 황소의 형국, 즉 와우형臥牛形이었다. 신유는 '황소는 코뚜레를 뚫어야 말을 듣는다'는 점에 착안하여 코뚜레 자리에 연지를 파서 지세를 누르자 아전들의 횡포가 사라지고 덕치를 펼 수 있었다.

전라병영성

조선왕조 500년간 전라도와 제주도를 포함한 53주 6진을 총괄한 육군의 총지휘부였던 전라병영성은 지금은 성곽 내 육군 지휘부 시절의 건물이나 유적은 소실되고 성곽의 일부만 남아 있다.

강진만 바다가 한눈에 보이는 만덕산

강진읍에서 서남쪽으로는 강진만 바다를 한눈에 굽어볼 수 있는 만덕산이 우둑 솟아 있다. 조선 태종 때 대제학을 지낸 윤회尹淮가 만덕산에 대해 다음의 글을 남겼다.

전라도 강진현 남쪽에 우뚝 솟아 맑고 빼어난 산이 바닷가에 이르러 머물렀으니, 만덕산이라 한다. 산의 남쪽에 부처의 궁전이 있어 높고 시원하게 트여 바다를 굽어보고 있으니, 백련사가 곧 그곳이다. 세상에서 전하기를, 신라 때 처음 세웠고 고려의 원묘대사가 새로 중수하였는데, 11대 무외대사 때 이르러서는 항상 법화도량이 되어 동방의 이름난 절로 일컬어졌다. 섬 오랑캐가 날뛰게 되자 바다를 등진 깊은 지역이 폐허가 되어버렸으며, 절도 그 성쇠를 같이 하였다.

이곳 만덕산 자락에는 통일신라시대에 무염국사가 창건했다고 전해지는 백련사가 있다. 만덕산에 있다고 하여 만덕사라고도 한다. 고려시대의 승려 혜일은 백련사를 "앞 봉우리는 돌창고 같고, 뒤 봉우리는 연꽃 같았다"라고 했고, 백련사의 문루에 해당하는 만경루에 올라 다음의 시를 읊었다.

백련사 경치도 좋고
만덕산 맑기도 하여라

문은 소나무 그늘에 고요히 닫혔는데
객이 와서 풍경 소리 듣는구나
돛은 바다를 따라서 가고
새는 꽃 사이에서 지저귀네
오래 앉아서 돌아갈 길을 잊으니
티끌 세상 전혀 생각 없네

백련사 주위에는 동백나무 숲(천연기념물 제151호)이 있는데, 동백꽃이 필 무렵이면 매우 아름다워 이 지역의 명소로 알려져 있다. 동백나무 숲을 지나 산길을 걸어가면 다산 정약용의 유배지인 강진 정약용 유적(사적 제107호)이 있다.

다산 정약용의 숨결이 남아 있는 강진군

강진은 조선 후기의 실학자인 다산 정약용이 유배되어 11년간 머물면서 많은 책을 저술했던 곳으로 유명하다.

나주 율정점에서 형 정약전과 헤어진 다산은 영산강을 건너 강진에 도착한 뒤 강진읍 동문 밖 샘거리에 있던 주막집 방 한 칸을 거처로 정하고 그 집에서 순조 5년(1805) 겨울까지 만 4년을 기식했다. 순조 3년(1803) 겨울 다산은 그 방을 '사의재四宜齋'라고 이름 짓고, 〈사의재기四宜齋記〉라는 글을 남겼다.

사의재란 내가 강진에서 귀양살이하며 살아가던 방이다. 생각은 마땅히 맑아야 하니 맑지 못함이 있다면 곧바로 맑게 해야 한다. 용모는 마땅히 엄숙해야 하니 엄숙하지 못함이 있으면 곧바로 엄숙함이 엉기도록 해야 한다. 언어는 마땅히 과묵해야 하니 말이 많다면 곧바로 그치도록 해야 한다. 동작은 마땅히 후중하게 해야 하니 후중하지 못하다면 곧바로 더디게 해야 한다. 이러하기 때문에 그 방의 이름을 '네 가지를 마땅하게 해야 할 방'이라고 하였다. 마땅함이라는 것은 의義에 맞도록 하는 것이니 의로 규제함이다. 나이만 들어가는 것이 염려되고 뜻 둔 사업은 퇴폐함을 서글프게 여기므로 자신을 성찰하려는 까닭에서 지은 이름이다.

다산은 순조 5년(1805) 겨울부터 강진읍 뒤에 위치한 보은산 고성사 보은산방으로 자리를 옮긴 후 그곳에서 주로 《주역 周易》 공부에 전념했다. 그다음 해 가을에는 강진 시절 그의 애제자가 된 이청의 집에서 기거했다. 다산이 만덕산 자락의 다산초당으로 거처를 옮긴 것은 유배 생활 8년째 되던 순조 8년(1808) 봄이었다. 시인 곽재구는 귤동리에서 하룻밤을 묵다 벽에 붙은 빛바랜 지명수배자 전단을 보고 다산 정약용이 떠올라 "아흐레 강진장 지나/장검 같은 도암만 걸어갈 때/겨울바람은 차고/옷깃을 세운 마음은 더욱 춥다"라고 시작하는 '귤동리 일박一泊'이라는 시를 남겼다.

다산초당은 본래 귤동마을에 터를 잡고 살던 해남 윤씨 집안의 귤림처사 윤단의 산정이었다. 정약용이 다섯 살 되던 해에 세상을 떠난 그의 어머니가 윤씨였고, 귤동마을 해남 윤씨들은 정약용의 외가쪽 먼 친척이 되었다. 유배 생활이 몇 해 지나면서 삼엄했던 관의 눈길이 어느 정도 누그러지자 정약용의 주위에는 자연히 제자들이 모여들었다. 그 가운데 윤단의 아들인 윤문거 삼형제가 있어서 정약용을 다산초당으로 모셔갔던 것이다.

다산초당에 머물던 시절 정약용이 각별하게 지냈던 사람은 백련사에 있던 혜장선사였다. 당시 서른 살쯤 되었던 해잔선사는 두륜회(두륜산 대둔사의 불교 학술 대회)를 주도할 만큼 대단한 학승으로 해남 대둔사 출신이었다. 정약용이 읍내 사의재에 살던 순조 5년(1805) 봄에 서로 알게 되어 그 후 깊이 교류했다. 정약용이 한때 보은산방에 머물며 《주역》을 공부하고 아들을 데려다 공부시켰던 것도 혜장선사가 주선했기 때문에 가능했다고 한다. 혜장은 다산보다 나이가 어리고 승려였지만, 유학에 조예가 깊었으며 문재에도 뛰어났다고 한다. 순조 11년(1811)에 혜장선사가 죽자 정약용은 그의 비명에 "《논어》 또는 율려律呂, 성리性理의 깊은 뜻을 잘 알고 있어 유학의 대가나 다름없었다"라고 썼다.

정약용이 사의재에서 지내던 때에는 혼자 책을 읽고 쓰면서 읍내 아전의 아이들이나 가끔 가르쳤을 뿐 터놓고 대화할 만한 상대가 없었다. 정약용은 혜장과의 만남을 통해 막혔던 숨통을 틔울 수 있었고, 그와 토론하는 가운데 학문적 자극을 받고 외로움을 달랠 수 있었다. 하지만 그보다 더 중요한 일은 혜장을 통해 차를 알게 되었고, 초의선사 의순과 교류를 시작하게 된 것이었다. 순조 12년(1812) 다산은 강진의 대부호였으며 다산을 물심양면으로 도와주었던 윤광택의 손자인 윤창모에게 외동딸을 시집보냈다. 그 무렵 고향에 있는 아들들에게 다음의 편지를 보냈다.

폐족의 자제로서 학문마저 게을리한다면 장차 무엇이 되겠느냐. 과거를 볼 수 없는 처지가 되었지만 이는 오히려 참으로 독서할 기회를 얻었다 할 것이다. 너희들이 만일 독서하지 않는다면 내 저서가 쓸데없이 될 테고, 내 글이 전해지지 못한다면 후세 사람들이 다만 사헌부의 탄핵문과 재판 기록만으로 나를 평가할 것이다.

또 '시詩는 나라를 걱정해야'라는 글에서는 "임금(오늘날은 민중으로 해석함)을 사랑하고 나라를 근심하는 내용이 아니면 그것은 시가 아니며, 시대를 아파하고 세속을 분개하는 내용이 아니면 시가 될 수 없는 것이며, 아름다움을 아름답다 하고 미운 것을 밉다 하며 선을 권장하고 악을 징계하는 뜻이 담겨 있지 않은 시는 시라고 할 수 없는 것이다. 따라서 뜻이 세워져 있지 아니하고, 학문은 설익고 삶의 대도大道는 아직 배우지 못하고, 위정자를 도와 백성에게 혜택을 주려는 마음가짐을 지니지 못한 사람은 시를 지을 수 없는 것이니, 너도 그 점에 유의하기 바란다"라고 했고, "자기 자신의 이해利害에 연연하면 그 시를 시라고 할 수가 없을 것이다"라는 편지를 보냈는데, 정약용이 아들들에게 유배지에서 피로 써 보낸 듯한 편지는 바로 그 자신의 그날그날의 삶의 자세이자 다짐이었을 것이다.

또한 다산은 다산초당에서 나라의 앞날을 걱정하는 많은 글을 남겼다. 정약용이 살았던 그 당시의 조세 규정은 명목뿐이고 규정 이외의 허다한 잡세가 농민 생활을 위협하고 있었다. 또한 법은 있지만 지키지 아니하는 관리들이 많았다. 그러한 관리들의 행태를 정약용은 《경세유표》에서 다음과 같이 비판하고 있다.

> 법이란 행하는 것이다. 행하여야만 법이요, 행하지 아니하면 법이 아니다. 법이 있고, 행하지 아니하면 나라의 질서가 문란하여지며, 백성이 국가 법령을 믿지 아니하며 관리들이 오로 인해서 간악한 짓을 하니 이것이 나라의 큰 병이다.

오늘날에도 그러한 일이 비일비재한데 그 당시는 어떠했겠는가? 《여유당전서與猶堂全書》에는 관리들과 정부에 의해 수탈당하는 농민들의 삶을 지켜본 정약용의 글이 남아 있다.

> 지금 호남의 풍속은 지주가 수확의 절반을 수탈하고 베개를 높이 베고 자지 아니하는 자가 없으니, 농민은 이같이 절반을 빼앗기고 그 남은 절반 중에서 종자를 제하고 세금을 제하니 (…) 이같이 개인이 절반을 빼앗고 국가가 절반을 빼앗으면 농민은 무엇을 먹고 살란 말인가.

다산초당으로 온 후 정약용은 비로소 마음 놓고 사색하고 제자들을 가르치며 본격적으로 연구와 저술에 몰두했다. 순조 18년(1818)에 유배에서 풀릴 때까지 10여 년간 생활하면서, 《목민심서》 등을 저술하고 실학을 집대성함으로써 다산초당은 실학사상의 산실로 널리 알려지게 되었다.

다산초당의 원래 건물은 일제강점기인 1936년에 허물어졌고, 지금의 것은 1958년에 다시 세운 단층 기와집이라 '다산와당'이라 부르기도 한다. 집 앞에는 그가 차를 끓여 마셨다고 전해지는 반석이 있고, 집 뒤 언덕 암석에는 그가 직접 깎은 '정석丁石'이라는 글자가 새겨져 있으며, 집 왼쪽으로 자그마한 연못이 있다.

丁石

다산초당

다산이 만덕산 자락의 다산초당으로 거처를 옮긴 것은 유배 생활 8년째 되던 순조 8년(1808)이었다. 집 앞에는 그가 차를 끓여 마셨다는 반석이 있고, 집 뒤편에는 그가 직접 '정석丁石'이라는 글자를 새긴 바위가 있다.

다산초당 아래 구강포

다산초당에서 50여 미터 지나면 나오는 언덕에는 1975년 강진군에서 세운 천일각이 나온다. 천일각에 오르면 강진만의 구십포(현 구강포)가 보인다. 《신증동국여지승람》에는 구강포에 대해 "근원은 월출산에서 나와 남쪽으로 흘러 강진현 서쪽의 물과 합쳐져 구십포가 된다. 탐라의 사자가 신라에 조공을 바칠 때 배를 여기에 댔으므로 이름을 탐진耽津이라 하였다"라고 기록되어 있다.

《신증동국여지승람》에는 고려 때 사람 박충좌朴忠佐가 구십포에서 읊은 시가 수록되어 있다. 고려의 박충좌가 일찍이 승평군(현 순천시)에서 놀 때 기생 벽옥과 정분이 있었는데, 충숙왕 1년(1332) 전라도안렴사로 제임 중에 벽옥이 이미 죽었다는 소식을 듣고 이 구십포에 이르러 슬퍼하면서 다음의 시를 지었다.

구십포에 밀물이 지려는데
푸른 솔 붉은 나무는 지난해에 지나간 곳이로다
부질없이 깃발에 싸여 지나가는데
누각 위에는 이 행차를 바라보는 이 없도다

한편 강진은 천년의 세월에도 그 빛을 잃지 않는 고려청자의 고장이다. 대구면과 칠량면 일대에는 고려청자의 도요지가 산재해 있다. 대구면 사당리에는 가장 오래된 도요지가 있어, 이 지역이 고려시대 청자의 중요한 생산지였을 것으로 보인다. 강진은 고려청자뿐 아니라, 나라 안에 이름이 높던 칠량옹기가 만들어진 곳이다. 칠량옹기는 칠량면 봉황리에서 생산되는 옹기이며, 칠량면 · 대구면 · 도암면에서는 질 좋은 고령토가 생산되었다.

장보고와 청해진

완도군에는 통일신라 때 해군무역기지인 청해진이 있던 곳이다.《신증동국여지승람》에는 청해진에 대해 다음과 같이 기록되어 있다.

> 청해진은 완도에 있다.《당보역간唐寶歷間》에서 말하길 '당나라 사람이 신라의 변방 백성을 많이 약탈하여 노비로 삼으니 흥덕왕이 장보고를 대사로 삼아 1만 명의 군사를 일으켜 청해에서 약탈하는 사람을 방어했다. 문성왕 8년(846) 장보고는 왕이 자신의 딸을 왕비로 받아들이지 않자 청해진을 근거로 하여 반란을 일으키니 13년(851)에 파진罷鎭하였다.

고려시대로부터 조선시대에 이르기까지 완도는 강진에, 보길도 등은 영암에 속해 있었다. 완도가 군으로 독립한 것은 조선 말엽의 일이다.

갑신정변(1884) 때 이조판서였던 이도재가 완도군 고금도에 귀양을 왔다가 8년 만인 고종 31년(1894)에 귀양살이에서 풀려났다. 그는 동학농민혁명 당시 전라감사로 부임하여 동학농민혁명의 3대 지도자였던 김개남을 체포한 뒤 즉시 효수했던 사람이다. 그 뒤 곧바로 학부대신에 오른 이도재의 건의로 고종 33년(1896)에 완도는 군으로 승격되었다. 완도 사람들은 이도재의 은혜를 기려 완도읍 죽청리에 그의 송덕비를 세웠다.

완도가 강진에 딸린 지역으로 남게 된 것은 앞서 언급한 해상왕 장보고 때문일 것이다. 완도읍 장좌리에서 태어났다고 알려진 장보고는 당나라에 건너가 무령군 소장 자리에 올랐으나 당나라 사람들이 서해 연안을 침범하여 신라 사람들을 납치한 뒤 노예로 판다는 사실을 알고 분개하여 벼슬을 내놓고 신라로 되돌아왔다. 그는 임금의 허락을 얻어 군사 1만 명을 이끌고 청해진, 즉 지금의 완도읍 장좌리에 진을 친 뒤 수병을 훈련시켜 해적들을 소탕했다. 장보고는 그 뒤 당과 일본의 무역, 문화 교류 등을 독점하게 되면서 해상왕국이라 부를 만큼 성세를 이루었다. 그러나 곧이어 장보고는 현실 정치에 휘말리게 된다.

통일신라의 왕위 계승 다툼에서 패배한 김우징金祐徵이 제 목숨을 건지려고 희강왕 2년(837)에 청해진으로 들어온다. 장보고는 김우징과 함께 반란을 일으켜 통일신라의 44대 임금인 민애왕을 죽였고, 김우징은 45대 왕인 신무왕이 되었다. 그러나 신무왕은 왕위에 오른 지 3개월 만에 병으로 죽고, 그 뒤를 이어 그의 아들이 문성왕이 되었다.

반란을 성공시킨 공으로 감의군사感義軍使라는 벼슬자리에 오른 장보고는 그 무렵 청해진이 중국과 일본의 중간 지점에 자리한 점을 이용하여 일본에 무역 사절을 파견하는가 하면, 당나라에도 무역 사절인 견당매물사遣唐賣物使를 보내어 이른바 삼각무역을 일으켰다. 이처럼 큰 힘을 갖게 된 장보고는 자신의 딸을 문성왕의 아내로 삼게 하려다 조정과 군신

© 유철상

청해진과 장보고

청해진은 통일신라 흥덕왕 때의 장군 장보고가 해상권을 장악하고 중국 · 일본과 무역하던 곳이다. 사진은 청해진유적 내 장보고 흉상.

들의 반대로 실패하자 불만을 품고 반란을 꾀했다. 그러나 도리어 문성왕 8년(846)에 조정에서 보낸 자객 염장의 칼에 맞아 죽었다.

워낙 세력을 떨치던 사람을 죽인 뒤라 신라 조정에서는 그 부하들이 난을 일으키지 않을까 두려워하여 완도에 사람이 드나드는 것을 막았다. 또 문성왕 13년(851)에는 이곳에 살던 모든 사람들을 전라도 북쪽 벽골군(현 김제군)으로 옮겨 살도록 명령했다. 그때부터 500년이 흐르는 동안 완도는 폐허가 되고 말았다. 사람이 살지 않았기 때문에 동백나무, 황칠나무, 비자나무, 후박나무가 울창하게 자라났고 그 사이로 사슴, 노루, 고라니, 멧돼지 같은 야생 동물들이 마음껏 뛰어다녔다.

장보고가 설치한 해군기지이자 무역기지의 정확한 위치는 완도 앞바다 작은 섬인 장도이며, 완도 청해진 유적(사적 제308호)에는 이곳을 무대로 활약한 장보고 이야기가 많이 남아 있다. 장좌리 서쪽에는 장보고가 돌을 던져 맞혔다는 복바위가 있는데, 지금도 돌을 맞히면 복을 받는다고 전해져온다. 그리고 청해진 군사가 당나라나 왜의 해적을 잡아서 가두었다는 옥당獄堂터, 청해진에 거주하던 군사들이 식수로 썼다는 청해정터가 남아 있다. 죽청 북쪽에 있는 장수바위는 여섯 개의 바위로 이루어졌는데, 장보고가 아장을 데리고 군략을 협의했다는 곳이다. 장보고 가족들의 무덤이라는 장보네 묘, 장보고가 지었다는 법화사터 등이 지금도 남아 있는 장보고 유적이다.

한편 고려 원종 11년(1270)에 삼별초의 난이 일어났을 때 삼별초군의 송징宋徵이 완도를 점령한 뒤 고려와 원나라 연합군에 대항해 항전을 벌이면서 세미선을 털어 굶주린 주민을 구출했다는 이야기가 전해진다. 그 후 이곳 사람들은 송징의 선정을 기리며 마을마다 사당을 지어 그를 향토신으로 모셨다. 완도읍 안의 서낭신, 죽청리의 염목당신, 정도리의 송대목당신 등이 송징을 모신 사당이다. 장도 중간에 있는 바위는 여러 조각이 나 있는데, 송징이 이곳에서 1킬로미터쯤 떨어져 있는 죽청리 사정물에서 활을 쏘아 맞혀 깨진 바위라고 한다.

보길도, 그 아름다운 곳

완도군 보길면에 속한 보길도는 조선 중기 문장가이자 정치가인 고산 윤선도와도 인연이 깊은 곳이다. 윤선도는 선조 20년(1587) 서울 종로구 연지동에서 태어났다. 어렸을 때 후사가 없었던 윤씨 종가에 입양된 윤선도는 특별한 스승 없이 아버지에게 학문을 배웠다. 경사백가經史百家를 두루 읽었고, 의약·복서·지리까지 광범위하게 공부한 그는 진사시에 합격했다. 서른 살이 되던 해에 이이첨李爾瞻, 박승종朴承宗, 유희분柳希奮 등 당시 집권세력의 죄상을 규탄하는 상소를 올렸다가 반대파의 반격을 받아 함경도 경천으로 귀향 길을 올랐으며, 1년 뒤에는 유배지를 기장으로 옮겼다. 인조반정(1623) 이후 윤선도는 송시열과 함께 봉림대군, 인평대군의 사부로 임명되었다.

윤선도가 보길도에 자리를 잡게 된 것은 병자호란이 끝나면서부터였다. 해남에 있던 윤선도는 '인조는 남한산성으로, 왕손을 비롯한 왕가 사람들은 강화도로 피난을 갔다'는 소식에 배를 타고 강화도로 갔는데, 그

때는 이미 강화도마저 함락된 뒤였다. 할 수 없이 배를 돌려 귀향하는 길에 인조가 삼전도에서 청나라 태종에게 무릎을 꿇었다는 소식을 듣게 되었다. 엎친 데 덮친 격으로 실의에 찬 그에게 서인들로부터 '남한산성에서 임금이 고생하고 있을 때 한 번도 찾아오지 않았다'는 비난까지 빗발치듯 들려왔다. 그는 세상을 다시 보지 않겠다는 마음을 먹고 제주도를 향해 떠났다.

그러나 풍랑이 거칠어 보길도에 오게 된 윤선도는 기암절벽과 동백나무가 어우러진 이 섬의 아름다운 경치와 아늑한 분위기에 매혹되어 제주행을 포기하고 이곳에 머물게 되었다. 그는 정착한 곳 일대를 부용동芙蓉洞이라 하고 낙서재를 지어 살면서, 정치 싸움에서 찌들고 멍든 마음을 이곳에서 풍류로 달랬던 듯하다. 바위틈에서 솟는 물을 막아 연못(세연지)을 만들고 가운데에는 섬을 조성해 큰 바위와 소나무들을 옮겨놓았으며, 그 둘레에 정자를 세우고 세연정洗然亭이라 이름 지었다.

윤선도의 5대손인 윤위가 보길도를 방문한 뒤 쓴 《보길도지》에 윤선도가 세연정에서 지냈던 풍경이 고스란히 담겨 있다.

일기가 청화淸和하면 반드시 세연정으로 향하였다. 학관(고산의 서자)의 어머니는 오찬을 갖추어 그 뒤를 따랐다. 정자에 당도하면 자제들은 시립侍立하고 기희妓姬들이 모시는 가운데 못 중앙에 작은 배를 띄웠다. 그리고 남자아이에게 채색 옷을 입혀 배를 일렁이며 돌게 하고, 공이 지은 〈어부사시사〉 등의 가사로 완만한 음절에 따라 노래를 부르게 하였다. 당 위에서는 관현악을 연주하게 하였으며, 여러 명에게 동·서대에서 춤을 추게 하고, 또는 옥소암玉

簫岩에서 춤을 추게도 하였다. 이렇게 너울너울 춤추는 것은 음절에 맞았거니와, 그 몸놀림을 못 속에 비친 그림자를 통해서도 바라볼 수 있었다. 또한 칠암七岩(세연지에 잠긴 바위들)에서 낚싯대를 드리우기도 하고, 동·서도(양쪽 연못 안에 있는 섬)에서 연밥을 따기도 하다가, 해가 저물어서야 무민당에 돌아왔다. 그 후에는 촛불을 밝히고 밤놀이를 하였다. 이러한 일과는 고산이 아프거나 걱정할 일이 없으면 거른 적이 없었다고 한다. 이는 '하루도 음악이 없으면 성정을 수양하며 세간의 걱정을 잊을 수 없다'는 것이다.

현대인일지라도 감히 꿈꿀 수조차 없는 초호화 생활을 하며 지은 그의 작품에는 다산 정약용의 〈애절양哀絶陽〉과 같은 민중의 애환은 단 한 줄도 찾아볼 수가 없다. 그의 후손 중의 한 사람이 남긴 《가장유사家藏遺事》를 읽어보자.

고산은 낙서재에서 아침이면 닭 울음소리에 일어나 몸을 단정히 한 후 제자들을 가르쳤다. 그 후 네 바퀴 달린 수레를 타고 악공들을 거느리고 석실이나 세연정에 나가 자연과 벗하며 놀았다. 술과 안주를 충분히 싣고 고산은 그 뒤를 따르는 것이 관례였다. 세연정에 이르면 연못에 조그만 배를 띄워 아름다운 미희들을 줄지어 앉혀놓고 자신이 지은 〈어부사시사〉를 감상하였다. 때로는 정자 위로 악공들을 불러과 풍악을 울리게 하였다.

그는 낙서재에서 마주 보이는 앞산 기슭에 있는 동천석실을 자주 찾았는데, 이곳에 오르면 부용동이 한눈에 내려다보인다. 주변의 산자락이 낙서재터를 연꽃잎이 피어나듯 둘러서 있어 부용동이라는 이름을 붙였는데, 동천석실은 신선이 사는 곳을 동천복지라고 부르기 때문에 지은 이름이다. 동천석실 근처의 반석에서 차를 달이면서 세월을 보낸 윤선도의 당시 모습을 한 번 더 살펴보자.

> 공은 이곳을 몹시 사랑하여 부용동 제일의 절승이라 하고서 그 위에 집을 짓고 수시로 찾아와 놀았다. 이곳에 앉으면 온 골짜기가 내려다보이고 격자봉과는 나란히 마주하게 되며, 낙서재 건물이 환하게 펼쳐진다. 대체로 사건이 있으면 무민당과 기旗를 들어 서로 호응하기도 하였다.
>
> 공은 때때로 암석을 더위잡고 산행하기도 했는데, 발걸음이 매우 경쾌하여 나이가 젊은 건각들도 따라가지 못하였다.

부용동 정원은 이곳을 찾는 사람들에게 우리나라에서 가장 아름다운 민가 정원의 정취가 무엇인지를 알게 해준다. 조선시대의 대표적인 별서 정원인 이곳은 보길도윤선도원림이라 하여 명승 제34호로 지정되었다. 이곳에서 윤선도는 〈오우가〉, 〈어부사시사〉 등 빼어난 작품들을 남겼다.

윤선도는 그 후 몇 차례 벼슬자리에 나간 적이 있으나 금세 당파 싸움에 휘말려 그때마다 해남과 보길도에 와서 숨어 지냈는데, 그 기간이 19년이나 되었다. 그를 아끼던 효종이 죽자 윤선도는 효종의 무덤을 쓰는 문제와 조대비의 복상 문제를 두고 서인의 송시열 등과 치열하게 싸우다 결국 함경남도 북쪽에 있는 삼수로 귀양을 갔다. 당시로는 유례가 없는 85세의 장수를 누렸던 윤선도였지만, 세 차례의 유배 기간이 20년을 넘었으니 그의 삶이 순탄했다고는 볼 수 없을 것이다.

남쪽 나라 따뜻하여 겨울에도 눈이 없고

해남군은 도서지역을 제외하면 우리나라 내륙 최남단에 자리한다. 땅끝마을이라고 불리는 송지면 송호리에 있는 땅끝탑은 해남의 대표 관광지이다.

백제 때 새금현이었으며, 신라가 삼국을 통일한 후 침명현으로 개칭되었다. 고려 초에 해남현으로 이름이 바뀌어 지금의 이름을 얻었다. 조선 태종 때 진도현과 합쳐 해진현이 되었다가 세종 때 해남과 진도를 다시 나누어 해남현으로 복구하고 현감을 두었다. 고종 33년(1896)에 전라남도 해남군이 되었다.

조선 전기 문신이자 학자인 정인지는 해남에 들러 "물이 부상만리浮上萬里의 하늘에 닿아 있다"라고 했고, 조선 전기 문신 고득종高得宗은 해남현 객관 남쪽에 있었다는 망운루에 올라 "마음은 해 아래 달리니 삼산三山이 멀고, 눈은 하늘가를 바라보니 오색구름이 떠 있도다"라고 노래했다. 조선 중기 문장가인 성임은 해남현성 남문 누각인 정원루에 올라 다음의 시를 읊었다.

성곽은 바다가 다한 곳에 평평히 임해 있는데
풍연風煙 10리에 나그네가 누각에 오르네

희미한 구름이 들을 휩싸니 산은 그림 같고
큰 물결은 하늘을 적시어 땅이 뜨는 듯하네
반년 동안 나그네의 수심이 날마다 더하는데
채찍 하나 든 행색行色으로 고을마다 두루 다니네
만 리 건곤을 다 둘러보려면
장마 걷힌 초가을까지 가야 하겠네

조계생趙啓生이 "남쪽 나라 따뜻하여 겨울에도 눈이 없고, 굽이진 물가에서 소금을 구우니 낮에도 연기가 이네"라고 노래한 해남은 제주도로 가는 길목이었으며, 조선시대에는 유배의 땅으로 이름이 높았다.

아침고개와 푸른 비가 내리는 녹우당

해남군에는 독특한 이름의 두 고개가 있었다. 하나는 옥천면에서 해남읍을 넘는 우슬치牛膝峙로, 소의 무릎에 해당한다고 해서 붙은 이름이다. 또 하나는 해남읍 학동리에서 마산면 화내리를 넘는 '아침고개', 즉 조령朝嶺이라고 했다. 《한국지명총람》에는 이 지명의 유래에 대해 "장촌리, 화내리, 구교리 경계에 있는 고개로, 고개 너머에 이름 높은 양반이 살았으므로 해남현감이 아침마다 문안인사를 드리러 이 고개를 넘었다"라고 설명하고 있다.

해남에는 당파싸움에 밀려 쫓겨 온 이름 높은 양반 가문이 많았는데,

해남 땅끝

해남은 도서지역을 제외하면 우리나라 내륙 최남단에 자리하며, 땅끝마을이라고 불리는 송지면 송호리에는 해남의 대표 관광지인 땅끝탑이 있다. 사진은 해남 땅끝 표지석.

특히 연안 이씨와 여흥 민씨가 많이 살았다. 연안 이씨는 정승 8명 · 대제학 7명 등을 배출한 10대 명문 중 하나였고, 여흥 민씨 역시 정승 12명 · 대제학 3명 등을 냈을 뿐 아니라 명성황후의 가문이라 그 기세와 세도가 드높았다.

지역의 토착세력인 두 성씨의 세도가 높아 해남현감은 아침마다 고개를 넘어 문안인사를 드리고 와서야 정사를 돌볼 수 있었다고 한다. 해남읍에서 화내리까지 20리가 넘었는데, 그 고개를 넘어 여흥 민씨 집들을 아침마다 찾아갔기 때문에 아침고개라는 이름이 붙은 것이다. 명문 두 씨족의 비위를 거스르면 곧바로 파직되니 정사를 돌보지 못하는 것보다 문안인사 때문에 불이익을 당하는 일이 더 두려웠기 때문이다.

두 성씨 때문에 해남현감들이 제대로 정사에 임하지도 못하고 파직되는 일이 계속되자, 다들 해남현감으로 발령받는 것을 꺼렸다. 그러던 중에 김서구라는 사람이 해남현감으로 부임했다. 그가 금강산을 주작으로 보고 해남읍의 형상을 살펴보니 우슬치가 청룡이고 아침고개가 백호요, 금강산과 해남읍 사이의 호산이 현무의 형상으로 되어 있었다고 한다. 땅의 형세가 이러하므로 해남 사람들의 기질이 드센 것이라고 파악한 그는 밤마다 관속들을 거느리고 호산의 상봉을 3자 3치씩 깎아내리고, 우슬치도 깎아내렸다. 그렇게 심혈을 기울였는데도 김서구는 부임한 지 16개월 만에 해남현감에서 파직되어 떠나가게 되었다.

해남읍 연동리에는 해남 윤씨 녹우당 일원(사적 제167호)이 있다. 녹우당綠雨堂은 고산 윤선도가 살았던 집이다. 녹우당은 집 뒤 산자락에 우거진 비자나무 숲이 바람에 흔들릴 때마다 '쏴' 하며 마치 푸른 비가 내리

녹우당

고산 윤선도가 살던 녹우당 입구에는 당시에 심은 은행나무가 있고,
뒷산에는 500여 년 된 비자나무숲이 우거져 있다.

는 듯한 소리가 난다 하여 붙여진 이름이다.

이곳에서 조선 후기에 정선鄭敾, 심사정沈師正과 함께 선비 화가로 이름을 떨친 윤두서沈師正가 태어났다. 고산 윤선도의 증손이고 다산 정약용의 외증조부인 윤두서는 과거를 보기 위한 학문이 아니라 현실에 필요한 학문을 두루 섭렵했으며, 경제·병법·천문·지리·산학·의학·음악 등 각 방면에 능통했다. 새롭게 대두되던 실학에도 관심을 기울였고, 산수·인물·영모·초충草蟲·풍속 등 다양한 소재를 다루었는데, 숙종 41년(1715)에 녹우당에서 세상을 떠났다. 그의 화풍은 아들인 덕희와 손자인 용에게 계승되었다.

입구에는 당시에 심은 은행나무가 녹우당을 상징하고 뒷산에는 500여 년 된 비자나무숲(천연기념물 제241호)이 우거져 있다. 이곳에는 윤두서자화상(국보 제240호), 《산중신곡집山中新曲集》(보물 제482호), 《어부사시사집漁父四時詞集》 등의 지정문화재와 3000여 건의 많은 유물이 보관되어 있다.

윤선도와 윤두서의 뒤를 잇는 예술가들이 해남에서 배출되었는데, 작고한 시인 김남주를 필두로 하여 김준태, 황지우 등과 소설가 임철우를 비롯한 문인들이 배출되었다.

달마산 기슭의 미황사

해남군 송지면 서정리에 있는 달마산 기슭에 자리잡은 미황사는 우리나라 육지 가장 남쪽에 있는 절이다. 미황사 사적비에 따르면 통일신라 경덕왕 8년(749)에 의조화상이 창건했다고 한다. 그 뒤 임진왜란으로 불탄 것을 조선 선조 31년(1598)에 다시 지었고, 영조 30년(1754)에 수리했다고 전해진다. 숙종 때 병조판서를 지낸 민암閔黯이 세운 미황사 사적비에는 다음과 같이 창건 설화가 실려 있다.

749년 8월에 1척의 돌배〔石船〕가 아름다운 범패 소리를 울리며 땅끝에 있는 사자포 앞바다에 나타났다. 그 배는 며칠 동안을 두고 사람들이 다가서면 멀어지고 돌아서면 다가오고는 하였다. 이때 의조화상이 두 사미승과 제자 100여 명을 데리고 목욕재계한 후 기도를 하며 해변에 나아갔더니 배가 육지에 닿았다. 배에 의조화상이 오르니 배 안에는 금인金人이 노를 잡고 있었고 금으로 된 함과 검은 바위가 있었다. 금함 속에는 《화엄경》, 《법화경》 등의 불교 경전과 60나한, 탱화 등이 들어 있었다. 옆에 있던 검은 바위를 깨뜨렸더니 검은 소가 뛰어나와 금방 큰 소가 되었다.

그날 밤 의조화상의 꿈에 금인이 나타났다. 그는 자신은 우전국(인도)의 국왕인데 "금강산이 1만 불佛을 모실 만하다 하여 (이것들을) 배에 싣고 갔더니 이제 많은 사찰들이 들어서서 봉안할 곳을 찾지 못하여 인도로 되돌아가던 길에 금강산과 비슷한 이곳을 보고 찾아왔다. 경전과 불상을 이 소에 싣고 가다가 소가 멈추는 곳에 절을 짓고 안치하면 국운과 불교가 함께 홍왕하리라" 하고는 사라졌다. 다음 날 의조화상은 소에 경전과 불상을 싣고 가다가 소가 크게 울면서 누웠다가 일어난 곳에 통교사通敎寺를 창건하였고, 마지막 멈춘 곳에 미황사를 세웠다. 절 이름을 미황사라고 지은 것은 소의 울음소리가 아름다워 미美 자를 넣고 금인의 빛깔에서 황黃 자를 따온 것이다.

이 창건 설화는 '금강산 53불 설화'와 관련이 있으면서, 앞부분은 검단 선사가 선운사를 창건할 때 죽도 앞바다에서 돌배를 받아들이는 장면과 흡사한데, 우리나라 불교의 남방전래설을 뒷받침하는 귀중한 자료다. 불교의 남방전래설은 우리나라 불교가 4세기 말 중국을 통해서 전파되었다는 통설과는 다르게, 그 이전인 1세기경 낙동강 유역에 건국된 가야와 전라도 남해안 지방으로 직접 전래되었다는 주장이 있다. 물론 이 주장을 뒷받침하는 구체적인 고증 자료가 없다는 것이 문제지만, 가야라는 나라 이름이 인도의 지명을 그대로 따르고 있다는 점과 허황후와 수로왕의 전설 그리고 지리산의 칠불암 설화를 두고 볼 때 그리 허황된 것으로만 볼 수는 없을 것이다.

지금 미황사에는 그러한 창건 설화를 뒷받침할 만한 어떠한 유물도 없고 의조화상에 대한 행적도 남아 있지 않다. 다만 미황사 밑에 예전에 불경을 짊어지고 올라가다 쓰러졌던 소를 묻었다 하여 우분동牛糞洞(쇠잿동)이라는 이름을 갖게 된 마을이 있을 따름이다. 달마산의 미황사가 번성했을 때는 통교사를 비롯하여 도솔암·문수암·보현암·남암 등 열두 암자가 즐비했고, 이름 높은 승려들이 대를 이어 기거했다지만, 오늘날엔 대웅전과 응진전, 요사채만 남은 채 쓸쓸한 절로 쇠락했다. 더구나 대대적인 중창 불사가 이루어져 옛 모습을 찾기가 더 어려워졌다. 그럼에도 달마산 미황사 일원(명승 제59호)은 달마산 능선에서 내려다보이는 남해의 섬과 미황사 일대는 자연경관이 뛰어난 경승지임에 틀림없다.

미황사

달마산 기슭에 자리잡은 미황사는 우리나라 육지 가장 남쪽에 있는 절이다.

아름답고 규모가 웅장했던 미황사가 쇠한 것은 언제였을까? 아래쪽의 서정리 마을 사람들 사이에는 창건 설화만큼이나 극적인 미황사 패망기가 전해온다. 정확하지는 않지만 지금으로부터 어림잡아 150여 년 전후였을 것이다. 그 당시 미황사에는 치소마을 출신의 혼허스님이 주지로 있었으며 40여 명의 스님들이 머물 만큼 부유한 절이었다. 절에서는 더 큰 중창불사를 벌이려고 스님들이 군고단軍鼓團을 차려 해안 지방을 순회하며 시주를 받았다. 군고는 임진왜란 때 승병들이 전투를 할 때 진을 짜고 사기를 높이기 위하여 사용했던 군악에서 나온 것으로 해남지방의 농악을 이르는 말이다.

어느 날 군고단에서 설쇠(꽹과리 종류)를 맡은 스님이 아리따운 여인에게 유혹받는 꿈을 꾸었다. 이 스님이 꿈이 불길하여 오늘은 공연을 쉬자고 했으나 주지스님이 군고를 강행했다. 그리하여 완도, 청산도로 공연을 가던 중 폭풍을 만나 배가 난파하여 설장구를 치던 스님 한 사람만 구사일생으로 살고 모두 죽고 말았다. 결국 나이 많은 스님 몇 명과 군고단을 꾸리느라고 생긴 빚만 잔뜩 남긴 채 미황사가 망했다는 것이다. 그 뒤 미황사 스님들이 빠져 죽은 바다에서 바람이 불고 비가 오는 날이면 군고 치는 소리가 들린다고 하며, 이 지역 사람들은 비바람이 몰아치는 날이면 '미황사 스님들 군고 치듯 한다'는 표현을 쓰기도 한다.

달마산 끝자락인 해남군 송지면 송호리 갈두마을의 사자봉은 한반도의 마지막 땅끝이다. 완도와 노화도, 보길도로 가는 배들이 출발하는 갈두항에서 산길을 따라가면 땅끝에 닿는다. 날씨가 좋으면 제주도가 아슴푸레 보이는 땅끝에 세워진 토말비에는 다음과 같은 글이 새겨져 있다.

태초에 땅이 생성되었고 인류가 발생하였으며
한겨레가 국토를 그어 국가를 세웠으니
맨 위가 백두산이며 맨 아래가 이 사자봉이니라

삼남대로가 시작되는 이진항

해남군 북평면 이진리의 이진항은 조선시대 9대로 중 하나인 삼남대로의 출발점이다. 삼남대로는 원래 서울 숭례문에서부터 제주시 중심가에 자리한 관덕정까지 이르는 길이었다. 제주도 내에서는 관덕정에서 약 25리 길을 걸어가 객사인 조천관에 도착한 다음, 그곳 나루에서 배를 타고 전라남도 해남의 이진항으로 갔으며, 거기서부터는 육로로 이어졌다.

이진항이 있었던 지금의 해남군 북평면은 조선시대에 영암군 북평종면이었으나 1906년 해남군에 편입되었다. 이진항은 지형이 배〔梨〕처럼 생겨서 붙여진 이름으로 '배진'이라고도 했다. 이곳은 조선시대에 진영鎭營이 있었고 종4품인 만호가 지키던 곳이다. 《대동지지》에 "이진진梨津鎭은 한양에서 950리 위치에 있으며, 성에는 해월루海月樓가 있다. 제주로 들어갈 사람은 모두 여기에서 배로 떠난다"라는 기록이 있다.

조선 인조와 효종 때의 정승 김상헌이 제주를 다녀와서 지은 《남사록南槎錄》에는 제주를 오고가는 곳이 다음과 같이 실려 있다.

> 강진, 해남 두 현은 모두 바다에 면해 있다. 무릇 제주를 왕래하는 공행公行

은 반드시 여기에 와서 배를 탄다. 해남은 관두포館頭浦이고 강진은 백도포白道浦(현 보길도)이며, 영암의 이진포梨津浦(이진항)가 강진과 서로 가까이 있으므로 바람을 기다리는 사람은 모두 이 세 곳에 모이고 매년 해남, 강진의 두 읍은 모여 이 호송하는 일에 윤번輪番을 정한다.

여기에 나오는 관두포는 해남의 화산면에 있는 관머리였는데《신증동국여지승람》에 보면, "관두산은 현의 남쪽 41리에 있다. 제주를 왕래하는 배가 이 산 밑에 머문다"라고 기록되어 있다. 관두산은 현재의 해남군 화산면 관동리의 관머리 서남쪽에 있는 178미터의 낮은 산으로 한라산과 마주 보고 있다. 그 아래 '건네몰' 남쪽에는 옛날 중국으로 가던 뱃길목이 있었고, 건네몰 서남쪽에는 제주도와 중국으로 가는 배들이 지나는 길목이 있었다.

제주를 가는 다른 방법은 조선 중기 문장가인 임제林悌가 선조 10년(1577)에 제주에서 목사로 있던 그의 아버지 임진을 찾아 제주에 갔다가 돌아와서 쓴《남명소승南冥小乘》이란 기행문에 남아 있다. 이 글에 따르면 그는 강진을 출발하여 남창에서 배를 탄 뒤에 제주의 조천포로 들어갔고 제주에서 나올 때는 화북포에서 출발하여 해남 관두포로 들어왔다.

한편《신증동국여지승람》에 따르면 이진항의 남쪽에는 해월루라는 누정이 있어 "제주도로 가는 자는 여기서 배를 타며 소안도에서 바람을 살린다"고 되어 있다. 조선 후기 문인 엄사만嚴思晩은 해월루에 올라 다음의 시를 읊었다.

잠시 첨유를 걷고 바닷가에 머무르니
창파만리에 외로운 정자이네
시끄러운 조수 달 비치니 가을 흰빛 더하고
피리소리 맑게도 새벽 아지랑이 속에 보내오네

해월루는 세월 속에 어디론가 사라져 이제는 그 흔적조차 남아 있지 않다.

진도, 그 유배의 땅

진도군은 백제의 인진도군이었으며, 신라가 삼국을 통일한 후 진도현으로 개칭되었다. 이후 내륙의 영암이나 해남에 속했다가 고종 33년(1896)에 전라남도 진도군이 되었다. 조선 전기 문신 이석형은 진도를 두고 "땅이 외지고 백성이 순박하여 풍속이 다스리기 쉽네"라고 했으며, 고려 후기 문신 김극기는 "외로운 성이 천험天險에 걸터앉아 산등성이를 삼키고, 집집이 벼랑에 의지하여 물결을 베게 하네"라고 했다. 또한 《택리지》에 진도는 "탐라에서 바닷길로 나오는 목이 되어서 말, 소, 피혁, 진주, 자개, 귤, 유자, 말 갈기털, 대나무 등을 판매하는 이익이 있다"라고 기록되어 있다.

진도는 역사 속에서 수많은 한을 간직한 유배의 땅이었다. 고려 인종 때 이자겸의 난으로 인해 그의 아들 공의가 진도 땅으로 유배를 왔고, 선조의 큰아들이었던 임해군도 이곳으로 귀양을 왔다. 얼마나 많은 사람들이 이곳으로 유배를 왔으면 조선 영조 때의 전라감사가 조정에 다음과 같은 건의문을 보냈겠는가.

> 진도에는 유배자가 너무 많습니다. 이들을 먹여 살리느라 죄 없는 섬사람들까지 굶어 죽을 판이니 유배지를 다른 곳으로 옮겨주십시오.

진도는 많은 사대부들이 유배지로 왕래했기 때문에 육지문화의 접촉이 많아서인지 다양한 문화적 특성을 지니고 있다. "아리아리랑 스리스리랑 아라리가 났네. 아리랑 응응응 아라리가 났네. 문경새재는 웬 고갠고 구부야 구부구부가 눈물이로구나"라고 시작하는 〈진도아리랑〉뿐 아니라, 〈진도다시래기〉, 〈남도들노래〉, 상여를 메고 가면서 부르는 〈진도만가〉 등 수많은 유형 · 무형의 문화유산들이 산재해 있고, 우리나라 고유품종인 진돗개는 천연기념물로 지정 · 보호되고 있다.

무엇보다 진도의 역사에 뚜렷하게 발자취를 남긴 것 중 하나는 삼별초군의 한이 서린 진도 용장성(사적 제126호)일 것이다. 고려 원종 때 몽골군의 침입을 받아 치욕적인 강화도조약을 맺자 이에 반대한 삼별초군은 원조의 육촌 형 왕온을 왕으로 추대했으며, 장군 배중손은 쫓기고 흩어지는 삼별초군을 모아 강화도를 떠난 지 2개월 17일 만에 진도에 이르렀다. 그들은 용장성에 터를 잡고 풍수지리상 용 다섯 마리가 구슬 한 개를 두고 싸우는 모양을 갖춘 이 산기슭에 나라를 세운 뒤 연호를 오랑五狼으로 정했다.

진도 용장성

고려 원종 때 몽골군의 침입을 받아 치욕적인 강화도조약을 맺자 이에 반대한 삼별초군이 남쪽으로 내려와 궁궐과 성을 쌓았는데, 이때 쌓은 성이 바로 용장성이다.

그러나 진도를 거점으로 큰 세력을 떨쳤던 삼별초군은 원종 12년(1271) 5월 15일 고려 장수 김방경과 몽골 장수 홍다구가 이끄는 연합군에 의해 참패하고 배중손과 왕온은 죽고 만다. 배중손이 죽은 곳으로 알려진 남도진성(사적 제127호)은 삼별초군이 해안을 방어하기 위해 쌓았다고 하지만, 삼국시대부터 있었던 것으로 보인다. 백제 때부터 진도군에는 세 개의 고을이 있었기 때문에 그중 한 고을이 남도진성을 중심으로 있었을 것으로 추정하고 있다.

남도진성은 임진왜란 때 무너졌던 것을 다시 쌓은 것이라고 하는데, 높이가 3~5미터이고 길이가 54미터인 성벽과 함께 동문, 서문, 남문이 남아 있어 그나마 보존이 잘된 성으로 손꼽힌다. 그리고 낙안읍성 민속마을처럼 돌담과 흙벽으로 담을 두른 민가에 사람들이 그대로 살고 있어 옛 성의 모습을 볼 수 있는 아주 중요한 유물이다. 성문 밖으로 나오면 흘러가는 개천가에 두 개의 홍교虹橋인 쌍홍교와 단홍교가 있는데, 이 중 단홍교는 언제 만들었는지 알 수 없지만 쌍홍교는 광복 후 마을 사람들이 놓았다고 전한다.

〈조선일보〉의 주필이었던 송지영이 "삼별초군이 승리를 거두지 못했다고 해서, 마지막 한 사람까지 싸우다 쓰러졌다고 해서, 또 비굴한 조정에 반기를 들었다고 해서 역적의 반란으로 몰아붙임이 정녕 나라의 정통을 부르짖음이라 한다면, 강토는 진작 어느 오랑캐에게 짓밟혀 다시는 회복하지 못하였을 것이며, 겨레는 푸줏간이나 생선가게의 어육이 되어 얼빠진 허수아비로 됐을 것이 아닌가?"라고 말한 것처럼, 역사란 것은 시대 상황에 따라 얼마든지 다르게 평가받을 수도 있는 것이다.

이순신 장군이 왜적을 크게 이긴 울돌목

해남군 황산면 옥동리와 진도군 고군면 벽파리 사이에는 해협이 가로 놓여 있다.《신증동국여지승람》에 "벽파진은 서쪽으로 60리에 있으며 진도로 통한다"라고 기록되어 있는 이 바다의 이름이 울돌목인데, 한자로는 명량鳴梁이라고 쓴다. 당시의 이름으로는 돌맥이다. 우수영과 진도 사이에 있으며, 병 주둥이처럼 생겼는데, 큰 물결과 커다란 파도가 좁은 협곡과 만나 방아를 찧는 듯한 격렬한 소리를 낸다. 배가 지나갈 때면 위로 솟구쳤다가 바닷속으로 빠지는 듯하다. 충무공 이순신이 왜적을 유인하여 이곳에 이르렀다가 큰 승리를 거두었다.

《여지도서》에는 명량해협이 조수가 들고 날 때마다 좁은 해협으로 바닷물이 한꺼번에 쏟아져 들어오기 때문에 한번 조류에 휩쓸리면 대형 기선조차 거스를 수가 없을 만큼 물살이 세다고 했다. 오죽했으면 '울돌목이 사돈을 맺자고 해도 안 맺는다'는 말이 있을까.

바로 이곳에서 급한 물살을 이용한 이순신 장군이 왜적을 크게 이긴 것이다.《택리지》에는 그때의 광경을 다음과 같이 그리고 있다.

> 임진년(1592)에 왜적의 스님인 현소가 평양에 와서 의주 행재소行在所에 있는 임금에게 편지를 보내며 "수군 10만 명이 서해로 오면 마땅히 수군과 육군이 함께 진격할 것인데, 대왕의 수레는 장차 어디로 가시겠습니까?" 하고 물었다. 당시 왜의 수군은 남해에서 북쪽으로 올라가던 참이었다.
>
> 그때 우리나라의 수군대장 이순신이 바다에 머물면서 쇠사슬을 만들어 여

울을 가로막고 기다렸다. 그러한 사실을 까마득하게 모르는 왜의 전선戰船은 여울 위에 이르러 쇠사슬에 거꾸로 엎어졌다. 그러나 다리 위에 있는 배에서는 낮은 곳이 보이지 않으므로 그들은 배들이 엎어진 것을 보지 못하고 여울을 넘어 물의 흐름을 따라 내려간 줄로 생각하다가, 모두 차례차례 거꾸로 뒤집혔다. 또 다리 가까이엔 물살이 더욱 급하여 배가 급류에 빠져들면 돌아나갈 여유가 없으므로 500여 척의 배가 여울 위에서 전부 침몰하여 갑옷 한 벌도 남지 않았다.

한편 명나라의 심유경은 왜적의 사신을 속여서 평양에 오랫동안 머물게 하였다. 왜적 역시 수군이 오는 것을 기다려서 함께 북상하려는 계획이었으므로 그들은 약속을 지키는 체하면서 후일을 기다렸던 것이다. 그러나 그들의 기대와는 달리 수군은 오랫동안 도착하지 않았다.

이여송이 양쪽에서 서로 속이는 틈을 타서 왜적을 격파하였으니, 이것은 하늘이 내린 도움이었다. 이순신이 왜적을 바다 가운데에서 물리치지 않았더라면 수십 일이 되지 않아서 왜적의 수군이 평양에 도착할 수 있었을 것이다. 왜적의 수군이 도착하였더라면 그들이 과연 심유경과의 약속을 지켜 군사를 움직이지 않았겠는가. 그때의 사실을 알지 못하고 구구하게도 "왜국의 왕으로 봉하고 조공 또한 허가한다"라는 말로써 왜의 마음을 흡족하게 하였다 했으니 참으로 가소로울 일이다. 이여송이 평양에서 세운 공은 곧 이순신의 힘이었다.

이순신 장군의 3대 대첩 가운데 하나인 명랑대첩이 일어난 울돌목에는 진도로 건너가는 진도대교가 놓였고, 언제 그러한 일이 있었느냐는 듯 물살만 빠르게 흘러가고 있다.

울돌목과 진도대교

이순신 장군의 3대 대첩 가운데 하나인 명량대첩이 일어난 울돌목에는
진도로 건너가는 진도대교가 놓였다.

울돌목을 바라보는 아름다운 산 하나가 있다. '진도의 금강'이라 불리는 금골산인데, 그곳에는 무오사화(1498) 때 유배를 왔던 조선 전기 문신 이주李胄가 쓴 시 한 편이 남아 있다.

음산한 바람은 쓸쓸하고 비는 투덕거리는데
바다의 기운은 산을 잇고 돌구멍은 깊구나
이 밤은 덧없는 인생에 흰머리만 남았는데
등불 켜고 때로 다시 처음 마음을 돌아본다.

한편 울돌목 같은 물살이 센 진도의 병풍도 해상에서 2014년 4월 16일 인천에서 제주로 향하던 세월호가 침몰하는 사건이 일어났다. 수학여행을 가던 안산 단원고 학생을 비롯해 탑승객 476명 가운데 304명이 희생되었다. 참사 후 진도군 임회면 팽목리에 있는 팽목항에는 분향소가 차려져 추모의 공간이 되었다.